盧校叢編

陳東輝 主編

儀禮注疏

四

既夕禮第十三
士虞禮第十四
特牲饋食禮第十五
少牢饋食禮第十六
有司徹第十七

〔清〕盧文弨 批校

浙江大學出版社·杭州

本册目録

儀禮注疏卷十三

漢鄭氏注　唐陸德明音義　賈公彥疏

既夕第十三

既夕哭【注】既，已也。謂出門哭止，復外位時。【疏】釋曰：此經論既夕哭請啓期之事。【注】釋曰：夕哭者，是主人朝夕哭在殯宮阼階之下。禮將請啓殯之時，主人於夕哭訖，出寢門，復外位，故鄭云謂出門哭止，復外位時也。鄭知復外位時者，見上篇卜日禮云：既朝哭，皆復外位。朝夕之哭，其禮並同，明知此請啓期亦在復外位時。若然，上篇卜日禮云：既朝哭，皆復外位。此不於既朝哭而待既夕哭者，謂明日之朝始啓殯，又不可隔夕哭，故於既夕請也。但復外位之時，必有弔賓來，亦在外位，故請期因告賓也。

請啓期，告于賓。【注】將葬，當遷柩于祖，有司於是乃請啓肂之期於主人以告賓，賓宜知其時也。今文啓爲開。【音義】

乾隆四年校刊

儀禮注疏卷十三　既夕　一

請七井反。建，以二反。劉音四。疏注釋曰：云將葬當遷柩于祖有司於是乃請啓建之期於主人以告賓者，鄭解時未至而豫前二日夕哭之後，出於門外位請期者，明日須啓建，以柩朝于祖，故有司於此時請啓建之期，告賓，使知而來赴弔之事也。

○夙興，設盥于祖廟門外。注祖，王父也。下士祖禰共廟。疏釋曰：自此盡階閒，論豫於祖廟陳饌之事。言夙興者，謂夕哭請期訖，明旦早起豫設盆盥於祖廟門外，擬舉鼎之人盥手。案小斂設盆盥在東堂下，大斂設盥於門外，雖不言東方，約小斂盥在東堂下，則大斂盥亦門外東方。此下陳鼎如大斂奠，則此設盥亦在門外東方，如大斂也。注釋曰：云祖王父也者，案祭法云曰考廟，曰王考廟。此云王父，王父之言出於彼。云下士祖禰共廟者，又祭法云適士二廟，官師一廟。鄭注云官師中士、下士。案下記云其二廟則饌于禰，則此經所朝據一廟者而言。設盥于祖，是下士一廟，祖禰共廟，據尊者而言也。

陳鼎皆如殯，東方之饌亦如之。注皆，皆三鼎也。如殯，如大斂既殯之奠。疏釋曰：案上文殯後大斂之陳三鼎，有豚魚腊。在廟門外西面北上。此陳鼎亦如之。云東方之饌亦如之者。彼大斂時云。東方之饌兩瓦甒。其實醴酒。觶豆兩。其實葵菹芋蠃醢。兩籩無縢。布巾。其實栗不擇。脯四脡。故今云東方之饌亦如之。【注】釋曰。云皆皆三鼎也者。以其言皆。明非一鼎。皆三鼎可知。又不言外內。即門外及陳于阼階下亦西面北上。外內同。云如殯如大斂既殯之奠者。以其大斂於阼階。即移于棺而殯之。殯訖乃于室中設大斂之奠。即大斂奠在殯後。恐於殯時別有奠。故明之。云如殯。如大斂既殯之奠也。

侇牀饌于階間。【注】侇之言尸也。朝正柩用此牀。【音義】侇。音夷。本亦作夷。饌。劉上轉反。朝。直遙反。【疏】【注】釋曰。云夷之言尸也者。遷尸於堂。亦言夷尸。盤衾皆依尸而言。故云夷之言尸也。云朝正柩用此牀者。謂柩至祖廟兩楹之間。尸北首之時。乃用此牀。故名夷牀也。

○二燭俟于殯門外。【注】早闇。以爲明也。燭用蒸。【音義】蒸。之承反。薪也。【疏】釋曰。自此盡夷衾。論啓殯及變服之事。二燭者。以其發殯宮徹奠。下云燭入。注云。炤徹與啓肂者。故於此豫備之。【注】釋曰。云燭用蒸者。案周禮甸師氏云。以薪蒸役外內饔。注。

乾隆四年校刊

儀禮注疏卷十三　既夕

大曰薪。小曰蒸。又案少儀云。主者執燭抱燋。鄭云未爇曰燋。燋即蒸。故云燭用蒸也。丈夫髽散帶垂。即位如初。注為將啓變也。此互文以相見耳。髽婦人之變。喪服小記曰。男子免而婦人髽。男子冠而婦人笄。如初。朝夕哭門外位。音義髽側瓜反。散悉但反。免音問。冠古亂反。疏釋曰。注云為將啓變也者。凡男子免與括髮散帶垂。婦人髽。皆當小斂之節。今於啓殯時。亦見尸柩。故變同小斂之時。故云為將啓變也。云此互文以相見耳。髽婦人之變者。髽既是婦人之變。則免是男子之變。今丈夫見其人不見免。則丈夫當免矣。婦人見其髽。不見人。則婦人當髽矣。故云互文以相見耳。引喪服小記者。證見未成服已前。男子免而婦人髽。既成服已後。男子冠婦人笄。若然。小斂之時。斬衰男子括髮。齊衰以下男子免。不言男子括髮者。欲見啓殯之後。雖斬衰亦免而無括髮。知者。按喪服小記云。緦小功虞卒哭則免。注云。棺柩已藏。嫌恩輕。可以不免也。言則免者。則既殯先啓之間。雖有事不免。以此而言。先啓不免。則啓當免矣。又喪服小記云。君弔雖不當免時也主人必免不散麻雖異國之君免也親者皆免注云不散麻者自若絞垂爲人君變貶於大斂之前既啓之後也親者大功以上也注直言不散麻貶於既啓之後則主人著免不貶矣以此言之啓後主人免可知若啓後著免亦是貶矣若然後至卒哭其服同矣以其反哭之時更無變服之文故知同也云婦人髽及婦人笄者若未成服之時婦人髽無笄故空云髽成服之後婦人髽即有笄故喪服斬衰婦人云箭笄檀弓云南宫縚之妻之姑之喪夫子誨之髽蓋榛以爲笄是成服有笄明矣是以婦人成服云笄也云散帶垂者小斂節大功以上男子皆然若小功以下及婦人無問輕重皆初而絞之云如初朝夕哭門外位者但經直云即位如初知如門外位者以下經始云主人拜賓入即位袒明知此未入門在門外如朝夕哭位也

婦人不哭主人拜賓入即位袒【注】此不蒙如初者以男子入門不哭也不哭者將有事止讙囂也【音義】袒音但讙火官反囂許驕反劉五高反【疏】【注】釋曰云此不蒙如初者以男子入門不哭者案上篇朝夕哭云主人即位辟門婦人撫

心不哭。主人拜賓，旁三，右還入門，哭。婦人踊。此主人入門不哭，婦人不哭不踊，故不得蒙如初也。云將有事者，謂將有啓殯之事也。商祝免袒，執功布入，升自西階，盡階不升堂，聲三，啓三，命哭。【注】功布，灰治之布也。執之以接神，爲有所拂抈也。聲三，三有聲，存神也。啓三，三言啓，告神也。舊說以爲聲，噫興也。今文免作絻。【音義】三，息暫反，又如字。【疏】【注】釋曰：云功布灰治之布也者，亦謂七升以下之布也。云執之以接神爲有所拂抈也者，拂抈，猶言拂拭。下經云，商祝拂柩用功布，是拂拭去塵也。此始告神而用功布拂抈者，謂拂抈去凶邪之氣也。云三有聲存神也者，案曾子問亦云祝聲三，鄭云警神也，即此存神也。云舊說以爲聲噫興者，鄭注曾子問云聲噫歆，亦是舊說也。燭入。【注】炤徹與啓肂者。【疏】【注】釋曰：上云二燭，此鄭云炤徹與啓肂，則一燭入室中炤徹奠，一燭於堂照開殯肂也。祝降，與夏祝交于階下，取銘置于重。【注】祝降者。祝徹宿奠降也。與夏祝交事相接也。夏祝取銘置于重。爲啓殯遷之。吉事交相左。凶事交相右。今文銘皆作名。

〔音義〕夏，戶雅反。祝，之六反。後皆放此。重，直龍反。後放此。

〔疏〕釋曰：此祝不言商夏，則周祝也。燭既入室時，周祝從而入室，徹宿奠降，降時夏祝自下升取銘，降置于重，爲妨啓殯故也。〔注〕釋曰：云"祝降者，祝徹宿奠降也"者，謂昨暮所設夕奠，經宿，故謂之宿奠也。此宿奠擬朝祈所用，即下云"重先，奠從"者是也。此與所徹所置之處，雖不言，案上篇大斂遷小斂奠于序西南，此亦序西南可知。云"吉事交相左"者，則鄉射、大射皆云降與射者交於階下相左是也。云"凶事交相右"者，此凶事不言交相左者，以凶事反於吉，明交相右可知。交相右者，周祝降階時當近東，夏祝升階當近西，是交相右也。云"今文銘皆作名"者，此銘及下陳明器云取銘置于茵，二者皆銘，但銘書作名，亦通一塗也。

踊無算。

〔注〕主人也。

〔疏〕〔注〕釋曰：下文云商祝拂柩則踊，無算，當知開棺柩之時，以其踊爲哀號之巳甚，故知主人也。

商祝拂柩用功布，憮用

夷衾【注】拂去塵也覆之爲其形露【音義】幠火吾反去起呂反【疏】釋曰
開柩已出是時棺南首夷衾本擬覆柩故斂時不用今
得覆棺於後朝廟及入壙雖不言用夷衾又無徹文以
覆棺言之當隨柩入壙矣○遷于祖用軸【注】遷徙也徙於祖朝祖廟
也檀弓曰殷朝而殯於祖周朝而遂葬蓋象平生時將
出必辭尊者軸輁軸也軸狀如轉轔刻兩頭爲軹輁狀
如長牀穿桯前後著金而關軸焉大夫諸侯以上有四
周謂之輴天子畫之以龍【音義】輁九勇反轔音鄰軹音紙著丁略反輴勑倫反
【疏】釋曰自此盡由足西面論以柩朝廟之事云遷于祖
用軸者謂朝廟之時從殯宮遷移于祖廟朝時用輁
軸載之案士喪禮將殯云棺入主人不哭升棺用軸則
遷于祖時亦升輁軸於階上載之挽柩而下若然未升
殯陳之當在堂下是以下記云夷牀輁軸于西階東注
云明階間者位近西夷牀饌于祖廟輁軸饌于殯宮而

言階間明在堂下也[注]釋曰：云檀弓曰殷朝而殯于祖者，殷人將殯之時，先朝廟訖，乃殯；至葬時不復朝也。云周朝而遂葬者，周人殯于路寢，至葬時乃朝，朝訖而遂葬。引之者，證經將葬朝祖之事。云蓋象平生將出必辭尊者，曲禮云出必告，反必面是也。案聘禮大夫將出聘，告于禰乃行，介無告禰之事，故不得象之。云軸，輁軸也者，下記云夷牀輁軸是也。云軸狀如轉轔者，此以漢法況之。漢時名轉軸爲轉轔，轔，輪也。故士喪禮云升棺用軸，注云軸，輁軸也，輁狀如牀，軸其輪，輓而行，是以輪爲轔也。云刻兩頭爲軹者，以軸頭爲軹，刻軸使兩頭細，穿入輁之兩髀，前後二者皆然。云輁狀如長牀，穿桯前後著金而關軸焉者，此輁旣云長如牀，則有先後兩畔之木，狀如牀髀，厚大爲之，兩畔爲孔，著金釧於中，前後兩畔皆然，然後關軸於其中。言桯者，以其厚大可以容軸，故名此木爲桯也。云大夫諸侯以上有四周謂之輴者，大夫殯葬雖不用輴，士朝廟用輁軸，則大夫朝廟當用輴。諸侯天子殯葬朝廟皆用輴，但天子畫轅爲龍，謂之龍輴。檀弓諸侯云輴，天子云菆塗龍輴是也。此輴皆有四周爲輴，故名爲輴也。

重先，奠從，燭從，柩從，燭從，主人從。[注]行之

序也主人從者丈夫由右婦人由左以服之親疏爲先後各從其昭穆男賓在前女賓在後【音義】從才用反後以意求之

【疏】釋曰此論發殯宮鄉祖廟之次序柩之前後皆有燭者以其柩車爲隔恐闇故各有燭以炤道若至廟燭在前者升柩在後者在階下炤升柩故下記云燭先入者升堂東楹之南西面後入者西階東北面在下是也【注】釋曰云主人從者丈夫由右婦人由左以服之親疏爲先後者經直云主人從者以主人爲首者而言故鄭總舉男子婦人并五服而言知男子由右婦人由左者以內則云道路男子由右女子由左鄭云地道尊右彼謂吉時此雖凶禮亦依之也云親疏爲先後各從其昭穆者假令昭親則在先昭疏則在後就同昭穆之中又以年之大小爲先後男從主人後女從主婦後云男賓在前女賓在後者謂無服者亦各從五服男子婦人之後爲序也

升自西階【注】柩也猶用子道不由阼也【疏】【注】釋曰云猶用子道不由阼也者案曲禮云爲人子者升降不由阼階今以柩朝祖故用子道不由阼也

奠俟于

下，東面北上。【注】俟正柩也。【疏】【注】釋曰：既升階，當正之於夷牀之上北首。既正，乃設奠。故云俟正柩也。主人從升，婦人升東面，衆主人東即位。【注】東方之位。【疏】釋曰：主人主婦從柩而升。言婦人升東面，不言主人西面。舉主婦東面，主人西面可知。故下文云主人西面也。云衆人東即位者，唯主人主婦升自西階，衆主人以下從柩至西階下，遂鄉東階下即西面位。正柩于兩楹間，用夷牀。【注】兩楹間象鄉戶牖也。是時柩北首。【音義】鄉，許亮反。【疏】【注】釋曰：云兩楹間象鄉戶牖也者，以其戶牖之間，賓客之位，亦是人君受臣子朝事之處。父母神之所在，故於兩楹之間北面鄉之，若言鄉戶牖，則在兩楹間而近西矣。故下記云夷牀輁軸饌于西階東，饌夷牀，俟正柩，而言西階東，則正柩于楹閒近西可知矣。云是時柩北首者，既言朝祖，不可以足鄉之。又自上以來設奠，皆升自阼階，今此下文設奠，升降皆自西階下。鄭注云奠升不由阼階，柩北首，辟其足。以此而言，此時柩北首明矣。主人柩東，西面。置重如初。【注】如殯宮時

乾隆四年校刊

儀禮注疏卷十三　既夕

也。【疏】釋曰：主人主婦從柩升，即當西面東面鄉柩。主婦上文即言東面，至此乃言主人西面者，以其主婦東面位不改，故從柩升，因言東面。男子在柩東西面，既改西面位，故待正柩訖，乃言西面也。其重依上文序從之時，重先不先置者，以其上待正柩訖乃置之。云如初者，亦如上篇三分庭一在南，二在北而置之，故鄭云如殯宮時也。

席升設于柩西，奠設如初，巾之，升降自西階。【注】席設于柩之西，直柩之西，當西階也。從奠設如初，東面也。不統於柩，神不西面也。不設柩東，東非神位也。巾之者，爲禦當風塵。【音義】巾之，如字，劉居覲反。【疏】釋曰：此論設宿奠於柩西。【注】釋曰：云席設于柩之西，直柩之西，當西階也者，知當西階，以其柩當戶牖之南，席北鋪之，自然當西階之上。云從奠設如初，東面也者，謂如殯宮朝夕奠設于室中者，從柩而來，此還是彼朝夕奠脯醢醴酒，據室中東面設之於席前也。云不統於柩，神不西面也者，謂不近柩設奠，若近柩即統於柩，爲神不西面，故不近東統於柩。如神不西面者，特牲少牢皆設席于奥東面。則天子諸侯亦不西面可知。云不設柩東東非神位也者。此亦據神位在奥不在東面言也。若然。小斂奠設于尸東者。以其始死未忍異於生大斂以後奠皆設于室中。亦不統於柩。此奠不設于室者室中神所在。非奠死者之處故也。云巾之者爲禦當風塵者。案禮記檀弓云。喪不剝奠也與。祭肉也與。據小斂大斂之等也。有牲肉。故不倮露。故巾之。以此宿奠脯醢醴酒無祭肉巾之者。以朝夕奠在室不巾。此雖無祭肉。爲在堂風塵。故巾之。異於朝夕在室者也。

主人踊無算。降拜賓。即位踊襲。

主婦及親者由足西面。注 設奠時婦人皆室戶西南面。奠畢乃得東面。親者西面。堂上迫。疏者可以居房中。疏 釋曰。云降拜賓即位踊襲者。賓謂在殯宮看主人開殯朝祖之賓。襲者。主人從殯宮中降拜賓。入即位袒。至此乃襲。襲者先即位踊。踊訖乃襲。襲絰于序東。注 釋曰。云設奠時婦人皆室戶西南面。奠畢乃得東面者。知婦人戶西南面。案下記云。將載柩。祝及執事舉奠戶西南面東上。則知此設之時。婦人辟之亦戶西南面。待設奠訖。乃由柩足。鄉柩東西面。不即鄉柩東西面者。以主人在柩東。待設奠訖。主人降拜賓。婦人乃得東也。若然。云親者西面。則大功以上相隨向西面也。又云堂上迫疏者可以居房中者。以其言親者西面。明疏者小功以下。不得堂上西面。為堂上迫狹。自然在房中西面矣。

○薦車直東榮北輈。【注】薦進也。進車者象生時將行陳駕也。今時謂之魂車。輈轅也。車當東榮東陳西上於中庭。【音義】輈竹求反。【疏】釋曰。自此盡還遷祖奠之事。薦車者以明旦將行。故豫陳車。【注】釋曰。云進車者象生時將行陳駕也者。案曲禮云。若車將駕則僕執策立於馬前。已駕。僕展軨。是生時將行陳駕。今死者將葬。亦陳車象之也。云今時謂之魂車者。鄭舉漢法況之。以其神靈在焉。故謂魂車也。云輈轅也者。周禮考工記。有輈人為輈。輈亦謂之轅。故云輈轅也。云車當東榮東陳西上於中庭者。此車既非載柩之車。即下記云薦乘車道車槀車。以次言之。則先陳乘車。次陳道車。次陳槀車。知東陳西上者。下云陳明器于乘車之西。明器繼乘車西。明乘車在上。已東有道車槀車。故知三者西上也乘車既以當東榮則三者不當中庭而云中庭者據南北之中言之不據東西爲中庭也何者以下經云薦馬入門三分庭一在南馬右還出薦馬者當車南在庭近南明車近北當中庭矣

質正也 疏 釋曰自啓殯至此時在殯宮在道及祖廟皆有二燭爲明以向早故也今至正明故滅燭也

徹者升自阼階降自西階 注 徹者辟新奠不設序西南已再設爲褻 疏 注 釋曰云新奠者謂遷祖之奠將設新故徹去從奠以辟新奠也云不設序西南已再設爲褻者謂徹從奠不設于序西南爲再設褻瀆故不設也其再設者啓殯前夕時一設至此朝廟又設是再設也

乃奠如初升降自西階 注 爲遷祖奠也奠升不由阼階柩北首辟其足 疏 注 釋曰云爲遷祖奠也者謂遷柩朝祖之奠也云如初者亦於柩西當階之上東面席前爲之則同其饌則異以其上三鼎及東方饌皆大斂之奠是也云奠升不由阼階柩北首辟其足者以前大斂小斂及朝奠皆升自阼階降自西階今此遷祖奠升不由阼階故云辟足

乾隆四年校刊

儀禮注疏卷十三 既夕

辟足者以其來往不可由首又飲食之事不可褻之由足故乃由西階也若然徹時所以由足者奠畢去之由足無嫌也

主人要節而踊【注】節升降【疏】【注】釋曰云節升降者奠升時主人踊降時婦人踊由重南主人踊此不言婦人文不具也

薦馬纓三就入門北面交轡圉人夾牽之【注】駕車之馬每車二匹纓今馬鞅也就成也諸侯之臣飾纓以三色而三成此三色者蓋條絲也其著之如罽然天子之臣如其命數王之革路條纓圉人養馬者在左右曰夾既奠乃薦馬者爲其踐汙廟中也凡入門參分庭一在南【音義】鞅於丈反條他刀反罽九例反【疏】釋曰薦馬并薦纓者纓爲馬飾故與馬同時薦之案下記云薦乘車又云纓轡貝勒縣于衡又云道車載朝服稾車載簑笠注云道車稾車之纓轡及勒亦縣于衡也若然薦車之時纓縣于衡此薦馬得有纓者以薦車時縣于衡至此薦

馬時。又取而用之。故兩見之也。注釋曰。云駕車之馬者。卽上文薦車之馬也。云每車二匹者。下經云。公賵兩馬。士制也。故知此車有三乘。馬則六匹矣。云纓今馬鞅也者。古者謂之纓。漢時謂之鞅。故舉漢法爲況也。云諸侯之臣飾纓以三色而三成者。以此下士薦馬纓三就。則不依命數。則大夫亦同三色。知者。案巾車上公纓九就。侯伯纓七就。子男纓五就。諸侯之臣不得與子男同五就。故知與士同三就。此三色。則如聘禮記三色朱白蒼也。云此三色者蓋絛絲也者。謂以絲爲絛。無正文。故云蓋以疑之。云著之如罽然者。鄭注巾車云。玉路之樊及纓。皆以五采罽飾之。十二就。其下金路九就。象路七就。注皆云五色罽飾之。此則三采絲爲絛飾之。但著之則同。故云其著之如罽然也。云天子之臣如其命數者。案典命云。三公八命。其卿六命。大夫四命。出封皆加一等。命數雖卑於諸侯。以王人雖微。猶序諸侯之上。故得與同依命數。就依命數。其色則無過五采罽。以其金路以下。與諸侯。其飾與王同。諸侯之臣旣同三色。明天子大夫已上。亦五采罽與諸侯同。但天子之士三命以下。不得依命少於諸侯之臣。當同色與諸侯之臣同矣。若然。公之孤四命。以降於天子大夫。宜與三卿同三色也。云

乾隆四年校刊　既夕

王之革路絛纓者。王革路木路不用罽。而用絲爲纓。與此纓三色者同。故引爲證也。云圉人養馬者。案周禮校人職云。乘馬一師四圉。是圉人以養馬。以其養馬。故使之薦也。云在左右曰夾者。以車三乘馬則六匹。每馬二人交轡牽之。故云在左右曰夾。云既奠乃薦者爲其踐汚廟中者。車馬將祖之物。前薦車在奠上。今此薦馬在奠後者。欲其既薦卽出。恐踐汚廟中。故後薦之也。云凡入門參分庭一在南者。大禮陳事在庭。分爲三分。一分在北。則繼堂而言。一分在南。則繼門而言。此既繼門。故云三分庭一在南。又不言門左門右。則當門之北矣。

御者執策立于馬後。哭成踴。右還出。【注】主人於是乃哭踴者。薦車之禮成於薦馬。【疏】【注】釋曰。云主人於是乃哭踴者。薦車之禮成於薦馬者。以其車得馬而成。故前薦車時主人不哭踴。至薦馬乃哭。是由車成於薦馬故也。主人哭踴訖。馬則右還而出。右者。亦取便故也。

賓出。主人送于門外。○有司請祖期。【注】亦因在外位請之。當以告賓。每事畢輒出。將行而飲酒曰祖。

祖始也。疏釋曰：自此盡「屬引」，論祖時飾柩車之事。此賓卽上來弔主人啓殯者，朝廟事畢而出，主人送之。注釋曰：云「亦因在外位請之」者，上既夕哭訖，因外位請啓期，故云亦也。此經不言告賓，知告賓者，若不告賓，時至則設，何須請啓？故知擬告賓，故云當以告賓也。云「每事畢輒出」者，有司請期之禮，每皆待事事畢，因主人出在外位乃請之。言每事者，篇首云請期，此云請祖期，下文請葬期，皆因出在外位請之，故云每事也。云「將行而飲酒曰祖，祖始也」者，案詩有「韓侯出祖，出宿于屠，顯父餞之，清酒百壺」，又云「出宿于泲，飲餞于禰」，皆是將行飲酒曰祖。此死者將行，亦曰祖，爲始行，故曰祖也。

曰日側。注側，昳也，謂將過中之時。音義昳，大結反。疏注釋曰：此主人辭。以上文有司請主人祖期，主人答之曰日側者，側是傍側，亦爲特義，轉爲昃者，取差跌之義，故從昃也。云「過中之時」者，則尙書無逸云「文王至於日中昃」，昃卽側也。

○主人入，袒，乃載，踊無算，卒束襲。注袒，爲載變也。舉柩卻下而載之。束，束棺於柩車。賓出，遂匠納車于階閒，謂此車。【疏】【注】釋曰：云祖爲載變也者，將載，主人先祖乃載，故云爲載變也。云乃舉柩卻下而載之者，卻猶却也。鄉柩在堂北首，今卻下以足鄉前，下堂載於車，故謂之爲卻也。云束束棺於柩車者，案喪大記云：君蓋用漆三衽三束。檀弓曰：棺束縮二橫三。彼是棺束。此經先云載，下乃云卒束，則束非棺束，是載柩訖乃以物束棺，使與柩車相持不動也。云賓出遂匠納車于階間謂此車者，案下記云：既正柩，賓出，遂匠納車於階間。此經不辨納車時節，故鄭明之。

降奠，當前束。【注】下遷祖之奠也。當前束，猶當尸腢也。亦在柩車西，束有前後也。【疏】釋曰：卒束乃云降奠，則未束以前，其奠使人執之，待束訖乃降奠之，當束也。【注】釋曰：云當前束猶當尸腢也者，下記云：卽牀而奠，當腢。彼在尸東，此在柩車西，當束，束亦當腢，故取而言也。云束有前後也者，以經旣言前束，則有後束可知，故云有前後也。

○商祝飾柩，一池，紐前䞓後緇，齊三采，無貝。【注】飾柩，爲設牆柳也。巾奠乃牆，謂此也。牆有布帷，柳有布荒。池者象宮室之承霤以竹爲之狀如小車笭衣以青布一池縣於柳前士不揄絞紐所以聯帷荒前赤後黑因以爲飾左右面各有前後齊居柳之中央若今小車蓋上蕤矣以三采繒爲之上朱中白下蒼著以絮元士以上有貝

【音義】紐女九反 赬丑貞反 齊如字劉才計反注同 霤力又反 笭力丁反 衣於既反 縣音懸 揄音遥 絞戶交反 蕤汝誰反

【疏】釋曰此並飾車之事其柩車即周禮蜃車也四輪迫地其轝亦狀如長牀兩畔豎軨子以帷繞之上以荒一池縣於前面荒之爪端荒上中央加齊

【注】釋曰云飾柩爲設牆柳也者即加帷荒是也云巾奠乃牆下記文鄭引之者以此經直云飾柩不言設牆時節故記人辨之以巾覆奠乃牆謂此飾柩者也云牆有布帷柳有布荒者案喪大記云飾棺君龍帷黼荒大夫畫帷畫荒士布帷布荒鄭注云布帷布荒者白布也君大夫加文章焉此注牆柳別案喪大記注又云在旁曰帷在上曰荒皆所以衣柳也則帷荒總名

為柳。案縫人云衣翣柳之材。鄭注必先纏衣其木乃以張飾也。柳之言聚。諸飾之所聚。若然對而言之。則帷為牆象宮室有牆壁。荒為柳。以其荒有黼黻及齊三采諸色所聚。故得柳名。總而言之。皆得為牆。巾奠乃牆及檀弓云周人牆置翣。皆牆中兼有柳。縫人衣翣柳之材。柳中兼牆矣。鄭注喪大記云荒蒙也。取蒙覆之義。云池者象宮室之承霤以竹為之者。生人宮室以木為承霤。仰之以承霤水。死者無水可承。故用竹而覆之。直取象平生有而已。云狀如小車笭衣以青布者。此鄭依漢禮而言。云一池縣於柳前者。案喪大記君三池。大夫二池。士一池。君三池三面而有。大夫二池縣於兩相。士一池縣於柳前面而已。云士不揄絞者。案雜記云大夫不揄絞屬於池下。揄者依爾雅釋鳥云。江淮而南青質五采皆備成章曰鷂。絞者倉黃之色。則人君於倉黃色繒上。又畫鷂雉之形縣于池下。大夫則闕之。故云大夫則不揄絞屬于池下。揄絞一名振容。故喪大記云大夫不振容。振容者車行振動以為容儀。但大夫不振容。池下仍有銅魚縣之。士不但不揄絞。又無銅魚。故喪大記大夫有魚躍拂池。士則無。鄭注云士則去魚。云左右面各有前後者。柩車左右以有帷分兩相各為前後。故云前經後緇云齊居柳之中央者。雖無正文。以其言齊。若人之齊亦若身之中央也。云若今小車蓋上蕤矣者。漢時小車蓋上有蕤。在蓋之中央。故舉以爲說。云以三采絹爲之上朱中白下蒼者。案聘禮記云。三采朱白蒼。彼據繅藉用三采。先朱次白下蒼。此爲齊用三采。亦當然。故取以爲義也。云著以絮者。旣云齊當人所覩見。故知以絮著之使高。知元士以上有貝者。案喪大記云。君齊五采五貝。大夫齊三采三貝。士齊三采一貝。鄭注云。齊象車蓋蕤。縫合雜采爲之。形如瓜分然。綴貝落其上及旁。是彼士爲天子元士。元士已上皆有貝也。此諸侯之士。故云無貝也。

設披。【注】披絡柳棺上。貫結於戴。人居旁牽之。以備傾虧。喪大記曰。士戴前纁後緇。二披用纁。今文披皆爲藩。

【音義】披彼義反。【疏】【注】釋曰。云披絡柳棺上貫結於戴者。案喪大記注云。戴之言値也。所以連繫棺束與柳材。使相値。因而結前後披也。此注云披絡柳棺上貫結於戴。以此而言。則戴兩頭皆結于柳材。又以披在棺上絡過。然後貫穿戴之連繫棺束者。乃結于戴。餘披出之於外。使人持之。一畔有二。爲前後披。故下記云執披

乾隆四年校刊

者旁四人，注云前後左右各二人是也。人君則三披，各三人持之，備傾虧也。引《喪大記》者，證披連戴而施之也。云二披用纁者，與戴所用異，大夫與人君則戴與披用物同，故《喪大記》云君纁戴六、纁披六，大夫戴前纁後玄，披亦如之，是其用物同也。云今文披皆爲藩者，言皆者，此文披及下文商祝御柩執披并下記執披者三字皆爲藩，今不從之也。

屬引。【注】屬猶著也。引所以引柩車，在軸輴曰紼，古者人引柩。《春秋傳》曰：「坐引而哭之三。」【疏】注釋曰：云「引所以引柩車」者，引謂紼，紼繩屬著於柩車。云「在軸輴曰紼」者，士朝廟時用軸，大夫已上用輴，故并言之。言紼見繩體，言引見用力，故鄭注《周禮》亦云在車曰紼，行道曰引。云「古者人引柩」者，《雜記》云乘人專道而行，又云諸侯五百人，大夫三百，皆是引人也。言古者人引，對漢以來不使人引也。引《春秋》者，案定公九年《左氏傳》云：齊侯伐晉夷儀，敝無存死之，齊侯與之犀軒而先歸之，坐引者以師哭之，親推之三。注云：「坐引而飲食之。」此鄭略引之。云「坐引」者，亦謂飲食之而哭之。「三」者，亦謂公親推之三也。引之者，證古者人引也。

○陳明器於乘車之西。

注 明器藏器也檀弓曰其曰明器神明之也言神明者異於生器竹不成用瓦不成味木不成斲琴瑟張而不平竽笙備而不和有鐘磬而無簨虡陳器於乘車之西則重之北也 音義 乘繩證反注及下注乘車同味武葛反劉音妹虡音巨 疏 注釋曰云明器藏器也者自筲以下皆是藏器故下云器西南上精又云茵注云茵在坑木上陳器次而北也則自苞筲以下總曰藏器以其俱入壙也引檀弓者案彼注成猶善也竹不可善用謂籩無縢味當作沬沬靧也又云琴瑟張而不平竽笙備而不和注云無宮商之調又云有鐘磬而無簨虡注云不縣之也橫曰簨植曰虡云陳器乘車之西則重之北者無正文上薦車云直東榮繼廟屋而言上注云中庭不得云近北明車近不在重東今陳於乘車之西明重北可知

折橫覆之 注 折猶庋也方鑿連木爲之蓋如牀而縮者三橫者五無簀窆事畢加之壙上以承

抗席横陳之者爲苞筲以下綍於其北便也覆之見善面也【音義】折之設反。後皆同。庪九委反。窆彼驗反。綍側耕反。見賢遍反。【疏】【注】釋曰。云折横覆之者。鄭云蓋如牀則加於壙上時南北長。東西短。今經云横。明知其長者東西陳之。言覆之見善面。則折加於壙時擬鄉上看之爲面。故善者鄉下。今陳之取鄉下有之。故反覆善面鄉上也。云折猶庪也者。以其窆畢。加之於壙上。所以承抗席。若庪藏物然。故云折猶庪也。云方鑿連木爲之蓋如牀而縮者三横者五無簀者。此無正文。以經云横覆之。明有縱對之。既爲縱横。即知有長短廣狹。以承抗席。故爲如牀解之。又知縮者三横者五。亦約茵爲抗木。但於壙口承抗席。宜大於茵與抗木。故知縮三横五也。知無簀者。以其縮三横五。以當簀處。故無簀也。知窆之事畢加之壙上以承抗席者。下葬時窆事畢乃加折卻之。加抗席覆之。是折窆事畢加之壙上承抗席也。云横陳之者爲苞筲以下綍於其北便也者。鄭解折不縮者。不南北順陳而横陳之。意爲折横陳則東西廣是以苞筲陳之於北。便也。

抗木横三縮二【注】抗禦也。所以禦止土者

其横與縮各足掩壙。【音義】抗，苦浪反，劉音剛，後同。【疏】注以禦止土者。釋曰：云以其在抗席之上，故知以禦土也。其横與縮各足掩壙者，以其壙口大小雖無文，但明器之等皆由羨道入，諸侯已上又有輴車亦由羨道入壙，上唯在口下棺，則壙口大小容棺而已。今抗木亦足掩壙口也。加抗席三。【注】席所以禦塵。【疏】釋曰：既陳抗木於折北，又加此抗席三領於抗木之上。知抗木不在折上者，以抗木直言横三縮二，不言加於，明別陳於折北。抗木之下而此云加，加於抗木之上，可知。抗席之下而云加茵，明又加於抗席之上。此三者，以後陳者先用，故先陳抗木於上，次陳抗席，而後陳茵。先用取後陳於上者，便故也。是以下文及葬時，茵先入壙，窆事訖，加折，壙上則先用抗席，後用抗木，是其次也。若然，折於抗席前用，而不加於抗席之上者，以長大，故別陳於南，用之仍在茵後。其茵用之在明器前，入而陳之於明器上者，以其同葬具，故與抗木同陳於上也。但抗席茵相重陳者，以其入壙時相當，又皆是縱横重累之物，故重加陳之也。【注】釋曰：云席所以禦塵者，上云抗木所以禦土，此抗席二云禦塵者，以此二者在壙口以上承塵，但抗木在上。

故云禦土抗席在下隔抗木慮有塵鄉下故云禦塵是以釋之有異也

加茵用疏布緇翦有幅亦縮二橫三【注】茵所以藉棺者翦淺也幅緣之亦者亦抗木也及其用之木三在上茵二在下象天三合地二人藏其中焉今文翦作淺【音義】茵音因【疏】釋曰云加茵者謂以茵加於抗席之上此說陳器之時云用疏布者謂用大功疏麤之布云緇翦者緇則七入黑汁爲緇翦淺也謂染爲淺緇之色言有幅者案下記云茵著用荼實綏澤焉此鄭注云有幅緣之者則用一幅布爲之縫合兩邊幅爲袋不去邊幅用之以盛著也故云有幅也【注】釋曰云茵所以藉棺者下葬時茵先入屬引乃窆則茵與棺爲藉故先入在棺之下也鄭云幅緣之者蓋縫合既訖乃更沒物緣此兩邊幅縫合之處使之牢固不拆壞因爲飾也云亦者亦抗木也者抗木云縮二橫三此亦縮二橫三故知亦者亦抗木也云及其用之木三在上茵二在下故上抗木先云橫三後云縮二此茵先云縮二後云橫三並據此陳列之時鄭據入壙而言故云其用

之也。木三在上，茵二在下，各舉一邊而言。其實皆有二三。云象天三合地二者，渾天言之，則地之上下外內周匝皆有天。若然，云木二則在下，及其用之，則茵三在下，茵二在上。以此而言，木與茵皆有天三合地二。又云人藏其中焉者，亦謂渾天而言。上下俱有天地，人尸樞藏其中。故說卦云參天兩地。又云立天之道，立地之道，立人之道，爲三才也。

器西南上績。注 器，目言之也。陳明器以西行南端爲上。績，屈也。不容則屈而反之。音義 績，側耕反。疏 注釋曰：云器目言之也者，器與下爲目，即下文苞以下是也。

茵。注 茵在抗木上，陳器次而北也。疏 注釋曰：茵非明器而言之者，陳器從此茵鄉北爲次第，故言之。故鄭云茵在抗木上，陳器次而北，是也。

苞二。注 所以裹奠羊豕之肉。疏 注釋曰：下文既設遣奠，而云苞牲取下體，故知苞二所以裹奠羊豕之肉也。

筲三，黍稷麥。注 筲，畚種類也。其容蓋與簋同一轂也。音義 畚音本。轂音斛，劉戶角反。疏 釋曰：案下記云菅筲三，則筲以莒草爲之。筲三各盛一種。黍稷麥也。【注】釋曰。云筲畚種類也者。舊說云畚器所以盛種。此筲與畚盛種同類。故舉以爲況也。云其容蓋與簋同一觳也者。案考工記。旊人爲簋。實一觳。又云豆實三而成觳。案昭三年晏子云。四升曰豆。豆實三而成觳。則觳受斗二升。此筲與簋同盛黍稷。知受一觳斗二升。約同之。無正文。故云蓋以疑之也。

甕三醯醢屑冪用疏布【注】甕瓦器。其容亦蓋一觳。屑薑桂之屑也。內則曰屑桂與薑。冪覆也。今文冪皆作密。【音義】甕。烏弄反。冪亡狄反。本又作鼏。【疏】【注】釋曰。云甕瓦器者。以甕與甒等字從缶瓦。故知是瓦器。云其容亦蓋一觳者。聘禮記致饔餼云。甕十二升。則此甕約同之。故云蓋以疑之也。知屑是薑桂者。以其與內則屑桂與薑同。云屑。故引內則爲證也。

甒二醴酒冪用功布【注】甒亦瓦器。古文甒皆作廡。【音義】甒亡甫反。注廡音同。【疏】【注】釋曰。謂二者所盛。須繼甕三而陳之。言亦瓦器。承上甕三也。

皆木桁久之【注】桁所以庪苞筲甕甒也。久當爲灸。灸謂以蓋案塞其口。每器異桁。【音義】桁，戶庚反，又戶郎反。久，依注音灸。【疏】釋曰：云皆木桁久之者，則自苞筲以下皆塞之，置於木桁也。若然，既皆久塞，而甕甒獨云冪者，以其苞筲之等燥物，宜苞塞之，而無冪。甕甒溼物，非直久塞，其口又加冪覆之。【注】釋曰：云久當爲灸，灸謂以蓋案塞其口者，此亦如上設重鬲亦與之同，故讀從灸也。云每器異桁者，以其言皆木桁，故知每器別桁也。

用器：弓矢、耒耜、兩敦、兩杅、槃匜，匜實于槃中，南流。【注】此皆常用之器也。杅盛湯漿。槃匜，盥器也。流，匜口也。今文杅爲桙。【音義】敦音對，劉又都愛反。杅音于，本又作竽，音同。匜音移，劉音徒何反。盛音成。【疏】【注】釋曰：謂常用之器。弓矢，兵器。耒耜，農器。敦杅，食器。槃匜，洗浴之器。皆象生時而藏之也。

無祭器。【注】士禮略也。大夫以上兼用鬼器人器也。【疏】【注】釋曰：知大夫以上兼用鬼器人器也者，案檀弓云：宋襄公葬其夫人，醯醢百甕。曾子曰：既曰明器矣，而又實之。注云：言名之爲明器，而與祭器皆實之。

乾隆四年校刊

儀禮注疏卷十三　既夕　十五

是亂鬼器與人器。以此而言，則明器鬼器也。祭器人器也。士禮略無祭器，空有明器，而實之。大夫以上尊者備，故兩有。若兩有，則實祭器，不實明器。宋襄公既兩有而并實之，故曾子非之。

有燕樂器可也。

注　與賓客燕飲用樂之器也。疏　釋曰：言可者，許其得用，故云可也。注　釋曰：云與賓客燕飲用樂之器也者，則升歌有琴瑟，庭中有特縣縣磬也。

役器甲冑干笮。

注　此皆師役之器。甲，鎧。冑，兜鍪。干，楯。笮，矢箙。音義　笮，則白反。矢箙也。鎧，苦代反。兜，丁侯反。鍪音牟。干楯，常允反，又音允。疏　釋曰：此役器中有干笮，無弓矢，示不用，故不具。上用器是常用之器，故具陳之也。注　釋曰：云甲鎧冑兜鍪者，古者用皮，故名甲冑，後代用金，故名鎧兜鍪，隨世爲名故也。但上下役用之器，皆麤沽爲之，故下記云弓矢之新沽功。注云設之宜新，沽示不用。弓矢云沽，餘雖不言，皆沽可知也。但此笮是送死之具，下記云薦乘車鹿淺幦干笮革靾者，是魂車所載，象生者，與此別也。

燕器杖笠翣。

注　燕居安體之器也。笠，竹䈰蓋也。翣，扇。音義　笠音立。翣所甲反。［疏］釋曰：云「燕居安體之器也」者，以杖者所以扶身，笠者所以禦暑，簦者所以招涼，而在燕居用之，故云「燕居安體之器也」。云「笠竹簦蓋也」者，簦竹青之皮，以竹青皮爲之。○徹奠，巾席俟于西方，主人要節而踊。［注］巾席俟於西方，祖奠將用焉。要節者，來象升，丈夫踊；去象降，婦人踊。徹者由明器北，西面。既徹，由重南東。不設於序西南者，非宿奠也。宿奠必設者，爲神馮依之久也。［疏］釋曰：自此盡「入復位」，論還車爲祖奠之事。此徹遷祖奠者，爲將還遷車，更設祖奠。［注］釋曰：云「巾席俟於西方，祖奠將用焉」者，以下經云「祖，還車」，還車訖，布席，設祖奠，則布此巾席也，故巾席俟祖奠在西方也。云「節者，來象升，丈夫踊；去象降，婦人踊」者，案上篇徹小斂、大斂奠時，皆升自阼階，丈夫踊；降自西階，婦人踊。今奠在庭，無升降之事，直有往來。經云「要節而踊」，明來象升，丈夫踊；去象降，婦人踊。但此經直云「主人要節」，即有婦人亦踊者，以下經徹祖奠時云「徹者入，丈夫踊；設于西北，婦人踊」。

注云猶阼階升時也徹設於柩車西北亦猶序西南是男子婦人竝有踊文則知此要節踊內亦兼婦人也云徹者由明器北西面既徹由重南東者凡奠於堂室者皆升自阼階降自西階奠於庭者亦由重北東方來陳由重北而西徹訖由重南而東象升自阼階降自西階也但設奠於柩車西南而東面則徹者由奠東而西面徹之也云不設於序西南者非宿奠也者以其大斂小斂奠及夕奠乃皆經宿故皆設之於序西南爲神馮依此遷祖奠旦始設之今日側徹之未經宿即徹故不設於序西南也

祖。注 爲將祖變。疏 注 釋曰下經商祝御柩乃祖是將祖故此主人祖祖即變也。

商祝御柩。注 亦執功布居前爲還柩車爲節。音義 還劉音患。疏 釋曰云商祝御柩者謂居柩車之前卻行節傾虧使執披人知其節度。注 釋曰云亦執功布者下經商祝執功布以御柩執披故此亦如之而執功布。

乃祖。注 還柩鄉外爲行始。疏 注 釋曰商祝既執功布爲御乃還柩車使䡅鄉外也祖者始也爲行始去載處而已也。

踊襲少南當前束。注 主人也柩還則當

前柬南【疏】釋曰前祖爲祖奠今既祖訖故歸而襲【注】釋曰云主人也者前祖是主人則此襲亦主人也經云少南鄭云則當前東南者以其車未還之時當前東近北今還車亦當前東少南婦人降卽位于階閒【注】爲柩將去有時也位東上【疏】釋曰婦人降者以逆還鄉外階閒空故婦人從堂上降在階閒【注】釋曰云爲柩將去有時者去有時卽明旦遣奠行之時是也今此爲行始也云位東上者以堂上時婦人在阼階西面統於堂下男子今柩車南還男子亦在車東故婦人降亦東上統于男子也婦人不鄉車西者以車西有祖奠故辟之在車後祖還車不還器【注】祖有行漸車亦宜鄉外也器之陳自已南上【疏】【注】釋曰祖還車者爲載時鄉北今爲行始故須還鄉南故鄭云祖有行漸車亦宜鄉外也不還器者鄭云器之陳自已南上南上者卽上文茵下注云茵在抗木上陳器次而北是也祝取銘置于茵【注】重不藏故於此移銘加於茵上【疏】【注】釋曰初死爲銘置于重啓殯祝取銘置于重祖廟又置于重今將

行置于茵者。重不藏。擬埋于廟門左。茵是入壙之物。銘亦入壙之物。故置于茵也。是以鄭云重不藏故於此移銘加於茵上也。士無廞旌。唯有乘車所建攝盛之旃并此銘旌而已。大夫以上有廞旌。通此二旌則皆備三旌。也。

二人還重左還【注】重與車馬還相反由便也。【疏】【注】釋曰。云重與車馬還相反由便也者。以車馬至中庭之東。以右還鄉門爲便。重在門內。面鄉北。人在其南。以左還鄉門爲便。是以二者雖相反。各由其便。

布席乃奠如初主人要節而踊【注】車已祖可以爲之奠也。是之謂祖奠。【疏】釋曰云主人要節而踊者。祖奠既與遷祖奠同車西。人皆從車而來。則此要節而踊。一與遷祖奠同。【注】釋曰。云車已祖可以爲之奠也者。奠本爲柩設。其柩未安。不得設奠。今車既還。名之爲祖。尸柩已定。可以爲奠也。云是之謂祖奠者。下記云祝饌祖奠于主人之南。是謂之祖奠。

薦馬如初【注】柩動車還宜新之也【疏】【注】釋曰。上已薦馬。今又薦馬者。以柩車動而鄉外爲行始。宜新之。故薦馬如初也。

賓出主人送○有司

請葬期【注】亦因在外位時【疏】【注】釋曰云亦因在外位時者亦上啓期祖期事畢在外位故此亦因事畢出在外位時請葬期也

入復位【注】主人也自死至於殯自啓至於葬主人及兄弟恆在內位【疏】【注】釋曰云主人也者以其送賓自據主人今送賓訖入復位明主人也云自死至於殯自啓至於葬主人及兄弟常在內位者自死至於殯在內位據在殯宮中自啓至於葬在內位據在祖廟中處雖不同在內不異故總言之云在內位者始死未小斂已前位在尸東小斂後位在阼階下若自啓之後在廟位亦在阼階下也

○公賵玄纁束馬兩【注】公國君也賵所以助主人送葬也兩馬士制也春秋傳曰宋景曹卒魯季康子使冉求賵之以馬曰其可以稱旌繁乎【音義】賵芳鳳反車馬曰賵繁步干反【疏】釋曰自此盡入復位杖論國君賵法之事【注】釋曰云公國君也者公及大夫皆有臣臣皆尊其君呼之曰公故左氏傳伯有之臣曰吾公在壑谷今

乾隆四年校刊

此云公則國君非大夫君也以下云主人釋杖迎于廟門外與喪大記如此迎送者皆據匶者也云賵所以助主人送葬也者案兩小傳皆云車馬曰賵施于生及送死者故云助主人送葬者也是以下注云賵奠於死生兩施是也云兩馬士制也者制謂士在家常乘之法若出使及征伐則乘駟馬其大夫以上則常乘駟馬故鄭駁異義云天子駕駟尚書康王之誥康王始即位云諸矦皆布乘黃朱詩云駟騵彭彭武王所乘魯頌云六轡耳耳僖公所乘小雅云駟牡騑騑大夫所乘是大夫以上駕駟之文也引春秋者左氏傳哀公二十三年春宋景曹卒注云景曹宋元公夫人小邾女季桓子外祖母又云季康子使冉有弔且送葬曰敝邑有社稷之事使肥與有職競焉是以不得助執紼使求從輿人注云輿衆也又云曰以肥之得備彌甥也注云彌遠也康子父之舅氏故稱彌甥又云有不腆先人之產馬使求薦諸夫人之宰其可以稱旌繁乎注云稱舉也繁馬飾繁纓也引之者證公有賵馬助人之事

擯者出請入告主人釋杖迎于廟門外不哭先入門右北面及衆主人袒【注】尊君命也衆主

人自若西面【疏】【注】釋曰云尊君命也者謂釋枚迎人是尊君命也故下文賓賵擯者出告須注云不迎則此經皆是尊君命鄭無所指屬故以尊君命解經不哭又前文袒襲皆據主人此則衆主人亦袒亦是尊君命云衆主人自若西面者以其主人一人迎賓入門門東而右其餘衆主人不迎賓明自若常位柩東西面可知也

馬入設【注】設於庭在重南【疏】【注】釋曰以馬是庭實故云設於庭知在重南者以庭實法皆三分庭一在南設之又重北陳明器不得設馬故知在重南也

賓奉幣由馬西當前輅北面致命【注】賓使者幣玄纁也輅轅縛所以屬引由馬西則亦當前輅之西於是北面致命得鄉柩與奠柩車在階間少前三分庭之北輅有前後【音義】輅音路【疏】【注】釋曰云賓使者卿士也知者士喪禮君使人弔注使人士也禮使人各以其爵故知是士也云輅轅縛所以屬引者謂以木縛於柩車轅上以屬引於上而挽之故名轅縛也云由馬西則亦當前輅之西

者。以經直云當前輅。不言輅之東西及前後。鄭以義言之。以其馬在重南當門。柩車在階間少南亦當門。賓由馬西北行當前輅致命。明在輅西可知。云於是北面致命得鄉柩與奠者。以賓當輅西。經云北面致命。明當奠柩之南北面。是得鄉柩與奠也。云柩車在階間少前三分庭之北者。案下記云遂匠納車于階間。是柩車在階間也。云少前者。上經祖還車訖。云少南婦人降卽位于階間。明柩車少南是少前也。云三分庭之北者以其中庭陳明器。不得在中庭。故知在三分庭之北。謂三分庭在北分之北。若解賓致命之處。云輅有前後者。以經云前輅。明有後以對前。故知輅有前後也。

主人哭拜稽顙成踊。賓奠幣于棧左服出。

【注】棧謂柩車也。凡士車制無漆飾。左服象授人授其右也。服車箱。今文棧作輚。

【音義】奠如字。劉音定。棧士板反。劉才產反。注輚同。

【疏】釋曰。主人哭拜者。仍於門右北面。以賓致命訖。遂哭拜也。云成踊者。三者三。凡九踊。【注】釋曰。云棧謂柩車也。凡士車制無漆飾者。此棧車卽柩車。以其賓由輅西而致命。云奠幣於棧者。明此棧車柩車。卽屬車。四輪迫地。無漆飾。故言棧也。云左服象授人授其右也者。按聘禮宰授使者圭時。云同面。使者在左。宰在右而授其右也。此車南鄉。以東爲左。尸在車上。以東爲右。故授左服。容授尸之右也。宰由主人之北。舉幣以東。【注】柩東。主人位。以東藏之。【疏】【注】釋曰。云柩東主人位者。解經由主人之北。以幣在車東。主人在車東。故宰由主人位北。而鄉左服上取幣以東藏之於內也。但此時主人仍在門東北面。此位雖無主人。既有定位。故宰由主位北而取幣。不得履主人之位。故由主人之北也。士受馬以出。【注】此士謂胥徒之長也。有勇力者受馬。聘禮曰。皮馬相間可也。【疏】【注】釋曰。云此士謂胥徒之長也有勇力者受馬。不得爲屬士者。以其受幣者宜尊。受馬者宜卑。故知受馬是胥徒之長。以其受馬。故知有勇力者也。若然。昏禮記云。士受皮。注云。士謂中士下士。不爲胥徒者。彼主人親受幣。明受皮非胥徒。是正士也。引聘禮者。欲見此用皮亦可也。主人送于外門外。拜。襲。入復位。杖。【注】釋曰。主人既送賓。還入廟門車東。復位杖也。

乾隆四年校刊

○賓賵者將命。【注】賓，卿大夫士也。【疏】釋曰。自此盡知生者賻。論賓及兄弟賻奠之事。【注】釋曰。云賓卿大夫士也者。以其上云君。下有兄弟。則此賓是國中三卿五大夫二十七士可知。言將命者。身不來。遣使者將命告主人。擯者出請入告。出告須。【注】不迎告曰孤某須。【疏】【注】釋曰。案雜記諸侯使卿弔鄰國諸侯。主人使擯者告賓云。孤某須矣。故引之爲義。馬入設。賓奉幣。擯者先入。賓從致命如初。【注】初。公使者。主人拜于位不踊。【注】柩車東位也。既啓之後。與在室同。【疏】【注】釋曰。云既啓之後與在室同者。案上篇始死時云。庶兄弟襚。使人以將命于室。主人拜于位。此主人亦拜于位。俱是不爲賓出。故云與在室同。至于有君命。亦出迎矣。賓奠幣如初。舉幣受馬如初。擯者出請。【注】賓出在外。請之爲其復有事。【疏】【注】釋曰。云賓出在外請之爲其復有事者。以其賓既行賵訖。出更請之。爲其復有事。若無事。賓報事畢。遂去也。若奠【注】

賓致可以奠也。疏注釋曰：謂賓釋辭以此所致之物或可堪爲奠於祭祀者也。入告。出以賓入，將命如初。士受羊，如受馬，又請。注士，士介，謂胥徒之長。又，復也。疏注釋曰：以其受羊與馬同是畜類，故知亦胥徒之類。但受羊不須勇力，故鄭不言也。若賻，注賻之言補也，助也。貨財曰賻。音義賻音附。疏注釋曰：云貨財曰賻者，公羊傳文也。入告主人，出門左，西面。賓東面將命。注主人出者，賻主施於主人。疏注釋曰：鄭知施於主人者，以下經云知生者賻，是施於主人也。案春秋文五年春，王使榮叔歸含且賵，傳譏一人兼二事。此賓所以兼事者，彼譏一人獨行，不與介各行，故譏。若雜記云上客弔，即其介各行含襚賵，則不譏。則卿大夫士禮一人行數事可也。主人拜，賓坐委之，宰由主人之北，東面舉之，反位。注坐委之，明主人哀戚，志不在受人物。反位，反主人之後位。疏注釋曰鄭知反位反主人之後位者以主人在門東西面而云宰由主人之北鄉賓奠幣之處舉幣明宰位在主人之後故得由主人之北西行是以宰位在主人之後也若無器則捂受之注謂對相授不委地音義捂五故反疏注釋曰以堂上授有竝受法以其在門外若有器盛之則坐委於地若無器則對面相授受故云捂受之捂卽逆也對面相迎受也又請賓告事畢拜送入○賵者將命注賵送擯者出請納賓如初注如其入告出告須疏注釋曰謂如上賓賵時擯者出請入告出告須也賓奠幣如初注亦於棧左服若就器則坐奠于陳注就猶善也贈無常惟翫好所有陳明器之陳音義陳如字劉直客反下同疏注釋曰知贈無常者案下記云凡贈幣無常注云賓之贈也玩好曰贈在所有言玩好者謂生時玩好之具與死者相知皆可以贈死者故此經云若就器則坐奠于陳者就器則是玩好之器也云陳明器之陳者以其廟中所陳者

唯明器節陳于車之西。以外或言薦。或言設。無言陳者。故指明器而言也。凡將禮，必請而后拜送。【注】雖知事畢，猶請君子不必人意。【疏】【注】釋曰：云君子不必人意者，義取孔子云無必無固之言也。兄弟賵奠可也。【注】兄弟有服親者，可且賵且奠，許其厚也。賵奠於死生兩施。【疏】【注】釋曰：知兄弟有服親者，喪服傳云：凡小功以下爲兄弟。既言兄弟，明有服親者也。知非大功以上者，以大功以上有同財之義，無致賵奠之法。云可且賵且奠，許其厚也者，若然，此所知許其賵，不許其奠，兄弟許其貳賵兼奠，而上經亦賓而有賵有奠有賻三者，彼亦不使並行俱見之。見三禮之中，有則任行其一。故總見之。云賵奠於死生兩施者，以下經云知死者贈，知生者賻，注云各主於所知，此賵奠不偏言所主，明於生死兩施也。所知，則賵而不奠。【注】所知通問相知也。降於兄弟，奠施於死者爲多。故不奠。【疏】【注】釋曰：云所知通問相知也者，言所知，明是朋友通問相知。言降於兄弟者，許賵不許奠

乾隆四年校刊

也。云奠施於死者爲多故不奠者。但賵與奠皆生死兩施。其奠雖兩施。施於死者爲多。知者。以其言奠爲死者而行。故知於死者爲多。所知爲疏。不許行之也。知死者贈。知生者賻。【注】各主於所知。【疏】【注】釋曰。云各主於所知者。以其贈是玩好。施於死者。故知死者行之。賻是補主人不足。施於生者。故知生者行之。是各施於所知也。書賵於方。若九若七若五。【注】方。板也。書賵奠賻贈之人名。與其物於板。每板若九行若七行若五行。【音義】行。竝戶郎反。【疏】【注】釋曰。以賓客所致有賻有賵有贈有奠。直云書賵者。舉首而言。但所送有多少。故行數不同。書遣於策。【注】策。簡也。遣猶送也。謂所當藏物茵以下。【疏】【注】釋曰。云策簡者。編連爲策。不編爲簡。故春秋左氏傳云。南史氏執簡以往。上書賵云方。此言書遣於策。不同者。聘禮記云。百名以上書於策。不及百名書於方。以賓客贈物名字少。故書於方。則盡遣送死者明器之等。并贈死者玩好之物。名字多。故書之於策。策書明器之物。應在上文。而於此言之者。遣中幷有贈物。故在賓客賵賻與賵之下特書也。乃代哭如初。注 棺柩有時將去。不忍絕聲也。初謂既小斂時。疏 釋曰。案喪大記。大夫以上官代哭。士無官以親疏代哭。注釋曰。云初謂既小斂時者。案喪大記小斂之後乃代哭。初死直主人哭不絕聲。士二日小斂。小斂主人懈怠。容更代而哭也。宵爲燎于門內之右。注 爲哭者爲明。疏 注釋曰。燎。大燭。必於門內之右門東者。奠於柩車西。鬼神尚幽闇。不須明。柩車東有主人。階間有婦人。故於門右照之。爲明而哭也。○厥明。陳鼎五于門外。如初。注 鼎五羊豕魚腊鮮獸各一鼎也。士禮特牲三鼎。盛葬奠加一等。用少牢也。如初。如大斂奠時。疏 釋曰。自此盡主人要節而踊。論葬日之明。陳大遣奠於廟門外之事。注釋曰。知五鼎是羊豕魚腊鮮獸各一鼎者。以下經云。羊左胖。豕亦如之。魚腊鮮獸皆如初。與少牢禮同。故知也。云士禮特牲三鼎者。特牲饋食禮陳三鼎。故知也。云盛葬奠加一等用少牢也者。以其常祭用特牲。今大遣奠。與大夫常祭用少牢同。是盛此葬奠。故加一等用少牢也。云如初如大斂奠時者。以其上遷祖奠時云如殯。謂如大斂。明此云如初亦如大斂在廟門外及東方之饌也。雖如大斂。鼎數仍不同。以其大斂三鼎。此則五鼎。然大小斂時無黍稷。朔月則有黍稷。此葬奠又無黍稷者。大斂前無黍稷者。以其初死。至朔月乃有之。故鄭注云至此乃有黍稷。今葬奠更無黍稷者。以其始死至殯。自啓至葬。其禮同。故無黍稷亦同也。凡牢鼎數或多或少不同。若用特豚者。或一鼎或三鼎。若士冠禮醮子。及昏禮盥饋。并小斂之奠與朝禰之奠皆一鼎也。三鼎者。昏禮同牢。士喪大斂朔月遷祖及祖奠皆三鼎。而以魚腊配之是也。其用少牢者。或三鼎或五鼎。三鼎者。則有司徹云陳三鼎如初。以其繹祭殺於正祭。故用少牢而鼎三也。五鼎者。少牢五鼎。大夫之常事。此葬奠。士攝盛之奠。用少牢亦五鼎。聘禮致飱。眾介皆少牢亦五鼎。玉藻諸侯朔月少牢亦五鼎。其用大牢者。或七或九。或十。或十二。其云七鼎九鼎者。公食大夫下大夫大牢鼎七。上大夫鼎九是也。鼎十與十二者。聘禮致飱於賓。飪一牢。鼎九。羞鼎三。是十二也。又云。上介飪一牢。鼎七。羞鼎三。是其十。若然。案郊特牲云。鼎俎奇而籩豆偶。以象陰陽。鼎有十與十二者。以其正鼎與陪鼎各別數。則爲奇數也。

其實羊左胖。【注】反吉祭也。言左胖者。體不殊骨也。【音義】胖音判。【疏】【注】釋曰。云反吉祭也者。以其特牲少牢吉祭。皆升右胖。此用左胖。故云反吉祭也。云言左胖者。體不殊骨也者。既言左胖。則左邊共爲一段。故云體不殊骨。雖然。下云髀不升。則除髀以下胉胳仍升之。則於上肩脅脊別升。則左胖仍爲三段矣。而云體不殊骨。據脊脅已上。胉胳已下共爲一。亦得爲體不殊骨也。

髀不升。【注】周貴肩賤髀。古文髀作脾。【音義】髀。步禮反。又方爾反。【疏】釋曰。云髀不升者。則胉已上去之。取胉胳已下。【注】釋曰。云周貴肩賤髀者。案祭統云殷人貴髀。周人貴肩。故云髀不升。

腸五胃五。【注】亦盛之也。【疏】【注】釋曰。亦盛之者。以其不用特牲而用少牢。是盛葬奠。案少牢用腸三胃三。今加至五。亦是盛此奠也。

離肺。【注】離挳。【音義】挳苦圭反。【疏】【注】釋曰。此非直升腸胃。又升離肺者。案少儀云。牛羊之肺離而不提心。注云。提猶絕也。挳離之不絕中央少許。使易絕以祭耳。此爲食而舉。亦名舉肺也。

乾隆四年校刊

儀禮注疏卷十三　既夕

豕亦如之豚解無腸胃【注】如之如羊左胖髀不升離肺也豚解解之如解豚亦前肩後肫脊脅而已無腸胃者君子不食溷腴【音義】肫劉音純又之春反溷音患又戶困反【疏】【注】釋曰亦如之鄭云如之如羊左胖體不升離肺也者謂豕與羊同者左胖雖同仍與羊異以其羊則體不殊骨上下共爲段此豕之左胖則爲四段矣故別云豚解豚解總有七段今取左胖仍爲四段矣云亦前肩後肫脊脅而已者鄭欲爲四段與羊異也云君子不食溷腴者禮記少儀文彼鄭注云謂犬豕之屬食米穀者也腴有似於人穢引之者證不取腸胃之義也

魚腊鮮獸皆如初【注】鮮新殺者士腊用兔加鮮獸而無膚者豕既豚解畧之【疏】【注】釋曰云士腊用兔者謂此腊是其乾者云鮮新殺者二者皆用兔必知士腊用兔者雖無正文案少牢禮大夫腊用麋鄭云大夫用麋士用兔與以無正文故云與以疑之此亦云士腊用兔雖不云與亦伺疑可知但士腊宜小故疑用兔也云加鮮獸而無

膚者豕既豚鮮略之者以葬奠用少牢攝盛則當有膚與少牢同以豕既豚解四段喪事略則無膚者亦略之而加鮮

東方之饌四豆脾析蜱醢葵菹蠃醢【注】脾讀爲雞脾肶之脾脾析百葉也蜱蜯也今文蠃爲蝸【音義】劉脾音毗注同一音婢支反析思狄反蜱皮佳反蠃力禾反肶尸之反蜯步講反蝸力禾反又古華反【疏】釋曰陳鼎既訖又陳東方之饌于主人之南前輅之東其豆有四脾析一蜱醢二葵菹三蠃醢四案周禮鄭注醢人云細切爲虀全物若牒爲菹又云齏菹之稱菜肉通又經不云菹者類皆是虀則此經云脾析者即虀也【注】釋曰云脾讀爲雞脾肶之脾者鄭讀之欲見此脾雖與脾胥之脾同正謂百葉名爲脾析故讀音從雞脾肶之脾時俗有此語故讀從之也案醢人注云脾析牛百葉也此不云牛者彼天子禮容有牛此用少牢無牛當是羊百葉故不云牛也云蜱蜯也者即蛤也知蜱即蛤者以周禮醢人云蠯醢注云蠯蛤也此注云蜱蜯也以蜱蠯是一物故知蜱蜯即蠯蛤也

四籩棗糗栗脯【注】糗以豆糗粉餌【音義】

糗去九反。注釋曰。云糗以豆糗粉餌者。案籩人云。羞
餌而志反。疏籩之實。糗餌粉餈。鄭云。此二物皆粉稻米
黍米所爲也。合蒸曰餌。餅之曰餈。糗者。擣粉熬大豆。爲
餌餈之粘著。以粉之耳。餌言糗。餈言粉。互相足者。此本
一物。餌言糗。謂熬之亦粉之。餈言粉。擣之亦糗之。不言
互文而云互相足者。凡言互文者。是二物。各舉一邊而
省文。故云互文。此糗與粉唯一物。分爲二文。皆語不足。
故云互相足也。又案籩人羞有二籩糗餌及粉餈。此經
直言糗。則舉糗以見餌而無
餈。故鄭云糗以豆糗粉餌也。醴酒。注此東方之饌。與祖
奠同在主人之南。當前輅。北上。巾之。疏注釋曰。鄭知義然者。案下記云。
祝饌祖奠于主人之南。當前輅。北上。巾之。注云。既祖祝
乃饌。以此言之。祝饌祖奠。即時還柩鄉外。仍饌之于主
人之南。自還柩車至此。饌葬奠柩車不動。則此葬奠東
方之饌。亦饌于主人之南。當與前同處。故注云與祖奠
同在主人之南。但祖奠與大斂奠同二豆二籩。此葬奠
四豆四籩。籩豆雖不同而同處耳。云北上者。蓋兩甒在
北。次南饌四豆。豆南饌四籩也。陳器。注明器也。適斂藏之。疏注釋曰。陳饌已訖。又

陳明器也。本作夜斂，適似寫誤。云夜斂者，以其上朝祖之日已陳明器，此復陳之者，由朝祖至夜斂藏之，至此厥明更陳之也。滅燎，執燭俠輅北面。〖注〗照徹與葬奠也。〖疏〗〖注〗釋曰：昨日朝祖日至夕，云宵爲燎于門內之右。至此滅燎，既滅二人執燭俠輅北面，一人在輅東，一人在輅西。輅西者照徹祖奠，輅東者照葬奠之饌。故注云照徹與葬奠也。賓入者拜之。〖注〗明自啓至此，主人無出禮。〖疏〗〖注〗釋曰：此時有弔葬之賓，主人皆不出迎，但在位拜之。所以不出迎者，既啓之後，既覲尸柩，不可離位以迎賓，唯有君命乃出。故注云明自啓至此主人無出禮也。○徹者入。丈夫踊。設于西北，婦人踊。〖注〗猶阼階升時也。亦既盥乃入。入由重東而主人踊，猶其升也。自重北西面而徹，設于柩車西北，亦猶序西南。〖疏〗釋曰：云徹者入者，謂將設葬奠，先徹祖奠，故云徹者入。入謂祝與執事徹祖奠者，亦既盥乃入。入由重東而主人踊。云三徹訖設柩車西北，則婦人踊也。〖注〗釋曰：云猶阼階升時者謂徹小斂奠者門外盥訖入升自阼階丈夫踊今徹者亦門外盥訖入由重東主人踊故云猶其升也云自重北西面而徹設於柩車西北亦猶序西南者此徹祖奠設于柩車西北亦猶小斂大斂朔月奠設于序西南也

徹者東【注】由柩車北東適葬奠之饌【疏】注釋曰以其徹訖當設葬奠故徹者由柩車北東適葬奠之饌取於設于柩車西也知由柩車北而東者以其徹者設于柩車西北而云徹者東若柩車南不得云徹者東故知在柩車北東行也

鼎入【注】舉入陳之也陳之蓋於重東北西面北上如初【疏】注釋曰以其徹者既東當設葬奠故五鼎皆入陳也云陳之蓋於重東北西面北上如初者以其上篇小斂奠舉鼎入阼階前西面錯大斂奠云舉鼎入西面北上又朔月奠云鼎入皆如初其遷祖奠云陳鼎皆如殯則此在阼階下西面北上今此但云鼎入不言如初無正文故云蓋以疑之既疑而知在重東北西面北上者以其奠祭在室掌設者皆陳鼎於阼階下西面如大小斂故可知也

乃奠豆南上綪籩蠃醢南北上綪【注】籩蠃醢

辟醴酒也【音義】辟音避【疏】【注】釋曰云籩贏醢南辟醴酒也者如上所饌則先饌脾析
於西南次北蜱醢次東葵菹次南贏醢陳設要方則四籩亦宜設於脾析巳南綪之爲次今不於脾析巳南爲
次而於贏醢巳南爲次故知辟醴酒醴酒當設在脾析之南可知也俎二以成南上不綪
特鮮獸【注】成猶併也不綪者魚在羊東腊在豕東古文
特爲俎【音義】併步頂反【疏】【注】釋曰知俎二以併不綪者若綪則宜先設羊於西南次北設豕次
東設魚次南設腊今於西南設羊次北豕以魚設于羊東設腊于魚北還從南爲始是不綪也其鮮獸在北北
無偶故云特也是以鄭云不綪者魚在羊東腊在豕東也醴酒在籩西北上【注】統於
豆也【疏】【注】釋曰云統於豆也者豆即脾析也以其云北上上謂二甒醴酒繼豆言北上故云統於豆也
奠者出主人要節而踊【注】亦以往來爲節奠由重北西
既奠由重南東【疏】【注】釋曰自上以來堂下設奠徹奠皆云主人要節而踊注皆云往來爲節

此主人要節而踊，亦以往來爲節。奠來時由重北而西，既奠由重南而東。此奠饌在輅之東，言由重北者，亦是由車前明器之北，鄉柩車西設之。設訖，由柩車南而東者，禮之常也。○甸人抗重，出自道，道左倚之。【注】還重不言甸人，抗重言之者，重既虞將埋之，言其官使守視之。抗，舉也。出自道，出從門中央也。不由闑東西者，重不反，變於恆出入。道左，主人位。今時有死者，鑿木置食其中，樹於道側，由此。【音義】倚，於綺反。闑，魚列反。【疏】釋曰：自此盡「徹者出，踊如初」，論將葬，重及車馬之等以次出之事。云「道左倚之」者，當倚於門東北壁。【注】釋曰：云「還重不言甸人」者，上云「二人還重」，不言甸人，至此乃言甸人也。云「重既虞將埋之」者，雜記文。彼注云「就所倚處埋之」。但天子九虞，諸侯七虞，大夫五虞，士三虞。未虞以前，以重主其神；虞所以安神，雖未作主，初虞其神即安於寢，不假重爲神主。又士大夫無木主，明亦初虞即埋之也。云「不由闑東西者，重不反，變於恆出入」者，恆出入則闑東闑西也。云道左主人位者，檀弓云重主道，注云始死未作主，以重主其神也。則重主死者，故於三之之位埋之也。鄭云今時以下者，引漢法證重倚道左之事也。薦馬，馬出自道，車各從其馬，駕于門外，西面而俟，南上。【注】南上，便其行也。行者乘車在前，道橐序從。【音義】橐，古老反。【疏】【注】釋曰：云南上者，謂於門外之時南上。云便其行也者，以其葬於國北，在路則南上，上者常在前，故云便其行也。云行者乘車在前，道橐序從者，案下記云乘車載旜，道車載朝服，橐車載蓑笠，是序從也。○徹者入，踊如初。徹巾，苞牲，取下體。【注】苞者，象既饗而歸賓俎者也。取下體者，脛骨象行，又俎實之終始也。士苞三个，前脛折取臂臑，後脛折取骼，亦得俎釋三个。雜記曰：父母而賓客之，所以爲哀。【音義】脛，戶定反，劉胡孟反。个，古賀反。臑，乃到反。骼，劉音格，一音各。【疏】【注】釋曰：云苞者，象既饗而歸賓俎也者。案雜記文而言之。云取下體者脛骨象行者。以父母將行鄉壙。故取前脛後脛下體行者以送之。故云象行也。云又俎實之終始也者。此盛葬奠用少牢。其載牲體亦當與少牢同。案少牢載俎云。肩臂臑膊骼在兩端。又云肩在上。以此言之。則肩臂臑在俎上端爲俎實之始。膊骼在俎下端爲俎實之終。今取此兩端脛骨苞以歸父母。直取脛骨爲象行。又兩端爲俎實之終始也。云士苞三个者。自上之差。案檀弓云。國君七个。遣車七乘。大夫五个。遣車五乘。注云。人臣賜車馬者。乃得有遣車。遣車之差。大夫五。諸侯七。則天子九。諸侯不以命數。喪數略也。个。謂所包遣奠牲體之數也。雜記曰。遣車視牢具。彼注云。言車多少。各如所苞遣奠牲體之數也。然則遣車載所苞遣奠而藏之者。與遣奠。天子太牢包九个。諸侯亦太牢包七个。大夫亦太牢包五个。士少牢包三个。大夫以上乃有遣車。以此而言。士無遣車。則所包者不載于車。直持之而已。士有一苞而云苞三个。鄭又云个謂所苞遣奠。則士一苞之中有三个牲體。故云前脛折取臂臑後脛折取骼也。若然。大夫云遣車五乘苞五个。則一苞之中有五个。五五二十五。一太牢而爲二十五體。則亦取下體前脛取臂臑後脛取骼。三牲有九體。又就九體。折分爲二十五个。五苞。苞各五个。諸侯太牢而苞七个。天子亦太牢。又加以馬牲。牲別有三。則十二體。就十二體中。細分爲八十一个。九苞。苞各个。大夫以上。皆不得全體。謂若少儀云太牢則以牛肩臂臑折九个之類。亦爲不全體也。云亦得組釋三者。羊組上注云。體不殊骨也。其髀又不升。則骼別爲段在組。今前脛折取臂臑。其肩仍著胉爲一段。後脛取骼。仍有胉一節在組。則羊組仍有兩段在。豕則左豚解爲四段在組。今前脛折取臂臑。後脛折取骼。仍四段在組。若然。羊組有二段。豕組有四段。相通則二組有三段在。故得爲組釋三个。案特牲組釋三个。注爲改饌於西北隅遺之。則此奠雖不爲改饌西北隅之。亦爲分禱五祀也。引雜記者。案彼云。曾子曰吾子不見大饗乎。夫大饗既饗。卷三牲之組歸于賓館父母而賓客之。所以爲哀也。注云。既饗歸賓組。所以厚之也。言父母家之主。今賓客之。是孝子哀親之去也。取此者。以證此苞牲歸父母。亦是賓客父母之事也。

不以魚腊。【注】非正牲也。【疏】釋曰。云非正牲也者。正牲謂上二牲。魚腊非正牲。故不以魚腊載之。故云非正牲。

○行器。【注】目葬

行明器在道之次【疏】釋曰苞牲訖明器當行鄉壙故云行器【注】釋曰云目葬行明器者卽下云茵苞已下是也故云目葬行也茵苞器序從【注】如其陳之先後【疏】釋曰此直云序從者序從卽上文器西南上茵苞已下是也故此亦言茵苞以其爲首故也車從【注】次器【疏】【注】釋曰上陳明器訖次列車以從明器故云次器也徹者出踊如初【注】於是廟中當行者唯柩車【疏】釋曰徹者謂苞牲訖當徹去所釋者出廟門分禱五祀者徹者出時主人踊【注】釋曰云於是廟中當行者唯柩車者以其上文明器及車馬鄉壙者皆出唯有柩車在廟未出故云於是廟中當行者唯柩車也

○主人之史請讀賵執算從柩東當前東西面不命毋哭哭者相止也唯主人主婦哭燭在右南面【注】史北面請既而與執算西面於主人之前讀書釋算燭在右南面照書便也古文算皆爲筴【音義】毋音

無。【疏】釋曰。自此盡滅燭出。論讀賵遣之事。【注】釋曰。經直云史請讀賵。鄭知史北面請者。以其主人於車東北面。所請者請於主人。明史北面問之。故知史北面也。又知在主人之前讀之。對面當柩。故知在主人之前面鄉柩也。請訖乃西面。請時及入時。書在前算在後。則史西面之時。算在史南西面。今燭在史北。近史照書爲便。若在左則偏算不便也。

讀書釋算則坐。【注】必釋算者。榮其多。【疏】釋曰。讀書者立讀之。敬也。釋算者坐爲釋之。便也。【疏】釋曰。云必釋算者。榮其多者。以其所賵之物言之。亦得。今必釋算顯其數者。榮其多故也。

卒命哭滅燭書與算執之以逆出。【注】卒已也。【疏】釋曰。言逆出則入時長在前。出時長在後。燭言滅不言出者。以其燭已滅。不待言燭出。其人亦出可知。

公史自西方東面。命毋哭。主人主婦皆不哭。讀遣卒。命哭滅燭出。【注】公史君之典禮書者。遣者入壙之物。君使史來讀之。成其得禮之正以終也。燭俠輅。【疏】【注】釋曰。知公史是君之典禮書者以其言公史故知君史案周禮大史小史皆掌禮則諸侯史亦掌典禮可知云成其得禮之正以終者以其死葬之以禮是死者得禮之終事故以君史讀而成之也知燭俠輅者上陳設葬奠云執燭俠輅北面故知也

○商祝執功布以御柩執披【注】居柩車之前若道有低仰傾虧則以布爲抑揚左右之節使引者執披者知之士執披八人今文無以【音義】仰五郎反【疏】釋曰自此盡柩乃行論柩車在道發行之事云執功布者謂執大功之布麤者也云以御柩執披者葬時乘車故有柩車前引柩者及在傍執披者皆御治之故云御柩執披也【注】釋曰云柩車之前若道有低仰傾虧則以布爲抑揚左右之節者道有低謂下坂時道有仰謂上坂時傾虧謂道之兩邊在車左右轍有高下云以布爲抑揚左右之節者道有低則抑下其布使知下坂道有仰則揚舉其布使知上坂云左右者謂道傾虧高下則左右其布使知道之有傾虧也若東轍下則下其布向東西邊執披者持之西轍下則下其布向西東邊執披者持之若然鄭云使

升者執披者知之者執披者知其左右引者知其上下也。知士執披八人者，案下記云執披者旁四人，注云前後左右各二人，是士執披者八人也。主人袒，乃行，踊無算。注 袒，爲行變也。乃行，謂柩車行也。凡從柩者，先後左右，如遷于祖之序。疏 注釋曰：云乃行謂柩車行者，經云乃行，文承主人袒下，嫌主人行，故云乃行，謂柩車行，以行處據柩爲主。柩車行，主人行可知，故舉柩車行也。云凡從柩者先後左右如遷于祖之序者，上遷于祖時，注云：主人從者，丈夫由右，婦人由左，以服之親疏爲先後，各從其昭穆，男賓在前，女賓在後，此從柩向壙之序，一如遷于祖之序，故如之也。出宮，踊，襲。注 哀次。疏 注釋曰：云哀次者，以經云出宮踊襲，以出宮有此踊襲，止爲出宮大門外有賓客次舍之處，父母生時接賓之所，故主人至此感而哀，此次是以有踊，踊訖即襲，襲訖而行也。故檀弓云：哀次亦如之。注云：次，他日賓客所受大門外舍也。孝子至此而哀，是也。○至于邦門，公使宰夫贈玄纁束。注 邦門，城門也。贈，送也。疏 注釋曰：云

乾隆四年校刊

郭門者。案檀弓云。葬于北方北首。三代之達禮也。此郭門者。國城北門也。贈用玄纁束帛者。卽是至壙窆訖。主人贈死者用玄纁束帛也。以其君物所重。故用之送終也。主人去杖不哭由左聽命。賓由右致命。【注】柩車前輅之左右也。當時止柩車。【音義】去起呂反。【疏】【注】釋曰。此謂宰夫將致命。主人乃去杖不哭。由東。此出國北門柩車鄉北。左則在前輅之西也。賓由右致命。則在柩車之東矣。經蓋云左右。鄭必知據前輅左右者。以柩車在廟門時。賓在柩車右。主人在柩車左。故知此亦當前輅左右也。云當時止柩車者。下記云唯君命止柩于堩。其餘則否。注云不敢留神也。此宰夫致命時。柩車止也。主人哭拜稽顙。賓升。實幣于蓋。降。主人拜送。復位。杖。乃行。【注】升柩車之前。實其幣於棺蓋之柳中。若親授之然。復位。反柩車後。【疏】【注】釋曰。賓既致公贈命訖。主人乃哭拜稽顙。賓乃升車。實幣于棺之蓋中。載以之壙。上文在廟所贈之幣皆奠於左服。此實於蓋中者。彼贈幣生死兩施。故奠于左服。此贈專爲死者。故實于蓋中。若親授之然。云復位反柩車後者。上在廟。位在柩車東。此行道。故在柩車後也。○至于壙陳器于道東西北上。〔注〕統於壙。〔疏〕釋曰。自此盡拜送。論至壙陳器。及下棺並送賓之事。〔注〕釋曰。云統於壙者。對廟中南上。此則北上。故云統於壙也。

茵先入。〔注〕當藉柩也。元士則葬用輁軸加茵焉。〔疏〕〔注〕釋曰。云當藉柩也者。解茵先入之意。以其茵入。乃後屬引。下棺於其上。以須藉柩。故茵先入。云元士則葬用輁軸加茵焉者。元士謂天子之士葬時先以輁軸由羨道入。乃加茵於其上。乃下棺於中。知元士葬用輁軸也者。檀弓云。孺子䵒之喪。哀公欲設撥。注云。撥可撥引輴車。所謂紼。問於有若。有若曰。其可也。君之三臣猶設之。顏柳曰。天子龍輴而椁幬。諸侯輴而設幬。爲榆沈。故設撥。三臣者廢輴而設撥。竊禮之不中者也。以此言之。天子諸侯殯葬皆用輴。朝廟用輴。可知。大夫雖殯葬不用輴。朝廟亦用輴。以其士殯葬不用輁軸。朝廟得用之。明大夫朝廟得用輴。故上注云。大夫諸侯以上有四周謂之輴。以其大夫朝廟得用輴。故言

乾隆四年校刊

之也。諸侯之大夫有三命、再命、一命，殯葬不得用輴。天子之元士亦三命、再命、一命，葬得用輁軸者，春秋之義，王人雖微，猶在諸侯之上。明天子之士尊，謂之爲元。元者善之長，故得用輁軸，不與諸侯大夫同也。

屬引。

【注】於是說載除飾，更屬引於緘耳。古文屬爲燭。【音義】說，土活反。緘，古咸反，劉古陷反。【疏】【注】釋曰：云「於是說載」者，謂柩車至壙，解說去載與披及引之等。「除飾」者，解去帷荒池紐之等。然後下棺。云「更屬引於緘耳」者，案喪大記云：「君窆以衡，大夫士以咸。」鄭注云：「衡，平也。人君之喪，又以木橫貫緘耳，居旁持而平之。今齊人謂棺束爲緘。」以此而言，則棺束，君三衽三束，大夫士二衽二束，束有前後。於束末皆爲緘耳，以紼貫結之，而下棺。人君又於橫木之上，以屬紼也。

主人袒，衆主人西面北上，婦人東面，皆不哭。

【注】俠羨道爲位。【疏】釋曰：主人袒者，爲下棺變。婦人不言北上，亦如男子北上可知。不哭者，爲下棺窆靜。【注】釋曰：云「俠羨道爲位」者，羨道謂入壙道，上無負土爲羨道；天子曰隧，塗上有負土爲隧。僖公二十五年，晉文公請隧，弗許，是也。

○乃窆，主人

拾更也當於此處見注疏本乃在後釋文亦在後始音非也當移此

哭踊無算【注】𡊮下棺也今文𡊮爲封【疏】釋曰主人哭踊不言處還於壙東西面也注釋曰云𡊮下棺者春秋謂之堋皆是下棺之名也襲贈用制幣玄纁束拜稽顙踊如初【注】丈八尺曰制二制合之束十制五合【疏】注釋曰云丈八尺曰制者朝貢禮及巡狩禮皆有此文以丈八尺爲制昏禮幣用二丈取成數凡禮幣皆用制者取以儉爲節聘禮云釋幣制玄纁束注云凡物十曰束玄纁之率玄居三纁居二此注云二制合之束十制五合者則每一端丈八尺二端爲一匹五匹合爲十制也卒袒拜賓主婦亦拜賓即位拾踊三襲【注】主婦拜賓女賓也即位反位也【音義】拾其業反劉其輒反後放此【疏】注釋曰卒謂贈卒更袒拜賓云反位者各反羨道東西位其男賓在衆主人之南女賓在衆婦之南賓出則拜送【注】相問之賓也凡弔賓有五去皆拜之此舉中焉【疏】注釋曰鄭知賓是相問之賓也凡弔賓有五此舉中者案雜記

乾隆四年校刊

儀禮注疏卷十三既夕

云相趨也出宮而退相揖也哀次而退相問也旣封而退相見也反哭而退朋友虞祔而退注云此弔者恩薄厚去遲速之節也相趨謂相聞姓名來會喪事也相揖嘗會於他也相問嘗相惠遺也相見嘗執摯相見也以此而言此經旣葬而退是相見問遺之賓舉中以見上下五者去卽皆拜送可知

藏器於旁加見【注】器用器役器也見棺飾也更謂之見者加此則棺柩不復見矣先言藏器乃云加見者器在見內也內之者明君子之於事終不自逸也檀弓曰周人牆置翣【音】見賢遍反

【疏】注釋曰云器用器役器也者用器卽上弓矢耒耜之等役器卽上甲冑干笮之屬此器中亦有樂器不言者省文知有用器役器者以下別云苞筲之等則所藏者是此器也云見棺飾也者飾則帷荒以其與棺爲飾是以喪大記云飾棺君龍帷黼荒大夫畫帷畫荒士布帷布荒注云飾棺者以華道路及壙中不欲衆惡其親也此柩入壙還以帷荒加於柩故鄭注云及壙中也云更謂之見者加此則棺柩不復見矣者

以其唯見此帷荒，故名帷荒為見。見棺柩不復見也。云先言藏器乃云加見者，器在見內也。云明君子之於事終不自逸也者，以用器役器逆身陳之，是不自逸也。引檀弓者，見帷荒在柩外。周人名為牆，若牆屋然。其外又置翣為飾也。藏苞筲於旁。【注】於旁者，在見外也。不言甕甒餼相次可知。四者兩兩而居。喪大記曰：棺椁之間，君容柷，大夫容壺，士容甒。【音義】柷，尺六反。【疏】注釋曰：云於旁者在見外也者，以其加見乃云藏苞筲，故知見外也。云不言甕甒餼相次可知者，以其陳器之法，後陳者先用。先用甕甒，後用苞筲，苞筲藏，明甕甒先藏可知，故云相次可知。云四者兩兩而居者，謂苞筲居一旁，甕甒居一旁，故云兩兩而居也。云喪大記者，欲見椁內棺外所容寬狹，得容器物之意也。加折，卻之。加抗席，覆之。加抗木。【注】宜次也。【疏】注釋曰：云宜次也者，宜謂折上陳之，美面向上，今用，即美面向下。抗席又覆之，又折宜承席，席宜承木，皆是其宜也。次者，木則先陳後用，席則後陳先用，是其次也。實土三。主人拜鄉人。【注】謝其勤勞。【疏】【注】釋曰：案雜記云：「鄉人五十者從反哭，四十者待盈坎。」注云：「非鄉人則少長皆反。」以此而言，於時主人未反哭，鄉人並在，故今至實土三徧，主人拜謝之，謝其勤勞。勤勞者，謂在道助執紼，在壙助下棺及實土也。

即位，踊，襲，如初。【注】哀親之在斯。【疏】釋曰：謂既拜鄉人，乃於羨道東即位，踊無算，如初也。【注】釋曰：云「哀親之在斯」者，以親之在斯，故哀號其踊無算。○

乃反哭，入，升自西階，東面，衆主人堂下東面北上。【注】西階東面，反諸其所作也。反哭者於其祖廟，不於阼階西面，西方神位。【疏】釋曰：自此盡「門外拜稽顙」，論主人反哭賓弔之事。反哭者，拜鄉人訖，反還家，哭於廟。入，升自西階東面哭。【注】釋曰：云「西階東面，反諸其所作也」者，案檀弓云：「反哭升堂，反諸其所作也。」注云：「親所行禮之處。」是也。云「反哭者於其祖廟」者，謂下上祖禰其廟，故下經賓出，主人送于門外，遂適于殯宮。適士二廟者，自殯宮先朝禰後朝祖，今反哭則先于祖後于禰，遂適殯宮也。案春秋僖八年經書「用致夫人」，左氏云：「凡夫人不殯於廟者。春秋之世。多行殷法。不與禮合也。云不於阼階西面西方神位者。以將牲少牢主人行事升降皆由阼階。今不於阼階。故決之以西方神位。知者。特牲少牢皆布席於奥。殯又在西階。是西方神位。主人非行事。直哭而已。故就神位。

婦人入。丈夫踊。升自阼階。【注】辟主人也。【疏】釋曰。反哭之禮。主人男子等先入。主婦婦人等後入。故婦人入。丈夫在位者告踊。【注】釋曰。婦人不升西階者。由主人在西階。故鄭云辟主人。

主婦入于室。踊出即位。及丈夫拾踊三。【注】入于室。反諸其所養也。出即位。堂上西面也。拾更也。【音義】更音庚。【疏】【注】釋曰。案檀弓云。主婦入于室。反諸其所養也。鄭注云。親所饋食之處。哭也。但主人既在西階。親所行禮之處。以婦人無外事。故於饋食之處哭也。云出即位堂上西面也者。自小斂奉尸侇于堂已後。主婦等位皆在阼階上西面。是以知出即位者阼階上西面也。云拾更也者。凡成踊而拾。皆主人踊。主婦踊。賓乃踊。故云更也。

賓弔者升自西階。曰。如之何。主人拜稽顙。【注】

賓弔者衆賓之長也反而亡焉失之矣於是爲甚故弔之弔者北面主人拜于位不北面拜賓東者以其亦主人位也古文無曰字 疏 注釋曰知賓弔是衆賓之長者以其弔賓皆在堂下今升堂釋詞故知賓中爲首者賓之長也云反而亡焉失之矣於是爲甚者亦檀弓文引之證周人反哭而弔哀之甚也云弔者北面者以經云賓弔者升自西階即云曰如之何不見弔者改面之文明升堂北面可知云主人拜于位者拜于西階上東面位知者以其上經云主人升自西階東面故知仍東面位也云不北面拜賓東者以其亦主人位也者鄉飲酒鄉射主人酬賓皆於賓東主人位特牲少牢助祭之賓主人皆拜送于西階東面故於東面不移以其亦主人位故也

賓降出主人送于門外拜稽顙 疏 釋曰此於雜記五賓當相見之賓故鄭上注云舉中焉明五賓皆依節而弔也

遂適殯宮皆如啓位拾踊三 注 啓位婦人入升堂丈夫即中庭之位 疏 注釋曰案

士喪禮朝夕哭位云。婦人即位于堂南上。主人堂下直東序西面。啓殯時云。主人位如初。又云。主人入即位。則此如啓位。婦人亦即位于堂東西面。主人即位于堂下直東序西面。直東序西面。即中庭位也。兄弟出。主人拜送。注 兄弟小功以下也。異門大功亦可以歸。疏 釋曰。丈夫婦人在殯宫拾踊既訖。兄弟入門者出。主人拜而送之。注 釋曰。知兄弟小功以下也者。此兄弟等始死之時皆來臨喪殯訖各歸其家。朝夕哭則就殯所。至葬開殯而來喪所。至此反哭。亦各歸其家。至虞卒哭祭。還來預焉。故喪服小記云。緦小功虞卒哭則皆免。是也。云異門大功亦可以歸者。大功以上有同財之義。爲異門則恩輕。故可歸也。衆主人出門哭止。闔門主人揖衆主人乃就次。注 次倚廬也。疏 釋曰。云衆主人出門者。則主人拜送兄弟。因在門外。云闔門者。鬼神尚幽闇。疏 釋曰。云次倚廬也者。以未虞以前。仍依於初東壁下。倚木爲廬。齊衰居堊室。大功張幃。喪服傳云。既虞拄楣翦屏。此直云倚廬。據主人斬衰者而言。○猶朝夕哭不奠。注 是日也以虞易奠。【疏】【注】釋曰。自啓殯以來常奠。今反哭至殯宮。猶朝夕哭如前。不奠耳。檀弓云。葬日虞。弗忍一日離也。是日也以虞易奠。故不奠也。

三虞。【注】虞。喪祭名。虞。安也。骨肉歸於土。精氣無所不之。孝子爲其彷徨。三祭以安之。朝葬。日中而虞。不忍一日離。

【疏】【注】釋曰。云虞喪祭名日中而虞不忍一日離。皆檀弓文。案彼云葬日虞。弗忍一日離也。又云卒哭曰成事。是日也以吉祭易喪祭。喪祭則三虞也。云虞安也者。主人孝子葬之時。送形而往。迎魂而返。恐魂神不安。故設三虞以安之。云骨肉歸于土精氣無所不之者。案檀弓云。延陵季子葬其長子於嬴博之閒。既窆。左袒。右還其封。云。骨肉歸復于土。命也。若魂氣則無不之也。是其骨肉歸于土。精氣無所不之之事。言此者。欲見迎魂而反。以虞祭安之。是以鄭云孝子爲其彷徨三祭以安之。云朝葬日中而虞。鄭檀弓所云葬日虞弗忍一日離。又下士虞記亦云日中而行事是也。

卒哭。【注】卒哭。三虞之後祭名。始朝夕之閒。哀至則哭。至此祭。止也。朝夕哭而已。[疏]注釋曰。云卒哭三虞之後祭名者。三虞者。再虞用柔日。後虞改用剛日。又隔柔日。卒哭用剛日。故云卒哭三虞之後祭名也。云始朝夕之閒哀至則哭至此祭止也者。始死。主人哭不絕聲。小斂之後。以親疏代哭亦不絕聲。至殯後。主人在廬。廬中思憶則哭。又有朝夕於阼階下哭。至此爲卒哭祭。惟有朝夕哭而已。言其哀殺也。然則喪有三無時哭者。始死至殯哭不絕聲。一無時。既殯廬中思憶則哭。二無時。卒哭祭後惟有朝夕哭爲有時。至練祭之後。又止朝夕哭。惟有堊室之中。或十日或五日一哭。還前爲三無時之哭也。是以檀弓云。哭無時。使必知其反也。是據練後哭無時也。

明日以其班祔。[注]班。次也。祔。卒哭之明日祭名。祔猶屬也。祭昭穆之次而屬之。[音義]屬。音燭

[疏]注釋曰。云班次也者。謂昭穆之次第。云祔卒哭之明日祭名者。以卒哭用剛日。祔用柔日。是以下士虞記云。卒哭祭。即云明日以其班祔。故云卒哭之明日祭名。云祔猶屬也。祭昭穆之次而屬之者。以其孫祔於祖。孫與祖昭穆同。故以孫連屬於祖。而就祖而祭之也。

乾隆四年校刊

【記】【疏】釋曰凡記者皆是經不具記之使充經文理備足也士處適寢寢東首于北墉下【注】將有疾乃寢於適室今文處爲居于爲於【音義】適丁狄反首手又反墉音庸【疏】【注】釋曰云將有疾乃寢於適室者以士喪篇首云士死於適室此記云適寢者適室一也故互見其文若不疾則在燕寢將有疾乃寢臥于適室故變室爲寢也云東首者鄉生氣之所云墉下者墉謂之牆喪大記謂之北牖下必在此墉下亦取十一月一陽生於北生氣之始也士喪禮論其死事故云疾此記人記其不備凡人死皆因疾故記其疾之所在也有疾疾者齊【注】正情性也適寢者不齊不居其室【音義】齊側皆反本又作齋【疏】【注】釋曰云有疾者既有疾當齊戒正情性故也云適寢者不齊不居其室者案鄉黨孔子齊居必遷坐又祭義云致齊於內散齊於外皆在適寢但散齊得鄉外故云於外耳是其齊居適寢也養者皆齊【注】憂也【音義】養于亮反【疏】釋曰案曲禮云父母有疾冠者不櫛行不翔笑不至矧怒不至詈不飲酒食肉疾止復故

男女養疾。皆齊戒正情性也。徹琴瑟。[注]去樂。[音義]去起呂反[疏]注釋曰。君子無大故琴瑟不離其側。今以父母有疾。憂不在于樂。故去之。案喪大記云。疾病內外皆埽。君大夫徹縣。士去琴瑟。注云。凡樂器。天子宮縣。諸侯軒縣。大夫判縣。士特縣。去琴瑟者。不命之士。亦謂子男之士不命者也。疾病外內皆埽。[注]爲有賓客來問也。疾甚曰病。[音義]埽素到反[疏]注釋曰。云疾甚曰病者。則外內皆埽。爲賓客來問疾。自潔清也。徹褻衣加新衣。[注]故衣垢汙。爲來人穢惡之。[疏]釋曰。此文承疾病者及養病者。則徹褻衣據死者而言。則生者亦去故衣服新衣矣。[注]釋曰。徹褻衣。謂故玄端。已有垢汙。故來人穢惡。是以徹去之。加新衣者。謂更加新朝服。喪大記亦云徹褻衣加新衣。鄭注云。徹褻衣。則所加者新朝服矣。互言之也。加朝服者。明其終於正也。互者。褻衣是玄端。新衣是朝服。言新則褻衣是故。玄端言褻。朝服是潔不褻矣。各舉一邊而言。明皆有兼也。必知褻衣是玄端新衣是朝服者。案司服。士之齊戒服玄端。則疾者與養疾者皆齊。明服玄端矣。檀弓云。始死羔裘玄冠者易

乾隆四年校刊

儀禮注疏卷十三　既夕記

之而已。羔裘玄冠即朝服。故知臨死所御者四人皆坐著新衣。則朝服也。故鄭云終於正也。持體【注】爲不能自轉側。御者今時侍從之人【疏】【注】釋曰。案喪大記云體一人。注云爲其不能自伸屈也。若然四體各一人。亦爲不能自轉側。詩云輾轉反側。據身。云不能自屈伸。據手足。二文相兼乃具。云御者今時侍從之人者。士雖無臣。亦有侍御僕從之人終於其手也。男女改服【注】爲賓客來問病。亦朝服。主人深衣。屬纊以俟絕氣【注】爲其氣微難節也。纊新絮。【音義】屬。音燭。纊。音曠。【疏】【注】釋曰。喪大記注云。纊。今之新緜。易動搖。置口鼻之上以爲候。亦二注相兼乃具。云纊新絮即新緜。禹貢豫州貢纖纊。明纊新緜也。男子不絕於婦人之手。婦人不絕於男子之手【注】備褻【疏】【注】釋曰。案喪大記注云。君子重終。爲其相褻。若然疾時使御者持體。幷死于其手。若婦人則內御者持體還死於其手。故喪大記云。其母之喪則內御者抗衾而浴。僖公三十三年。冬。公薨于小寢。左氏傳曰。即安也。注云：小寢，夫人寢也。禮，男子不絶于婦人之手。今僖公薨于小寢，譏其近女室。是男子不絶于婦人之手，備褻也。乃行禱于五祀。注 盡孝子之情。五祀，博言之。士二祀，曰門、曰行。疏 注釋曰：云「盡孝子之情」者，死期已至，必不可求生，但盡孝子之情，故乃行禱五祀，望祐助病者，使之不死也。云「五祀，博言之。士二祀，曰門、曰行」者，祭法文。今禱五祀，是廣博言之，望助之者衆。其言五祀，則與諸侯五祀同，則祭法云「諸侯五祀」是也。○乃卒。注 卒，終也。疏 釋曰：自此盡遷尸，論上篇始死遷尸於南牖之事。注釋曰：曲禮與爾雅皆云大夫曰卒，士曰不祿。今士不言不祿而云卒者，義取君子曰終，小人曰死，故鄭云「卒，終也」，美言之，使與大夫同稱也。主人啼，兄弟哭。注 哀有甚有否。於是始去冠而笄纚，服深衣。檀弓曰：始死，羔裘玄冠者，易之。疏 注釋曰：云「哀有甚有否」者，啼即泣也。檀弓云：高柴泣血三年。注云：言泣無聲，如血出。則啼是哀之甚，發聲則氣竭而息之，聲不委曲，若往而不反。對齊衰以下直哭無啼，是其否也。知於是始

乾隆四年校刊

去冠而笄纚服深衣者禮記問喪云親始死雞斯徒跣扱上衽注云雞斯當爲笄纚上衽深衣之裳前是其親始死笄纚服深衣也引檀弓者證服深衣易去朝服之事也

設牀第當牖衽下莞上簟設枕【注】病卒之間廢牀至是設之事相變衽臥席古文第爲茨【音義】第側几反衽而甚反又而鴆反【疏】釋曰經直云士死于適室幠用斂衾不云此等之事故記人言之也【注】釋曰云病卒之間廢牀至是設之者喪大記云疾病寢東首於北墉下廢牀是其始死亦因在地無牀復而不蘇乃設牀於南牖下有枕席是病卒之間廢牀於是設之云事相變者謂疾病時去牀既死設牀是生死事相變也云衽臥席者曲禮云請席何鄉請衽何趾鄭云坐問鄉臥問趾因於陰陽是衽爲臥席昏禮注云衽臥席也

遷尸【注】徙於牖下也於是幠用斂衾【疏】【注】釋曰云徙於牖下者卽上文牀第當牖者也於是幠尸斂衾者釋士喪禮幠用斂衾之時節也

○復者朝服左執領右執要招而左【注】衣朝服服未可以變

【音義】朝，直遙反。要，一遙反。衣，於既反。【疏】釋曰：云招而左者，以左手執領，還以左手以領招之。必用左者，招魂所以求生，左陽，陽主生，故用左也。復者，士之有司，著朝服，左執領，謂爵弁服也。【注】釋曰：云衣朝服，服未可以變者，謂始死未可以變之服。凶服，以其復所以求生故也。喪大記，小臣復，復者朝服。彼言小臣，據君，則上下尊卑復者皆朝服也。

○楔，貌如軶，上兩末。【注】事便也。今文軶作厄。【音義】軶，於革反。【疏】【注】釋曰：云如軶者，軶謂如馬鞅軶馬領，亦上兩末，今以屈處入口，取出時易，故鄭云事便也。此角柶異於吉時所用也。

綴足用燕几，校在南，御者坐持之。【注】校，脛也。尸南首，几脛在南，以拘足，則不得辟戾矣。古文校爲枝。【音義】校，劉胡飽反，一音苦交反。辟，必亦反。【疏】【注】釋曰：云几脛在南，以拘足，則不得辟戾矣者，古者几兩頭各施兩足，今則夾以豎用之。尸南首，足鄉北，故以几腳鄉南，以夾足，恐几欹側，故使生存侍御者一人坐持夾之，使足不辟戾，可以著屨也。

○卽牀而奠，當腢，用吉器。若醴

若酒無巾柶。【注】腢，肩頭也。用吉器，器未變也。或卒無醴，用新酒。【音義】腢，五口反，劉五侯反。卒，七忽反。【疏】【注】釋曰：即就也，謂就尸牀而設之。尸南首，則在牀東，當尸肩頭也。此即檀弓云「始死之奠，其餘閣也與」。云「用吉器，器未變也」者，謂未忍異於生，故未變。至小斂奠則變，既豆之等爲變矣。云「或卒無醴，用新酒」者，釋經若醴若酒，科有其一，不得並有之事。以其始死卒未有醴，則用新酒。若然，醴酒俱有，容有醴則用之，不更用酒，以其始死不備故也。若小斂以後，則酒醴具設，甒二醴酒是也。

○赴曰：君之臣某死。赴母、妻、長子，則曰：君之臣某之某死。【注】赴，走告也。今文赴作訃。【音義】長，丁丈反。【疏】釋曰：云「母妻長子，則曰君之臣某之某死」者，上某是上名，下某是母妻長子。假令長子，則云長子某；若母妻，則婦人不以名行，直云母與妻也。【注】釋曰：云「赴，走告也」者，言赴取急疾之意，故云赴走告也。云「今文赴作訃」者，雜記作訃者，義取以言語相通，亦一塗也。

○室中唯主人、主婦坐。兄弟有命夫命婦

在焉亦坐【注】别尊卑也【音義】别彼列反【疏】【注】釋曰云兄弟有命夫命婦在焉亦坐者若無命夫命婦則皆立可知此士喪禮故鄭云别尊卑也尊謂命夫命婦案大記君之喪主人主婦坐以外皆立若大夫喪主人主婦命夫命婦皆坐以外皆立也士之喪主人父兄主婦姑姊妹皆坐鄭云士賤同宗尊卑皆坐此命夫命婦之外立而不坐者此謂有命夫命婦來兄弟爲士者則立若無命夫命婦則同宗皆坐也

○尸在室有君命衆主人不出【注】不二主【疏】釋曰經直云主人雖君命出不言衆主人故記人辨之云衆主人不出在尸東耳【注】釋曰云不二主者曾子問云喪有二孤廟有二主爲非禮不云不二孤而云不二主者彼廟主與喪孤相對此孤不對廟主孤亦是喪主故以主言之也

○襚者委衣于牀不坐【注】牀高由便【疏】【注】釋曰云牀高由便者曲禮云授立不跪授坐不立此委衣於牀者不坐委之以牀高亦如授立不坐之義故云由便也其襚于室戶西北面致命【注】始死時也【疏】【注】釋曰云始死時者謂未小斂之前尸在室中

乾隆四年校刊

戶西。故北面致命。若小斂之後。奉尸侇於堂。則中庭北面致命。○夏祝淅米差盛之。【注】差擇之。【音義】淅西歷反。差七何反。又初佳反。劉藏何反。盛音成。【疏】釋曰。經直云祝淅米于堂南面用盆。不言夏與盛之。故記人言之。御者四人抗衾而浴禫第。【注】抗衾。爲其裸裎蔽之也。禫。袒也。袒簀去席。盝水便。【音義】抗苦浪反。劉音剛。禫之善反。盝音祿。其母之喪。則內御者浴。鬠無笄。【注】內御。女御也。無笄。猶丈夫之不冠也。【音義】鬠。古外反。【疏】【注】釋曰。云內御女御也者。以婦人稱內。故以女御爲內御。婦人不死男子之手。故知內御女御也。周禮九嬪注云。天子八十一御妻。亦曰女御。與此別也。云無笄猶丈夫之不冠也者。喪服小記云。男子冠而婦人笄。士喪禮男子襲不冠。此婦人不笄。與男子不冠同。故云猶丈夫不冠也。設明衣婦人則設中帶。【注】中帶若今之褌襂。【音義】褌音昆。襂音衫。【疏】釋曰。經直云設明衣。不辨男子與婦人。故此記人云設明衣者男子。其婦人則設中帶。【注】釋曰：云中帶若今褌襂者，鄭舉目驗而言。但男子明衣之狀，鄭不明言，亦當與中帶相類。有不同之處，故別。雖名中帶，亦號明衣，取其圭潔也。卒洗，貝反于笄。實貝柱右齻左齻。【注】象齒堅。【音義】笄，音顚。柱，丁主反。齻，丁千反。【疏】【注】釋曰：經直云實貝於尸左右及中，不言遠近，故記人辨之。云右齻左齻，謂牙兩畔最長者，象生時齒堅也。夏祝徹餘飯。【注】徹去鬻。【疏】釋曰：經不言夏祝徹，故記人言之。瑱塞耳。【注】塞，充窒。【音義】瑱，他殿反。【疏】釋曰：經直云瑱用白纊，用掩之，不云塞耳，恐同生人縣于耳旁，故記人言之也。掘坎南順，廣尺，輪二尺，深三尺，南其壤。【注】南順，統於堂。輪，從也。今文堀爲坅。【音義】掘，其勿反，又其月反。坅，五錦反，劉作感反。【疏】釋曰：經直云甸人掘坎于階間，不辨大小，故記人明之。甓用塊。【注】塊，堛也。古文甓爲役。【音義】堛，普逼反，劉音逼。【疏】【注】釋曰：云塊堛者，爾雅釋言文。孫氏云：堛，土塊也。明衣裳用幕布袂

乾隆四年校刊

屬幅長下膝【注】幕布帷幕之布升數未聞也屬幅不削幅也長下膝又有裳於蔽下體深也【疏】釋曰云明衣裳用幕布則衣裳同用幕布云袂屬幅長下膝者唯據衣而言以其下別云裳故也【注】釋曰云幕布帷幕之布者周禮幕人云掌帷幕幄帟綬鄭云帷幕皆以布爲之幄帟皆以繒爲之以其帷幕所以張之於外恐不相勝舉故須用布鄭亦取此文用幕布爲義也故此云帷幕之布云升數未聞者以其不云疏布直云幕布故云未聞也云屬幅不削幅者布幅二尺二寸凡用布皆削去邊幅旁一寸爲二寸計之則此不削幅謂繚使相著還以袂二尺二寸云長下膝者謂爲此衣長至膝下云又有裳於蔽下體深者凡爲衣以其有裳故不至膝下此又有裳而言膝下故云於蔽下體深也蔽下體解此經衣至膝下也

有前後裳不辟長及轂【注】不辟積也轂足跗也凡他服短無見膚長無被土【音義】辟必亦反劉又薄歷反轂苦角反又戶角反【疏】【注】釋曰云不辟積也者以其凡男子裳不連衣故皆前三幅後

四幅辟積其要閒示文今此亦前三後四不辟積者以其一服不動不假上狹下寬也云凡他服短無見膚長無被土者他服謂深衣深衣云短毋見膚注云衣取蔽形又云長毋被土注云爲汙辱是也此裳及轂至足跗亦是不被土故引爲證也

縓綼緆【注】一染謂之縓今紅也飾裳在幅曰綼在下曰緆【音義】縓七絹反范倉亂反綼吡支反劉音卑緆他計反劉羊豉反【疏】【注】釋曰云一染謂之縓者爾雅文謂一入赤汁染之即漢時紅故舉以爲況也云飾裳在幅曰綼者案深衣云純袂純邊注云純謂緣之也緣邊衣裳之側廣各寸半則表裏共三寸矣此在幅亦衣裳之側緣法如彼也

緇純【注】七入爲緇緇黑色也飾衣曰純謂領與袂衣以緇裳以縓象天地也【音義】純諸允反劉之閏反

設握裏親膚繫鉤中指結于掔【注】掔掌後節中也手無決者以握繫一端繞掔還從上自貫反與其一端結之【音義】握如字劉烏豆反中如字

劉丁仲反，掔烏亂反。【疏】釋曰：手無決者，以其經已云設握麗于掔，與決連結，據右手有決者，不言左手無決者，故記之。【注】釋曰：云以握繫一端繞掔還從上自貫反與其一端結之者，案上文握手用玄纁裏長尺二寸，今裏親膚，據從手內置之，長尺二寸，中掩之，手纔相對也。兩端各有繫，先以一端繞繫一匝，還從上自貫，又以一端鄉上鉤中指，反與繞掔者結於掌後節中。

甸人築坅坎。【注】築實土其中，堅之。穿坎之名，一曰坅。【疏】釋曰：經直云甸人掘坎，不云還使甸人築，故記人明之。還使甸人築之也。

隸人涅廁。【注】隸人，罪人也。今之徒役作者也。涅，塞也。為人復往褻之，又亦鬼神不用。【音義】涅，乃結反。塞也。復，扶又反。【疏】【注】釋曰：知隸人罪人者，案周禮司隸職云其奴男子入於罪隸者，則中國罪人，對夷隸、蠻隸、貉隸之等，是征四夷所得也。故鄭舉漢法今之徒役作者也。云為人復往褻之，又亦鬼神不用者，若然，古者非直不共偪浴，亦不共廁，故得云死者不用也。○

既襲，宵為燎于中庭。【注】宵，夜。【疏】釋曰：士之喪死已而襲，經不云中庭設燎，故記明之也。厥明滅燎陳衣。【注】記節。【疏】【注】釋曰：云記節者，爲小斂陳衣，當襲之明旦滅燎之時，故記節。正經不云，故記人以明之也。凡絞紟用布，倫如朝服。【注】凡，凡小斂大斂也。倫，比也。今文無紟，古文倫爲輪。【疏】【注】釋曰：言凡，非一之言，以其惟小斂至大斂有絞，大斂又有紟，故知凡中有大小斂也。言類如朝服者，雜記云朝服十五升是也。○設棜于東堂下，南順，齊于坫。饌于其上兩甒：醴、酒，酒在南。篚在東，南順，實角觶四、木柶二、素勺二。豆在甒北，二以並，籩亦如之。【注】棜，今之轝也。角觶四，木柶二，素勺二，爲夕進醴酒，兼饌之也。勺二，醴酒各一也。豆籩二以併，則是大斂饌也。記於此者，明其他與小斂同陳。古文角觶爲角柶。【音義】棜，於庶反。齊，如字，劉才計反。坫，丁念反。勺上灼反 疏 釋曰：自此盡出室，論陳大小斂奠，記經不備之事。注 釋曰：云「角觶四，木柶二，為夕進醴酒兼餜之也」者，以其大小斂之奠皆有醴酒，醴一觶又用一柶，酒用一觶，計醴酒但用二觶一柶矣，而觶有四，柶有二者，朝夕酒醴及器别設，不同器。朝夕二奠各餜其器也。云「籩豆二以併，則是大斂餜」者，以其小斂一豆一籩，大斂乃有二豆二籩，故知二謂大斂餜。云「記於此，明其他與小斂同陳」者，鄭意大斂餜不在大斂節内陳之，而在小斂節陳之者，以其陳此籩豆之外，皆與小斂同，故就小斂節内陳之，取省文之義也。云同陳者，謂多少同陳，不謂大斂餜陳之亦在小斂節内也。

凡籩豆實具設，皆巾之。注 籩豆偶而為具，具則於餜巾之，巾之加飾也。明小斂一豆一籩不巾。疏 釋曰：云「實具設，皆巾之」者，謂於東堂實之，於奠設之，二處皆巾，故云「皆巾之」。注 釋曰：云「籩豆偶而為具，具則於餜巾之，巾之加飾也」者，此鄭指解大斂之實餜於堂東之時，巾之加飾，對小斂之實於堂東不巾，不加飾。云「明小斂一豆一籩不巾」者，以其云籩豆具，據大斂奠二豆二籩，實與奠二處皆巾，明小斂奠一豆一籩堂東餼時不巾若然宿奠從設于櫃西巾之爲在堂經久設塵埃加故雖一籩一豆亦巾之即禮記檀弓云喪不剝奠也與祭肉也與以其有牲肉故也

醴俟時而酌柶覆加之面枋及錯建之

【注】時朝夕也檀弓曰朝奠日出夕奠逮日【音義】枋彼命反錯七故反【疏】釋曰言此者記人恐餼時已酌於醴故記云俟時而酌也【注】釋曰引檀弓者謂時是朝夕之時必朝奠待日出夕奠須日未沒者欲得父母之神隨陽而來故也

小斂辟奠不出室

【注】未忍神遠之也辟襲奠以辟斂既斂則不出於室設于序西南畢事而去之【音義】辟婢亦反劉芳益反注辟襲奠同遠于萬反辟斂音避【疏】【注】釋曰云未忍神遠之也者釋奠不出室之義始死猶生事之不忍即爲鬼神事之故奠不出室云辟襲奠以辟斂者以經云小斂辟奠故知辟襲奠只爲辟斂也云既斂則不出於室設於序西南者又解襲奠不出室若將大斂則辟小斂奠於序西南此將小斂辟奠於室至於既小斂則亦不出於室設于序

西南。故言不出室。若然。奠不出室。爲既斂而言也。云事畢而去之者。斂事畢奉尸俠于堂。乃去之。而設小斂奠于尸東。無踊節。注其哀未可節也。疏釋曰。自死至此爲節賓主拾踊有三者三。有踊節。而云無踊節者。除三者三之外。其間踊皆無節。即上文踊無算是也。注釋曰。云其哀未可節也。亦謂三者三之外。無踊節而言也。既馮尸。主人袒。髺髮。絞帶。衆主人布帶。注衆主人。齊衰以下。音義髺音括。疏釋曰。小斂于戶內訖。主人袒髺髮散帶垂。經不云絞帶及齊衰以下布帶事。故記者言之。案喪服苴經之外。又有絞帶。鄭注云。要經象大帶。又有絞帶象革帶。齊衰以下用布。齊衰無等。皆是布帶也。注釋曰。知衆主人非衆子者。以其衆子皆斬衰絞帶。故知衆主人齊衰以下也。○大斂于阼。注未忍便離主人位也。主人奉尸斂于棺。則西階上賓之。疏釋曰。經大斂時。直云布席如初。不言其處。故記云大斂于阼。注釋曰。阼是主人位。故鄭云未忍便離主人位也。云主人奉尸斂于棺。則西階上賓之者。喪事所以即遠。斂訖即奉尸斂于棺。賓客之。故檀弓云周人殯于西階。則猶賓之。是也。大夫升自西階。階東北面東上。注視斂疏注釋曰。知視斂者。以其又承大斂下。故知大夫升爲視斂也。既馮尸。大夫逆降復位。注中庭西面位疏注釋曰。知大夫位在中庭西面者。上篇朝夕哭云。主人入堂下直東序西面。卿大夫在其南。卿大夫與主人同西面向殯。故知大夫位在中庭西面也。巾奠。執燭者滅燭出。降自阼階。由主人之北東。注巾奠而室事已。疏釋曰。上篇大斂奠時。直云乃奠燭升自阼階。無執燭降由主人之北。故記人言之。云由主人之北東也。注釋曰。云巾奠而室事已者。既巾訖是室事已。故執燭者出也。○既殯。主人說髦。注既殯置銘于肂。復位時也。今文說皆作稅。兒生三月。鬋髮爲鬌。男角女羈。否則男左女右。長大猶爲飾。存之謂之髦。所以順父母幼小之心。至此尸柩不見。

喪無飾，可以去之。髦之形象未聞。【音義】説，士活反。劉詩悅反。髦，音毛。鬌，丁果反，又徒禍反。【疏】釋曰：自此盡乘車，論孝子衣服飲食乘車等之事。【注】釋曰：云既殯置銘于建，復位時也者。案上篇云：主人奉尸斂于棺，乃蓋。主人降，拜大夫之後至者，北面視建，卒塗。祝取銘置于建，主人復位。云復位者，從西階下復阼階下位也。凡說髦尊卑同，皆三日，知者，喪大記云：小斂，主人即位于戶內，乃斂，卒斂，主人馮之，主人袒，說髦，髺髮以麻。注云：士既殯說髦，此云小斂，蓋諸侯禮也。士之既殯，諸侯之小斂，於死者俱三日也。是尊卑同三日也。必三日說髦者，案禮記問喪云：三日而不生，亦不生矣。以髦是子事父母之飾，父母既不生，故去之。云今文說皆作稅者，此說及下經不說經帶，二字皆作稅。凡釋今古之文，皆在注後，此在注中者，以其釋經義盡者，於注末言之，以文更有義者，釋今古字訖，乃更汎說，即此注已解今古字訖，更釋髦義是也。云兒生三月，鬋髮爲鬌，男角女羈，否則男左女右者，內則文。彼注云：夾囟曰角，午達曰羈。引之者，證髦象幼時鬌之義。故云長大猶爲飾存之，謂之髦，所以順父母幼小之心。是以舜年五十不失孺子之心者也。云髦之形象未聞者。案詩云髧彼兩髦。鄭云髦者髮至眉。子事父母之飾。以其云髧。髧者垂之貌。又云兩髦。故以髮至眉解之。其狀則未聞。

三日絞垂【注】成服日。絞要經之散垂者。【音義】散，悉但反。【疏】釋曰。以經小斂日要絰。大功以上散帶垂。不言成服之時絞之。故記人言之。【注】釋曰。云成服日者。士禮。生與來日。則除死三日。則經云三日成服。此云三日絞垂之日也。小功緦麻。初而絞之。不待三日也。

冠六升。外縪。纓條屬。厭【注】縪。謂縫著於武也。外之者外其餘也。纓條屬者。通屈一條繩爲武。垂下爲纓。屬之冠。厭伏也。【音義】縪音必。劉又扶結反。屬音燭。厭。一涉反。著。直略反。【疏】釋曰。云冠六升者。據斬衰者而言。齊衰以下。冠衰各有差降。【注】釋曰。云縪謂縫著於武者。古者冠吉凶皆冠武別材。武謂冠卷。以冠前後皆縫著於武。若吉冠則從武上鄉內縫之。縪餘在內。謂之內縪。若凶冠從武下鄉外縫之。謂之外縪。故云外之者外其餘也。云纓條屬者通屈一條繩爲武。垂下爲纓屬之冠者。吉冠則纓武別材。凶冠則纓武同材。以一繩從前額上以兩頭鄉項後交通至耳各綴之於武使鄉下纓結之云屬之冠者先爲纓武訖乃後以冠屬著武故云屬也云厭伏也者以其冠在武下過鄉上反縫著冠冠在武下故云厭也五服之冠皆厭但此冠據斬衰而言也

衰三升【注】衣與裳也【疏】【注】釋曰經直云衰鄭兼言裳者以其衰裳升數同故經舉衰而通裳但首對身首爲尊故冠六升衰三升衰裳同三升也是以吉時朝服十五升至於麻冕鄭亦云三十升布與服一倍而解之

屨外納【注】納收餘也【疏】釋曰案喪服斬衰而言此菅屨也云外納者謂收餘末鄉外爲之取醜惡不事飾故也

杖下本竹桐一也【注】順其性也【疏】釋曰案喪服爲父斬衰以苴杖竹爲母齊衰以削杖桐桐竹皆下本謂根本【注】釋曰鄭云順其性者謂下其根本順木之性但爲父杖竹者義取父者子之天竹性自然圓象天父子自然至孝爲母杖桐者義取桐者同也同之於父言至孝同之於父故喪服貶於父非自然之意也

○居倚廬【注】倚木爲廬在中門外東方北戶【疏】【注】釋曰知在中門外東方北戶者案喪服傳云

居倚廬。既虞，翦屏。既練，舍外寢。鄭彼注云：舍外寢，於中門之外，屋下壘墼爲之，不塗墍，所謂堊室。鄭以子夏傳說既練居堊室而言外，外爲中門外，則初死居倚廬，倚廬亦知在中門外可知也。東方者，以中門內殯宮之哭位在阼階下西面鄉殯，明廬在中門外亦東方鄉殯。是以主人及兄弟卿大夫外位皆西面。云北戶者，以倚東壁爲廬，一頭至北，明北戶鄉陰。至既虞之後，柱楣翦屏，乃西鄉開戶也。寢苫枕塊。〔注〕苫，編藁。塊，堛也。〔音義〕苫，失占反。枕，之鴆反。〔疏〕釋曰：孝子寢臥之時，寢於苫，以塊枕頭。必寢苫者，哀親之在草；枕塊者，哀親之在土。〔注〕釋曰：云苫編藁者，案爾雅白蓋謂之苫，郭云白茅苫也。與此不同者，彼取潔白之義，此不取潔白，故鄭因時人用藁爲苫而言編藁。云塊堛也者，亦爾雅文。不說經帶。〔注〕哀戚不在於安。〔疏〕釋曰：云不說經帶者，冠衰自然不說，以其經帶在冠衰之上，故周公說經舉經帶而言也。哭晝夜無時。〔注〕哀至則哭，非必朝夕。〔疏〕〔注〕釋曰：此謂殯後在廬中，除朝夕入哭於廬中，思憶則哭無時節，故鄭云哀至則哭，非必朝夕也。非喪事不言。〔注〕不

乾隆四年校刊　　儀禮注疏卷十三　既夕記

忘所以爲親【疏】釋曰。喪服四制云。不言而事行者扶而巳。則天子諸侯有臣。不言而事得行者杖而起。庶人面垢而巳。大夫士是臣。降於君。言而事行。若然。此士禮亦言而事行。故於喪非喪事不言也。孝經云言不文。亦據大夫士也。【注】釋曰。云不忘所以爲親者。則喪事也。是以曲禮云。居喪未葬讀喪禮。既葬讀祭禮。喪復常讀樂章。喪事而言。亦兼此也。歠粥。朝一溢米。夕一溢米。不食菜果。【注】不在於飽與滋味。粥糜也。二十兩曰溢。爲米一升二十四分升之一。實在木曰果。在地曰蓏。

【音義】歠，昌悅反。粥，之六反，劉音育。溢音逸，劉音實。【疏】【注】釋曰。云不在於飽者。案周禮廩人中歲人食三鬴。注云。六斗四升曰鬴。二鬴爲米一斛九斗二升。三十日之食。則日食米六升四合。今日食米一溢。一升有餘。是不在於飽。又案檀弓云。必有草木之滋焉。以爲薑桂之謂也。彼薑桂爲滋味。此鄭以菜果爲滋味。則薑桂之外。菜果亦爲滋味也。云粥糜也者。案爾雅。饘糜謂粥之稀者。故鄭舉其類。謂性不能食粥者。糜亦一溢米同也。云二十兩曰溢爲米一升二十四分升之一者。依算法。百二十斤曰石。則是一斛。若然。則十二斤爲一斗。取十二斤分之。升得一斤。餘二斤。斤爲十六兩。二斤爲三十二兩。取三十兩。十升升得三兩。添前一斤十六兩爲十九兩。餘二兩。兩爲二十四銖。二兩爲四十八銖。取四十銖。十升升得四銖。餘八銖。銖爲十絫。十升升得八絫。則是一升得十九兩四銖八絫。於二十兩仍少十九銖二絫。則別取一升破爲十九兩四銖八絫。分十兩兩爲二十四銖。則爲二百四十銖。又分九兩。兩爲二十四銖則爲二百一十六銖。并四銖八絫。添前得四百六十銖八絫。總分爲二十四分。且取二百四十銖。分得十銖。餘二百二十銖八絫在。又取二百一十六銖。二十四分分得九銖。添前分得十九銖。餘有四銖八絫。四銖。銖爲十絫。總爲四十絫。通八絫二十四分得二絫。是一升爲二十四分。分得十九銖二絫。將十九銖添前四銖爲二十三銖。將二絫添前八絫。則爲十絫爲一銖。以此一銖添前二十三銖。則爲二十四銖爲一兩。以一兩添十九兩。總二十兩曰溢。云實在木曰果在地曰蓏者。案周禮九職云。二曰園圃毓草木。鄭云。樹果蓏曰圃。案食貨志。臣瓚以爲在地曰蓏。在樹曰果。張晏又云。有核曰果。無核曰蓏。則此云在木曰果在地曰蓏。用臣瓚之義。在木曰果。棗栗之屬。在地曰蓏。瓜瓠之屬。○主人乘惡車。【注】拜君命拜衆賓及有故行所乘也。雜記曰。端衰喪車皆無等。然則此惡車。王喪之木車也。古文惡作堊。【疏】【注】釋曰。云拜君命拜衆賓及有故行所乘也者。以其主人在喪。倚居廬哭泣。非有此事則不行。知義然也。引雜記者。證喪事上下同。無別義。以其貴賤雖異。於親一也。故孝經五孝不同。及其喪親。唯有一章而已。亦斷義也。云然則此惡車王喪之木車者。案巾車云。王之喪車五乘。發首云木車蒲蔽。是王始喪所乘。木車無飾。與此惡車同。故引之。見尊卑同也。白狗幦。【注】未成豪狗。幦覆笭也。以狗皮爲之。取其臑也。白於喪飾宜。古文幦爲幕。【音義】幦亡狄反。笭力丁反。劉音領。本或作軨。臑乃管反。【疏】釋曰。案玉藻云。士齊車鹿幦。此喪車無飾。故用白狗幦以覆笭。【注】釋曰。云未成豪狗者。爾雅釋畜文也。蒲蔽。【注】蔽藩。【疏】釋曰。藩謂車兩邊禦風爲藩蔽。以蒲草。亦無飾也。御以蒲蔽，【注】不在於驅馳。蒲蔽，牡蒲莖也。古文蔽作騶。【音義】騶，則留反。劉作族反。【疏】【注】釋曰：御謂御車者，士乘惡車之時，御車用蒲蔽以策馬。喪中示不在於驅馳。云蒲蔽牡蒲莖者，案宣十二年，楚熊負羈囚知罃，知莊子以其族反之。廚武子御，每射，抽矢菆，納諸廚子之房。杜注云：菆，好箭。文云：廚子怒曰：非子之求，而蒲之愛？注云：蒲，楊柳，可以爲箭。以此而言，蒲非直得策馬，亦爲矢幹也。犬服，【注】笭間兵服，以犬皮爲之，取堅也。亦白。【疏】【注】釋曰：云笭間兵服者，用兵器建之於車上笭間。喪家乘車亦有兵器自衛，以白犬皮爲服，故云以犬皮爲之，取其堅故也。云亦白者，幦用白犬皮，明此亦用白犬皮也。木錧，【注】取少聲。今文錧爲鎋。【音義】錧，音管。【疏】【注】釋曰：其車錧常用金，喪用木，是取少聲也。約綏、約轡，【注】約，繩。綏，所以引升車。【疏】【注】釋曰：知約是繩者，案哀十一年左傳云：人尋約，吳髮短。杜注云：約，繩也。故知此約亦謂繩也。平常吉時，綏、轡用索爲之，今喪中取其無飾，故皆用繩爲之也。木鑣，

乾隆四年校刊

注亦取少聲古文鑣爲苞音義鑣彼苗反疏注釋曰平常用馬鑣以金爲之今用木故知亦取少聲也馬不齊髦注齊翦也今文髦爲毛主人之惡車如王之木車則齊衰以下其乘素車繅車駹車漆車與音義齊如字又子淺反繅音早駹亡江反與音餘疏注釋曰此注解文不於末者亦以釋繅車駹車漆車與案巾車王之喪車五乘木車始死所乘素車卒哭所乘繅車既練所乘駹車大祥所乘漆車既禫所乘案此士之喪車亦當五乘主人乘惡車齊衰乘素車與卒哭同大功乘繅車與既練同小功乘駹車與大祥同緦麻乘漆車與既禫同主人至卒哭已後哀殺故齊衰以下節級與主人同故鄭爲此義也若然士尋常乘棧車不革鞔而漆之今既禫亦與王以下同乘漆車者禮窮則同故也主婦之車亦如之疏布裧注裧者車裳幃於蓋弓垂之音義裧尺占反疏釋曰疏布裧在亦如之之下見不與男子同注釋曰云裧

者車裳幃者。案衛詩曰漸車幃裳。注云幃裳童容。又案巾車。后之翟車有容蓋。容則童容也。若然。則裧與幃裳及容。一也。故注者互相曉也。云於蓋弓垂之者。案巾車云皆有容蓋。容蓋相將。其蓋有弓。明於蓋弓垂之也。

貳車白狗攝服。【注】貳。副也。攝猶緣也。狗皮緣服。差飾。【音義】緣。悅絹反。差。初皆反。【疏】釋曰。依正禮。大夫以上有貳車。士卑無貳車。但以在喪。可以副貳之車。非常法。則有兵服。服又加白狗皮緣之。謂攝服。【注】釋曰。云狗皮緣服差飾者。對主人服無緣。此則有緣是差也。

其他皆如乘車。【注】如所乘惡車。【疏】【注】釋曰。云其他者。唯白狗攝服爲異。其他。謂惡車白狗幦以下。齊髲以上。皆同主人惡車也。

○朔月童子執帚。卻之左手奉之。【注】童子。隸子弟。若內豎寺人之屬。執用左手。卻之。示未用。【疏】釋曰。此盡下室。論饋奠埽潔之事。案曲禮。埽地者箕箒俱執。此直執帚不執箕者。下文埽室聚諸窔。故不用箕也。【注】釋曰。云童子隸子弟者。案桓二年左傳云。士有隸子弟。服注云。士卑。自其子弟爲僕隸。祿

乾隆四年校刊

儀禮注疏卷十三　既夕記　五三

不足以及宗。是其有隸子弟也。知有內豎及寺人者。士雖無臣。亦有內外之閑。寺人奄者以通宮中之命也。云示未用者。用之則用右手也。從徹者而入〔注〕童子不專禮事〔疏〕〔注〕釋曰。案論語憲問云。童子將命。先生並行。注引玉藻無事則立主人之南北面。皆不專以禮事。故從徹者而入也。比奠舉席埽室聚諸窔布席如初卒奠埽者執帚垂末內鬣從執燭者而東〔注〕比猶先也室東南隅謂之窔〔音義〕比必二反。注同。窔一弔反。又音杳。見爾雅。鬣音獵。又以涉反。先悉見反。〔疏〕釋曰。案上文童子從徹者入及此經則從執燭者出者。以其入則燭在先。徹者在後。出則徹者在先。執燭者在後。童子常在成人之後。故出入所從不同也。〔注〕釋曰。云室中東南隅謂之窔者。爾雅釋宮文。燕養饋羞湯沐之饌如他日〔注〕燕養平常所用供養也饋朝夕食也羞四時之珍異湯沐所以洗去汙垢內則曰三日具沐五日具浴孝子不忍一日廢其事親之禮於下室日設之如生存也進徹之時如其頃【音義】供九用反洗悉禮反劉本作淬七對反【疏】【注】釋曰云燕養者謂在燕寢之中平生時所有供養之事則饋羞湯沐之饌是也如他日者今死不忍異於生平之日也云饋朝夕食也者鄭注鄉黨云不時非朝夕日中時一日之中三時食今注云朝夕不言日中者或鄭略去亦有日中也或以死後略去日中直有朝夕食也知羞四時之珍異者聘禮有禽羞俶獻聘義云時賜鄭云時賜四時珍異故知此羞亦四時珍異也引內則者證經進湯沐亦依內則之日數知下室日設之者言其燕養在燕寢又下經云朔月不饋食於下室明非朔月在下室設之也以其燕養在燕寢中設之可知云進徹之時如其頃者一如其平生子進食於父母故雖死象生時若一時之頃也

朔月若薦新則不饋于下室【注】以其殷奠有黍稷也下室如今之內堂正寢聽朝事【音義】朝直遙反【疏】【注】釋曰云以其殷奠有黍稷也者大小斂奠朝夕奠等皆無黍稷故

上篇朔月有黍稷。鄭注云。於是始有黍稷。唯有下室若生。有黍稷。今此殷奠。大奠也。自有黍稷。故不復饋食於下室也。若然。大夫以上。又有月半奠。有黍稷。亦不饋食於下室可知。云下室如今之內堂者。下室既爲燕寢。故鄭舉漢法內堂況之。云正寢聽朝事者。天子諸侯路寢以聽政。燕寢以燕息。案玉藻云。朝玄端。夕深衣。鄭注云。謂大夫士也。則聽私朝亦在正寢也。

○筮宅。家人物土。【注】物猶相也。相其地可葬者。乃營之。【音義】相。悉亮反。【疏】釋曰。自此盡不哭。論筮宅卜日之事。正經筮宅之事。不物土。故記人言之。【注】釋曰。云相其地可葬者。乃營之者。凡葬皆先相。乃筮之。筮吉乃掘坎。今直云營之。不言筮宅者。營之中兼筮。故經云筮宅。家人物土。是使家人物土。乃筮者也。

卜日吉。告從于主婦。主婦哭。婦人皆哭。主婦升堂。哭者皆止。【注】事畢。【疏】釋曰。正經直云闔東扉。主人哭。不云主婦升堂哭者皆止之事。故記明之。【注】釋曰。云卜日吉。宗人告從于主婦。主婦哭時。堂上婦人皆哭。主婦升堂。堂上婦人皆止不哭。

○啓之昕。外內不哭。【注】將

有事。為其譁囂。既啓。命哭。古文啓為開。【音義】所。音欣。【疏】釋曰：自上皆記士喪上篇事。自此以下皆記此篇篇首將啓殯。唯言婦人不哭。不云男子。故記以明之。【注】釋曰：云外內男女不哭。止讙囂故也。夷牀輁軸饌于西階東。【注】明階間者位近西也。夷牀饌於祖廟。輁軸饌於殯宮。其二廟者。於禰亦饌輁軸焉。古文輁或作拱。【音義】饌，士轉反。近西，附近[illegible]近。【疏】釋曰：其夷牀在祖廟。輁軸在殯宮。以其西階東是同。故併言之。【注】釋曰：鄭注云明階間者位近西也者。以正經直云階間。恐正當兩階之間。故記人明之。是以鄭云明階間者位近西。以其柩當殯奠位之處。故夷牀在西還當牖。輁軸以俟載柩。故近西。皆在西階東。云其二廟者。於禰亦饌輁軸焉者。以其先朝禰。故至禰廟。一移柩升堂。明旦乃移於輁軸上。載以朝祖廟。朝祖廟時下柩訖。明日用蜃車。輁軸不復更用。不饌之。故云二廟者於禰亦饌輁軸焉。○其二廟則饌于禰廟。如小斂奠。乃啓。【注】祖尊禰卑也。士事祖禰。上士異廟。下士共廟。【疏】釋曰：自此盡「主人踊如初」，論上士二廟先朝禰。奠設及位次之事。云「共二廟，則饌于禰廟」者，以先朝禰，後朝祖，故先於禰廟饌，至朝設之故也。云「如小斂奠」者，則亦門外特豚一鼎東上，兩甒醴酒，一豆一籩之等也。【注】釋曰：云「祖尊禰卑也」者，欲見上文朝祖時如大斂奠，此朝禰如小斂奠，多少不同之意也。云「士事祖禰」者，總上士及中下之士而言。云「上士異廟」，據此經而言。「下士共廟」，據他經而言。中士亦共廟，而唯言下士者，略之，其實中士亦共廟，故祭法云「適士二廟，官師一廟」，鄭云「官師，中下之士」是也。

朝于禰廟，重止于門外之西，東面。柩入，升自西階，正柩于兩楹閒。奠止于西階之下，東面北上。主人升，柩東西面。衆主人東即位。婦人從升，東面。奠升，設于柩西。升降自西階。主人要節而踊。【注】重不入者，主於朝祖而行，若過之矣。門西東面，待之便也。【疏】釋曰：此是上士二廟先朝禰之事。雖言正柩于兩楹閒，奠位在戶牖之閒。則此於兩楹閒稍近西。乃得當奠位。亦如軶輹軸饌于階閒而近西然也。云冢主人東卽位者。柩未升之時。在西階下東面北上。柩升主人從升。主人已下。乃卽阼階下西面位。云婦人從升。不云主婦者。以其婦人皆升。故總言之。云主人要節而踊者。奠升主人踊。降時婦人踊也。疏釋曰。云門西東面待之便也者。以其祖廟在東。柩入禰廟。明且出門東鄉祖時。其重於柩車先東鄉祖廟便也。若先在門東西面。及柩入。乃迴鄉東。則不便。故云東面待之便也。

燭先入者。升堂東楹之南。西面。後入者。西階東。北面。在下。注照正柩者。先先柩者。後後柩者。適祖時燭亦然。互記於此。音義先先柩上如字。下西見反。後後柩上如字。下戶豆反。

疏釋曰。此燭本是殯宮中照開殯者。在道時。一在柩前。一在柩後。今又一升堂。一在堂下。故鄭云先先柩者。後後柩者。云適祖時燭亦然。互記於此者。上適祖時直有朝廟在道柩前後之燭。至廟直云質明滅燭。不見燭之升堂不升堂。此文見至廟燭升與不升。不見在道燭。故云適祖時燭亦然。互記於此。以其皆有在道及至

乾隆四年校刊　　儀禮注疏卷十三　既夕記　二十五

廟燭升與不升之事也。主人降即位，徹，乃奠，升自西階，主人踊如初。【注】如其降拜賓至於要節而踊。不薦車，不從此行。【疏】釋曰：云「如其降拜賓至於要節而踊」者，案上經云朝祖時，既正柩，設從奠訖，主人降拜賓，至於要節而踊，故此記所云如之也。云「不薦車，不從此行」者，案上祖禰共廟者，朝廟日即薦車。此二廟，明日於祖廟薦車馬，以其從祖廟行，故薦。今此禰廟不從此行，故不薦也。○祝及執事舉奠，巾席從而降，柩從，序從如初，適祖。【注】此謂朝禰明日，舉奠適祖之序也。此祝執醴先，酒脯醢俎從之，巾席爲後。既正柩，席升設，設奠如初，祝受巾巾之。凡喪自卒至殯，自啓至葬，主人之禮其變同，則此日數亦同矣。序從，主人以下。今文無從。【疏】釋曰：自此盡不煎，論至祖廟陳設既贈之事。【注】釋曰：云「此謂朝禰明日」者，以其下文朝祖之時從如初。中有燭。若同日。則朝禰之時已自明矣。何須更有燭也。以此言之。則此朝祖與朝禰別日可知。故鄭云舉奠適祖之序也。云此祝執醴先酒脯醢俎從之巾席爲後者。此禰奠與小斂奠同。小斂奠時云夏祝及執事盥執醴先酒脯醢俎從。此經亦祝及執事舉奠明此亦執醴先酒脯醢俎從之。此經所云。巾席爲後也。云既正柩席升設設奠如初祝受巾巾之者。上正經朝祖時。正柩于兩楹閒訖。席升設於柩西。奠設如初。巾之。經直云巾之。無祝受巾。知祝受巾巾之者。以上篇設小斂奠訖。祝受巾巾之。此與小斂奠同。明設奠訖祝受巾巾之可知。云凡喪自卒至殯自啓至葬主人之禮其變同者主人常在喪位不出。唯君命乃出迎及送。其變同則此日數亦同。以其此二篇自啓曰朝禰。又明日朝祖。又明日乃葬。與始死日襲。明日小斂。又明日大斂而殯亦同。主人主婦變服亦同。以其小斂主人散帶。主婦髽。自啓至葬。主人主婦亦同於未殯也。云序從主人以下者。案上注云主人與男子居右。婦人居左。以服與昭穆爲位是也。

○薦乘車鹿淺幦干笮革靾載旜載皮弁服纓轡貝勒縣于衡【注】士乘棧車鹿

淺，鹿夏毛也。幦，覆笭。玉藻曰：士齊車鹿幦豹犆。干，盾也。笮，矢箙也。鞞，韇也。旜，旌旗之屬，通帛爲旜，孤卿之所建，亦攝焉。皮弁服者，視朔之服。貝勒，貝飾勒。有干無兵，有箙無弓矢，明不用。古文鞞爲殺，旜爲膳。【音義】乘，繩證反，後皆同。鞞，息列反。旜，之然反。縣，音懸。下注同。夏，戶嫁反。齊，側皆反。犆，音直。韇，居良反，劉本作繣，音獲。【疏】釋曰：此并下車三乘，謂葬之魂車。【注】釋曰：云士乘棧車者，巾車之文。云鹿淺幦，謂車前式豎者笭子，以鹿夏皮淺毛者爲幦，以覆式。是以詩韓奕云：鞹鞃淺幭。傳云：鞹，革也。鞃，式中也。淺，虎皮淺毛也。幭，覆式也。引玉藻者，彼注云：犆，謂緣也。士之齊車與朝車同[illegible]之，欲證此鹿幦亦以豹皮爲緣飾。云旜，旌旗之屬云者，案司常云：孤卿建旜，大夫士建物。此士而用旜，故云亦攝焉。云皮弁服者，視朔之服者，案玉藻云：諸侯皮弁以聽朔於大廟，鄉黨孔子云：素衣麑裘，亦是視朔之服，君臣同服，是以此士亦載皮弁視朔之服也。云貝勒，貝飾勒者，貝，水物，故以貝飾勒。云有干無兵有箙無弓矢明不用者以其干與戈戟兵器及箙與弓矢皆相須乃用今有干無兵有箙無弓矢明死者不用故闕之也道車載朝服注道車朝夕及燕出入之車朝服日視朝之服也玄衣素裳疏注釋曰知道車朝夕及燕出入之車者但士乘棧車更無別車而上云乘車下云槀車此云道車雖有一車所用各異故有乘車道車槀車之名知道車朝夕者案玉藻云朝玄端夕深衣鄭注云謂大夫士私朝之朝春秋左氏傳云朝而不夕據朝君於是有朝無夕若然云朝夕者士家朝朝暮夕當家私朝之車又云及燕出入者謂士家游燕出入之車案周禮夏官有道右道僕皆據象路而言道又案司常云道車載旞鄭注云王以朝夕燕出入與此道車同則士乘棧車與王乘象路同名道云朝服日視朝之服者案鄉黨云緇衣羔裘是孔子所服鄭注云諸侯視朝之服是君臣同服故玉藻云諸侯朝服以日視朝士之道車而用朝君之服不用私朝玄端服者乘車既載孤卿之襢故道車亦載朝君之服攝盛也云玄衣素裳者士冠禮云主人玄冠朝服緇帶素韠注云不云衣衣象冠色則不云裳裳象韠色

乾隆四年校刊

可知。故云玄衣素裳也。

槀車載蓑笠。【注】槀猶散也。散車以田以鄙之車。蓑笠備雨服。今文槀爲潦。凡道車槀車之纓轡及勒。亦縣于衡也。【音義】槀，古老反。劉古到反。蓑，素禾反。散，悉但反。

【疏】【注】釋曰。云槀猶散也者。案上乘車道車。皆據人之乘用爲名。不取車上生稱。則此散車亦據人乘爲號。知散車以田以鄙之車者。案司常云。斿車載旌。注云。斿車木路也。王以田以鄙。謂王有小田獵巡行縣鄙。此散車與彼斿車同。是斿散所乘。故與斿車同解。若然。士亦與王同有以田以鄙者。亦謂從王以田以鄙也。若正田獵。自用冠弁服乘棧車也。云蓑笠備雨服者。案無羊詩云。爾牧來思。何蓑何笠。彼注云。蓑所以備雨。笠所以備暑。而此幷云備雨者。非直蓑以御雨。笠亦以備雨。故都人士詩注云。笠所以御雨。喪事不避暑。是以幷云備雨之服。云今文槀爲潦者。案周禮輪人爲蓋。鄭云。禮所謂潦車。謂蓋車與。若然。彼注此文則爲潦車者。義亦通矣。凡道車槀車之纓轡及勒亦縣於衡者。以車三乘皆當有馬。有馬則有此三者。但記人舉上以明下。乘車云纓轡貝勒縣於衡。即此三者亦縣於衡可知。○將載祝及執事舉奠戸西南面東上卒束前而降奠席于柩西 注 將於柩西當前束設之 疏 釋曰經載柩時不云大奠設席之事故記人明之 注 釋曰云將於柩西當前束設之者經雖先云乘奠後云降奠席要須設席乃設奠故云將於柩西當前束設之正經云降奠當前束是也巾奠乃牆 注 牆飾柩也 疏 釋曰正經直云降奠當前束商祝飾柩不云巾奠故記人辨之 注 釋曰巾奠訖商祝乃飾柩牆即帷荒與棺爲飾故變飾棺云牆也○抗木刊 注 剝削之古文刊爲竿 疏 注 釋曰刊削也而云剝者木無皮者直削之有皮者剝乃削之故兼言剝茵著用茶實綏澤焉 注 茶茅秀也綏廉薑也澤澤蘭也皆取其香且御溼 音義 茶大奴反御魚呂反劉本作衙音御 疏 注 釋曰茵內非直用茅秀兼實綏澤取其香知且御溼者以其在棺下須御溼之物故與茶皆所以御溼葦苞長三尺一編 注 用便易也 疏 注 釋曰言便易也者葦草斲長截取三尺一道編之用便易故也。菅筲三其實皆瀹【注】米麥皆湛之湯未知神之所享不用食道所以爲敬【音義】菅古顔反筲所交反瀹餘若反湛子廉反又子鴆反【疏】釋曰經直云筲三黍稷麥不辨苞之所用又黍稷生熟故記人明之是以云筲用菅草黍稷皆淹而漬之【注】釋曰云未知神之所享者以其鬼神幽暗生者不見故淹而不熟以其不知神之所饗故也云不用食道所以爲敬者案檀弓云飯用米貝不以食道食道褻則不敬故云不用食道所以爲敬也○祖還車不易位【注】爲鄉外耳未行【音義】還音患【疏】釋曰案正經乃祖還乘車道車槀車不辨還之遠近故記人明之【注】釋曰雖還車不易本位爲鄉外耳還車未行者皆不易位上經未還車在阼階間婦人在堂上還車去階間婦人降堂下若然則是還車易位而云不易位者以其三分其庭爲三位車雖去階間猶不離三分其庭一在北之位據大判而言不易位也執披者旁四人【注】前後左右各二人【疏】注釋曰前後左右各二人者謂前之左右後之左右前則一旁四人兩旁則八人上經鄭注云備傾虧也。○凡賵幣無常【注】賓之贈也。玩好曰贈。在所有【疏】釋曰。正經云公賵用玄纁束帛。是贈有常矣。上又云賓賵奠幣如初。直云奠幣如初。不云物色與多少。故記人明之。【注】釋曰。以其賓客非一。故云凡賵幣無常。鄭注云賓之贈也。云玩好曰贈在所有者。詩云知子之來之雜佩以贈之。是贈在所有也。○凡糗不煎【注】以膏煎之則褻非敬【疏】釋曰。正經葬奠直云四籩棗糗栗脯。不云糗之煎不。故記人明之。【注】釋曰。凡糗直空糗而已。不用脂膏煎和之。是以鄭云以膏煎之則褻非敬。故云不煎此篇唯葬奠有糗。而此云凡者。記人通記大夫以上也。○唯君命止柩于堩其餘則否【注】不敢留神也。堩道也。曾子問曰葬既引至於堩。【音義】堩古鄧反【疏】釋曰。正經直云柩至邦門。君使宰夫贈。不云止柩之事。故記人明之。【注】釋曰。引曾子問者。彼為日食。此為君命。雖不同。止柩是同。故引之證止柩之事。○車至道左北面立。

乾隆四年校刊

儀禮注疏卷十三　既夕記

東上。【注】道左墓道東。先至者在東。【疏】釋曰。正經直云陳器于道東西。北上。統于壙。以其入壙故也。不云三等之車面位之事。故記人明之。以其不入壙。故東上不統于壙也。【注】釋曰。云道左墓道東者。據墓南面爲正。故知道左是墓道東也。當是陳器之南。云先至者在東者。以乘車道車稾車三者。其第爲先後。先至爲乘車也。必知此車是乘車之等者。以其下有柩車。故知此是三等者也。

柩至于壙。斂服載之。【注】柩車至壙。祝說載除飾。乃斂乘車道車稾車之服載之。不空之以歸。送形而往。迎精而反。亦禮之宜。【音義】斂。收斂之斂。注同。說。上活反。劉。詩悅反。【疏】釋曰。正經直云柩至于壙。屬引乃窆。不云柩車斂服載之。故記人明之。【注】釋曰。云柩車至壙。祝說載除飾。乃斂乘道稾車服載之。不空之以歸者。此解說載。謂下棺於地。除飾。謂除去帷荒。柩車既空。乃斂乘車皮弁服。道車朝服。稾車簑笠。三者之服。載之於柩車。示不空之以歸者也。云送形而往。迎精而反者。禮記問喪文。引之證此不空歸之義。云亦禮之宜者。形往則送之主人隨柩路是也。精反則迎之。主人隨精而反。是亦禮之宜然也。故云禮之宜也。卒窆而歸不驅。〔注〕孝子往如慕，反如疑，爲親之在彼。〔疏〕釋曰。此文解上斂服載之。下棺訖，實土三。孝子從柩車而歸，不驅馳而疾者，疑父母之神不歸。〔注〕釋曰。云孝子往如慕反如疑者，亦禮記問喪文。云孝子往如慕者，如嬰兒隨母而啼慕。反如疑者，孝子不見其親，不知精魂歸否。故疑之。云爲親之在彼者，謂疑精魂在彼不歸。言此者，解經不驅之事。○君視斂，若不待奠，加蓋而出；不視斂，則加蓋而至卒事。〔注〕爲有他故及辟忌也。〔疏〕釋曰。君於士，既殯而往。有恩則與大斂。既布衣，君至，奠訖乃出。不辨不得終視斂之事，故記人明之。是以經二事皆見於禮。而記云君視斂若不待奠加蓋而出者，一爲君有急事他故，是以不得待奠。云不視斂則加蓋而至卒事者，亦是君有辟忌，不用見尸柩，是以加蓋乃來。云卒事者，待大斂訖乃出。○既正柩，賓出，遂匠納車于階間。〔注〕遂匠，遂人、匠人也。遂人主引徒役匠人主載柩窆之職相左右也。車，載柩車，周禮謂之蜃車，雜記謂之團，或作輇，或作槫，聲讀皆相附耳，未聞孰正。其車之轝，狀如牀，中央有轅，前後出，設前後輅，轝上有四周，下則前後有軸，以輇爲輪。許叔重說：有輻曰輪，無輻曰輇。【音義】蜃，市軫反。團、輇、槫，並市專反，又市轉反。劉團及輇市專反，槫大官反。【疏】釋曰：正經不云納柩車時節，故記人明之。既朝，正柩於兩楹之間，當此之時，遂匠納柩車於階間。【注】釋曰：云遂人匠人也者，以其周禮有遂人、匠人，天子之官，士雖無臣，亦有遂人、匠人主其葬事。云遂人主引徒役，匠人主載柩窆，職相左右也者，案周禮遂人職云：大喪，帥六遂之役而致之，掌其政令。及葬，帥而屬六綍。及窆，陳役。注云：致役，致於司徒，給墓上事。陳役者，主陳列之耳。是遂人主引徒也。又鄉師職云：既葬，執纛以與匠師御匶而治役。謂監督其事。又此遂人與匠人同納車于階間，即匠人主載窆，與遂人職相左右也。云車載柩車者，以其此云納車于階間。正謂載柩。若乘車道車之等。則當東榮。不在階間。故知此是柩車也。云周禮謂之蜃車者。案遂師職云。大喪使帥其屬以幄帟先。及蜃車之役。注云蜃車柩路也。柩車載柳。四輪迫地而行。有似於蜃。因取名焉是也。云雜記謂之團。或作輇。或作槫。聲讀皆相附耳。未聞孰正者。言或作輇。或作槫者。皆禮記別本。故云皆相附耳。但未知孰正也。云其車之轝狀如牀。中央有轅前後出者。觀鄭此注。其轝與輴車同。亦一轅爲之。云設前後輅者。正經雖云前輅。言前以對後。明知亦有後輅。云轝上有四周者。此亦與輴車同。云下則前後有軸以輇爲輪者。此則與輴異。以其輴無輪。直有轉轔。此有輇輪。引許叔重說者。案許氏說文云。有輪無輻曰輇。證此輇無輻也。○祝饌祖奠于主人之南。當前輅。北上。巾之。注言饌於主人之南。當前輅。則既祖。祝乃饌。疏釋曰。正經直云祖。還車。及還重說乃奠如初。不云饌處。故記人明之。注釋曰。祝饌祖奠於主人之南。當前輅。云則既祖。祝乃饌者。以其未祖以前。柩車鄉北。輅在主人之北。今云饌于主人之南。明知既祖還乃鄉饌之。○弓矢之新沽

乾隆四年校刊

儀禮注疏卷十三　既夕記

功【注】設之宜新沽示不用今文沽作古【音義】沽音古注同【疏】釋曰自此盡篇末論死者用器弓矢麤惡之事以其正經直云用器弓矢不辨弓矢善惡及弓矢之名故記人明之【注】釋曰設之宜新者爲死者宜用新物云沽示不用者沽謂麤爲之有弭飾焉【注】弓無緣者謂之弭弭以骨角爲飾【音義】弭面爾反緣以絹反【疏】【注】釋曰案爾雅云弓有緣謂之弓無緣謂之弭孫氏云緣繫約而漆之無緣不以繫約骨飾兩頭是此弭也詩云象弭魚服是用象骨弓隈既用角明兩頭亦得用故鄭總云骨角爲飾亦張可也【注】亦使可張【疏】【注】釋曰生時之弓有張弛此死者之弓雖不射而沽略亦使可張故曰亦也有柲【注】柲弓檠弛則縛之於弓裏備損傷以竹爲之詩云竹柲緄縢古文柲作柴【音義】檠音景弛式氏反緄古本反縢大登反柴音祕【疏】【注】釋曰柲弓檠者案冬官弓人造功之時弓成納之檠中以定往來體此弓檠謂弛不弛弓之時以竹狀如弓縛之於弓裏亦名之爲柲

者以若馬柲然馬柲所以制馬弓柲所以制弓使不損傷故謂之柲引詩云竹柲緄縢者緄繩也縢約也謂以竹爲柲以繩約之此經之柲雖麤略用亦如此故引之爲證

設依撻焉【注】依纏弦也撻弣側矢道也皆以韋爲之今文撻爲銛【音義】撻他達反【疏】【注】釋曰言依者謂以韋依纏其弦即今時弓𢐀是也云撻弣側矢道也者所以撻矢令出謂生時以骨爲之今死者用韋云皆以韋爲之者謂依與撻皆以韋爲之異於生者也

有韣【注】韣弓衣也以緇布爲之【音義】韣音獨【疏】【注】釋曰知韣弓衣者案月令云帶以弓韣故知韣弓衣也鄭知用緇布爲之者此無正文鄭驗當時弓衣用緇布而言也

翭矢一乘骨鏃短衛【注】翭猶候也候物而射之矢也四矢曰乘骨鏃短衛亦示不用也生時翭矢金鏃凡爲矢五分笴長而羽其一【音義】翭音侯又音候鏃子木反一音七木反射食亦反笴古老反又工但反【疏】【注】釋曰言候物而射之者案司

弓矢。鄭注云：可以伺候射敵之近者及禽獸。鄭君兩注，鄭語異義同。云骨鏃短衛亦示不用也者，案上文沽功。鄭云示不用，故此亦云。云生時猴矢金鏃者，此言短羽，即爾雅釋器文。案彼云：金鏃翦羽謂之鍭。是也。云凡爲矢五分笴長而羽其一者，案周禮矢人，上陳五矢，下乃云五分其長而羽其一，故云凡以廣之也。案鄭彼注云：矢笴長三尺，五分羽一，則六寸也。謂之羽者，指體而言。謂之衛者，以其無羽則不平正，羽所以防衛其矢，不使不調。故名羽爲衛。

志矢一乘，軒輖中，亦短衛。

【注】志猶擬也。習射之矢。書云若射之有志。輖，摯也。無鏃短衛，亦示不用。生時志矢骨鏃，凡爲矢前重後輕也。

【音義】輖，音周，字林云重也。一曰摯也。又音弔。摯音至。

【疏】【注】釋曰：云志猶擬也者，凡射志意有所擬，故云志猶擬也。云習射之矢者，案司弓矢鄭注云：恆矢之屬，軒輖中，所謂志，以此言之，則此恆矢也。在八矢之下，知是習射矢者，以其矢中特輕，於習射宜也。案六弓，唐弓大弓亦授習射者，則此矢配唐大也。引尚書盤庚者，證志爲準擬之事。輖摯者，鄭讀輖從蟄。以其車傍周。非是軒蟄之蟄。故讀從執下至云無鏃短衛亦示不用者。知此矢無鏃者。上經猴矢言骨鏃。此經不云鏃。故知無鏃示不用也。若然。猴矢生時用金鏃。死用骨鏃。志矢生時用骨鏃。死則令去之。云生時志矢骨鏃者。亦爾雅釋器文。案彼云骨鏃不翦羽謂之志。此志矢是也。云凡爲矢前重後輕也者。案司弓矢鄭注云。凡諸矢之制。枉矢之屬五分二在前三在後。殺矢之屬三分一在前二在後。矰矢之屬七分三在前四在後。恒矢之屬軒輖中。若然。前重後輕者。據殺矢猴矢枉矢絜矢矰矢茀矢而言。引之者。證此志是恒矢庳矢。無前重後輕之義。案周禮有八矢。唯用此二矢者。以其入矢之內。猴矢居前最重。恒矢居後最輕。既不盡用。故取其首尾者也。

經二千五百一十六字

注五千四十七字

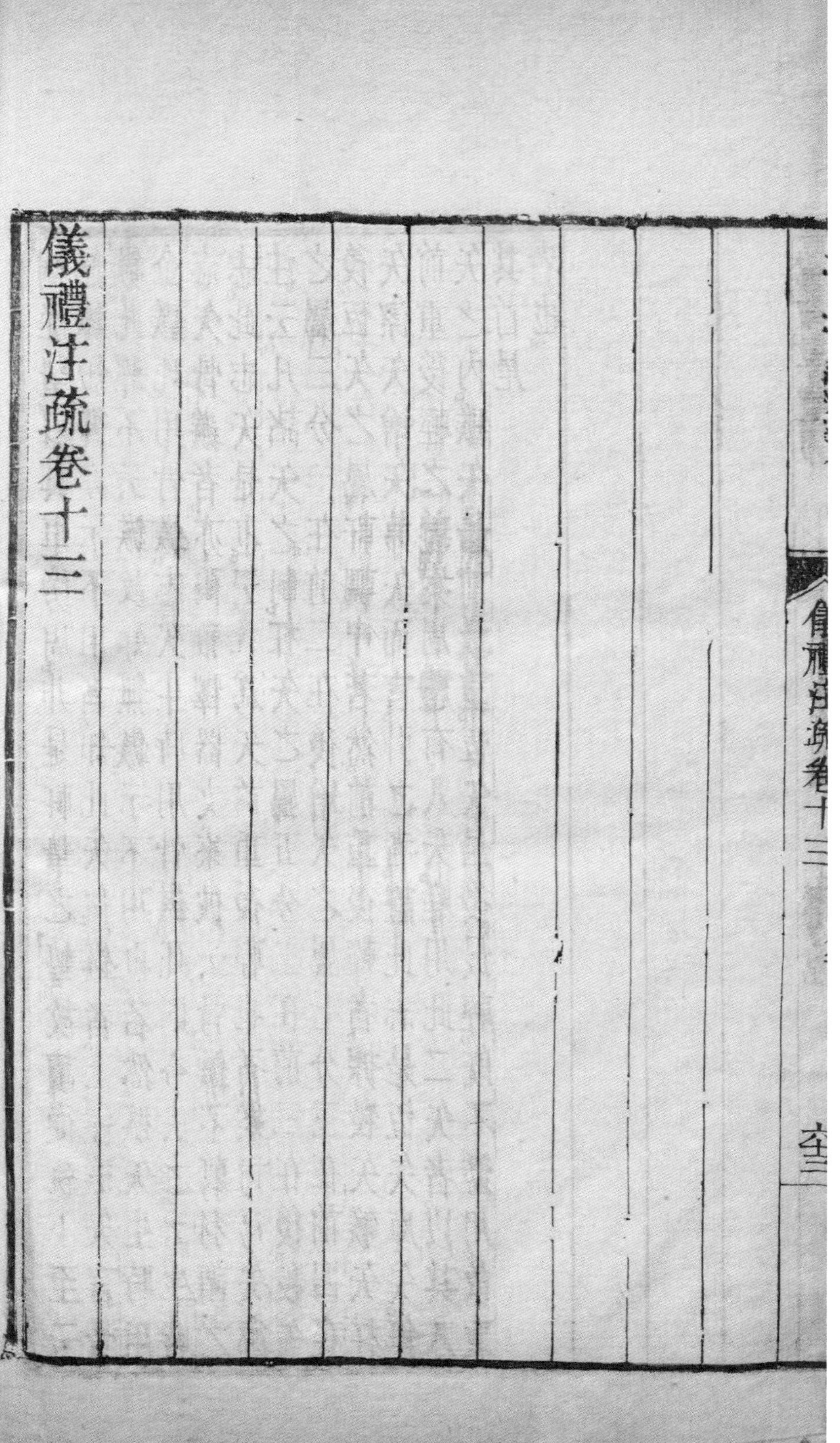

儀禮注疏卷十三

儀禮注疏卷十三考證

侇牀饌于階間○侇字石經及敖本作夷　臣紱按下云用夷牀前後亦錯出不一但釋文於此云侇音夷則知舊作侇字久矣非監本誤也今仍之

丈夫髽散帶垂疏若啟後著免亦是貶矣○臣恂按啟後自當免不應云貶以上文君弔主人必免爲人君變推之則貶字蓋變之譌下云反哭之時更無變服亦可證也

衆人東卽位○敖繼公云東卽位者衆主人也脫一主字以記考之可見

主人踊無算注婦人皆室戶西南面奠畢乃得東面〇

臣紱按經言西面注乃言東面何也似當作柩東西

面疏亦可證一云東面謂鄉東行也仍之

御者執策立於馬後〇策字釋文作筴張淳云儀禮謂

著爲筴筆爲策筴皆筴也唯方策作策考石經及敖本

與監本同仍之

有司請祖期注當以告賓每事畢輒出〇敖繼公云每

上更當有一賓字

設披注人居旁牽之以備傾〇集說傾下有虧字

加茵用疏布注木三在上茵二在下〇臣紱按抗木與

茵皆縮二横三陳之用之横縮相變本先縮後横茵先横後縮則茵二在下當作茵三在下故疏已作茵三之解或云疏以渾天言之在外者爲上則在内者爲下疏與注似異而實同也

祖還車不還器○敖繼公云祖字似衍又經無此例

擯者出請入告出告須○石經及敖本無上出字今从黄本𥬇本又石經𦆉一須字當是衍文

若無器則捂受之注謂對相授不委地○集説授下有受字

四籩棗糗栗脯○敖繼公云上四豆爲饋食之豆此四

籩亦當爲饋食之籩然籩人職有棗栗無糗脯似其
所脱者
陳器注適歛藏之○臣宗楷按疏云本作夜歛適似寫
誤據此則改適歛爲夜歛反與疏語不符今仍適字
徹者入蹈如初疏吾子不見大饗乎○饗字監本譌作
享今据雜記改正
賓主三主人拜卿人○敖繼公云下言襲是亦袒拜鄉
人也不言袒文脱耳
記疾病外内皆埽○外内監本作内外今依石經及敖本
改正

御者四人抗衾而浴襢第〇敖繼公云古字襢袒通詩襢裼暴虎史記左襢右襢是也舊音之善反非

設握裏親膚〇裏字監本譌作裹今依石經及敖本改正

冠六升外縪〇敖繼公云縪喪服傳作畢疑此誤

又疏冠在武下故云厭也〇臣紱按冠在武下外畢則然非厭字之義厭者厭伏於髮不如吉冠之峩峩也疏似未的

比奠舉席埽室聚諸窔〇窔或作窔石經及釋文俱作窔從之

卜日吉○日字監本譌作曰石經亦譌黄本敖本作曰從之敖氏注云曰人質反蓋恐人誤讀耳

主人降即位徹乃奠升自西階○石經及敖本升字下有降字

薦乘車鹿淺幦干笮○干石經作于

菅筲三○菅釋文作管

既正柩賓出○敖繼公云既正柩與賓出不相屬蓋有爛文焉 臣紱按賓出凡朝夕皆有之記欲于朝祖記納車以爲將載之節故以既正柩先之似無爛文

有弭飾焉亦張可也○張可監本譌作可張今依石經

及敖本改正

猴矢一乘○張淳云釋文經猴矢上更有一矢字

同上日句讀查宣門欲合刻蘇詩施王查三家注今聞其綦卒惜哉

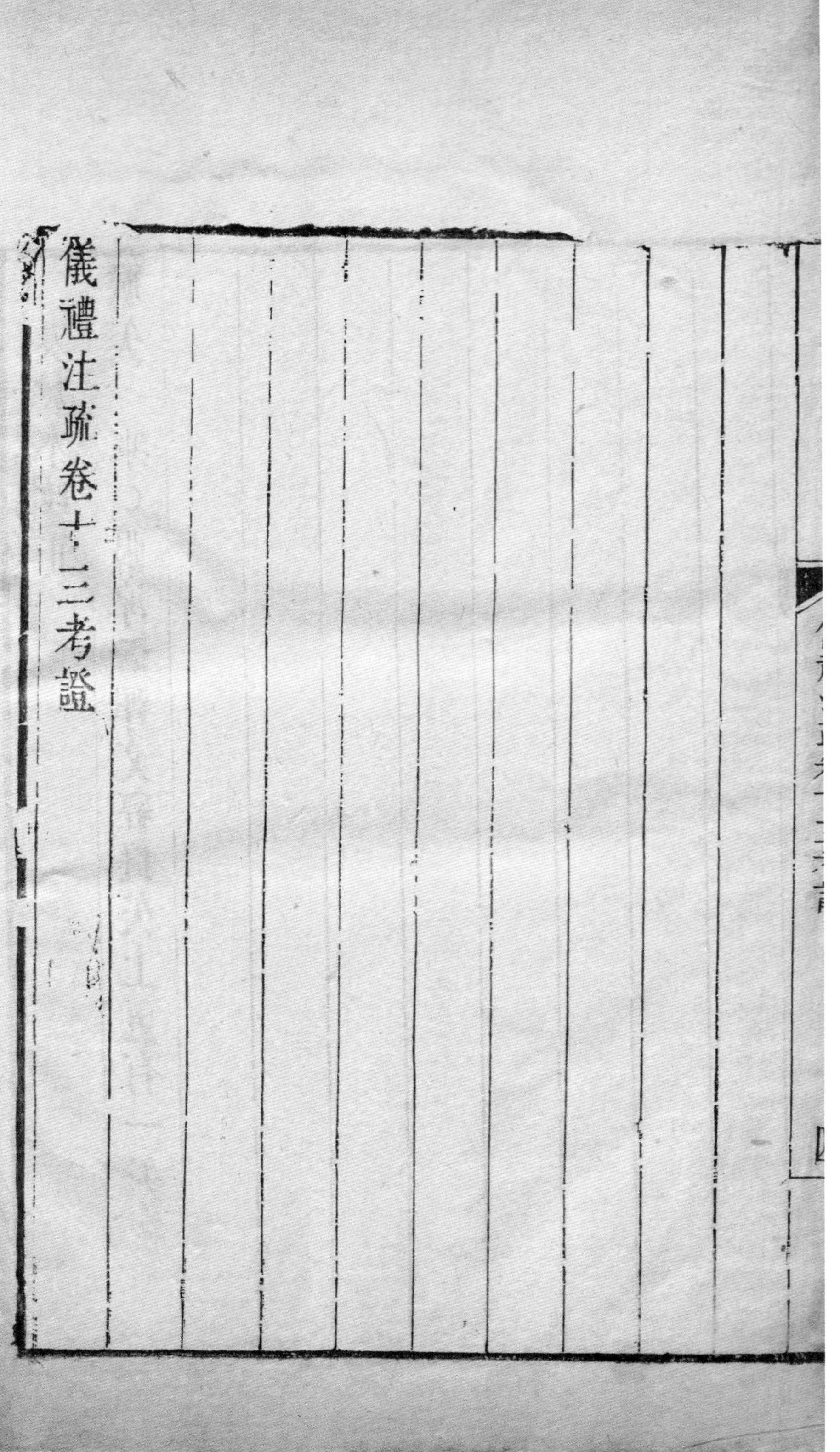

儀禮注疏卷十三考證

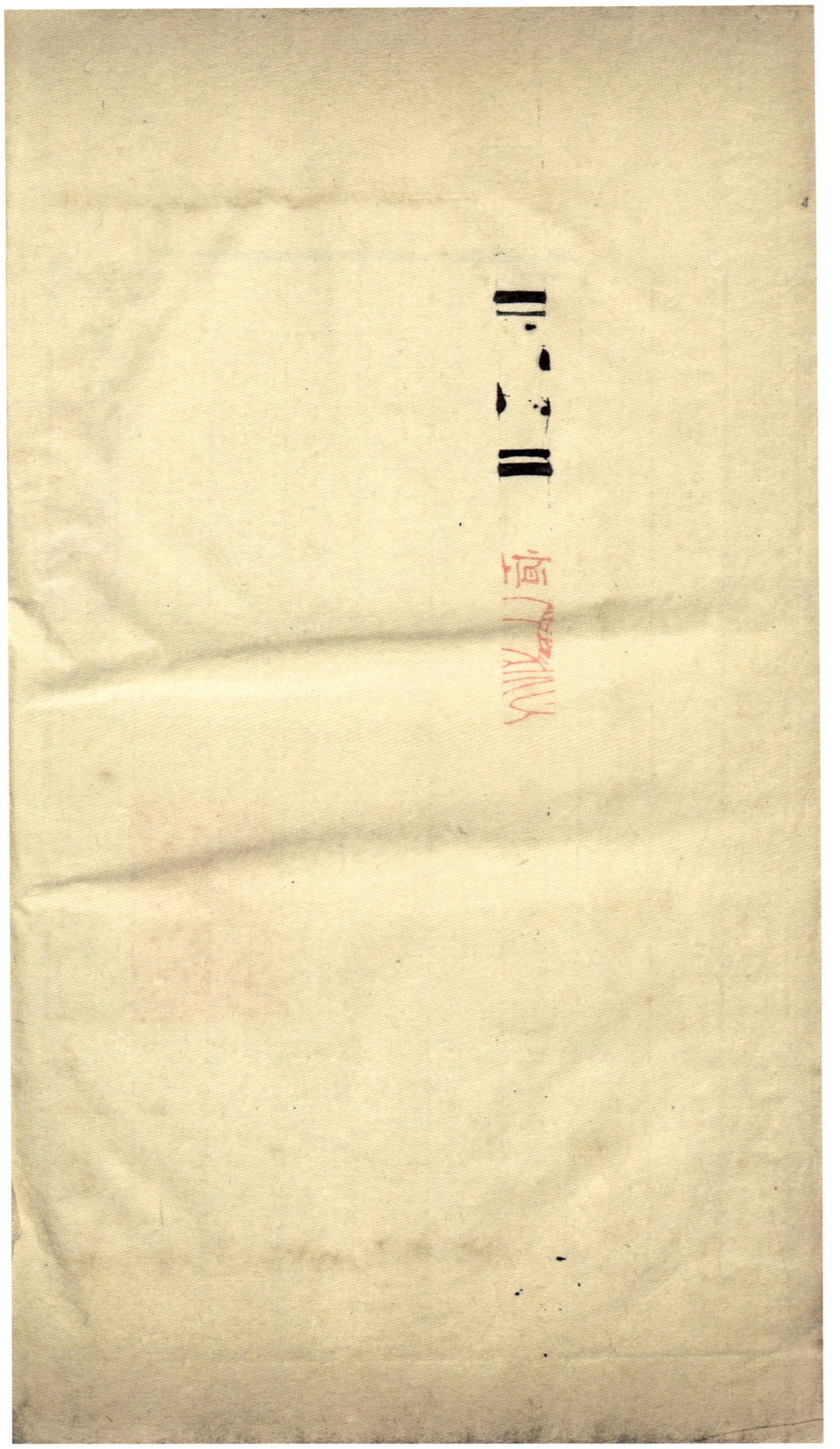

儀禮注疏卷十四

漢鄭氏注　唐陸德明音義　賈公彥疏

士虞禮第十四

士虞禮。○特豕饋食。【注】饋，猶歸也。【音義】饋，其位反。【疏】釋曰：自此盡南順，論陳鼎鑊祭器几筵等之事。案左氏傳云：卜日曰牲。是以特牲云牲。大夫已上稱牲，亦稱牢，故云少牢。此虞爲喪祭，又葬日虞，因其吉日，故略無卜牲之禮，故指豕體而言，不云牲。大夫已上亦當然。襍記云：大夫之虞也犆牲。又此下記云：陳牲於廟門外。檀弓云：與有司視虞牲。皆言牲者，記人之言，不依常例故也。然少牢云：司馬封羊，司士擊豕。不言牲者，據殺時須指事而言，亦非常例也。【疏】釋曰：云饋猶歸者，謂以物與神及人皆言饋，是以此虞及特牲、少牢皆言饋。坊記云：父母在，饋獻不及車馬。是生死皆言饋。又案周禮玉府云：掌凡王之獻金玉兵器。注：謂百工爲王所作，可以獻遺諸侯。古者致物於人，尊之則曰獻，通行曰饋。以此而言，獻雖主於尊，其春秋齊侯來獻戎捷，尊魯也。其云饋者，上下通稱。故祭祀於神而言饋，陽貨饋孔子豚而言饋，鄉黨云朋友之饋，是上下通言饋。膳夫云凡王之饋食用六穀，注云進物於尊曰饋，此饋之盛者，王舉之饌也。彼鄭據當文是進于王，故云進物於尊，其實通也。

側亨于廟門外之右，東面。【注】側亨，亨一胖也。亨於爨用鑊，不於門東，未可以吉也。是日也，以虞易奠，祔而以吉祭易喪祭，鬼神所在則曰廟，尊言之。

【音義】亨，普庚反，劉虛兩反，注同。胖，普判反。鑊，戶郭反。

【疏】注釋曰：云側亨，亨一胖也，知者，案吉禮皆全左右胖皆亨，不云側。此云側亨，明亨一胖而已。必亨一胖者，以其虞不致爵，自獻賓已後，則無上人、主婦及賓已下之俎，故唯亨一胖也。若然，特牲亦云側殺者，彼雖亨左右胖，少牢二，特牲一，故以一牲爲側，各有所對故也。云亨於爨用鑊者，亦案少牢有羊豕鑊，故亨在鑊。云不於門東，未可以吉也者，以虞爲喪祭，不於門東，對特牲吉禮鼎鑊皆在門東。此云門外之右，是門之西，未可以吉也。云是日也，以虞易奠，祔而以吉祭易喪祭，皆檀弓文。云是日。謂葬日。日中而虞。易去奠。尸死事之。故立尸而祭之。云祔而以吉祭易喪祭者。案下記云。三虞卒哭他用剛日亦如初。曰哀薦成事。鄭注引檀弓文葬日中而虞不忍一日離也。是日也以虞易奠。卒哭曰成事。是日也以吉祭易喪祭。如是則卒哭即是吉祭。而鄭此注云祔爲吉祭者。卒哭對虞爲吉祭。卒哭比祔爲喪祭。故下記云。卒哭祭乃餞。云尊兩甒於廟門外之右少南。洗在尊東南。水在洗東。篚在西。注云。在門外之左。又少南。則鼎鑊亦在門左。以此知卒哭對虞爲吉祭也。又云明日以其班祔用專膚爲折俎。取諸脰膉。其他如饋食。是祔乃與特牲吉祭同。以祔爲吉祭。是以云祔而以吉祭易喪祭也。云鬼神所在則曰廟。尊言之者。對時廟與寢別。今雖葬。既以其迎魂而反。神還在寢。故以寢爲廟。虞於中祭之也。

在魚腊爨亞之北上。【注】爨竈。【疏】釋曰。上豕爨在門右東面。此魚腊各別鑊。言北上。則次在豕爨之南。【注】釋曰。云爨竈者。周公經爲爨。至孔子時爲竈。故王孫賈問孔子曰。與其媚於奧。寧媚於竈。是前後異名。故鄭舉後決前也。

饎爨在東壁西面。【注】炊黍稷曰饎。饎北上。上齊于屋宇。於虞

乾隆四年校刊

有亨饎之爨彌吉。[音義]饎，尺志反。[疏]釋曰：以三鑊在西方，反吉。案特牲云：主婦視饎爨于西堂下。宗婦主之，在西方，今在東，亦反吉也。少牢廩爨在饔爨之北，在門外者，是大夫士之。廩人掌男子之事，故與牲爨同在門外東方也。[注]釋曰：知炊黍稷曰饎者，案周禮饎人云：掌凡祭祀共盛。齊盛即黍稷，故知也。云北上上齊于屋宇者，此案特牲記云：饎爨在西壁。鄭注云：西壁，堂之西牆下。舊說云：南北直屋梠，稷在南。彼此東西皆言壁，彼云屋梠，此云屋宇，故知此亦齊屋宇也。云於虞有亨饎之爨彌吉者，以其小斂大斂未有黍稷。朔月薦新之等始有黍稷，向吉仍未有爨，至此始有亨饎之爨，故云彌吉。設洗于西階西南，水在洗西，篚在東。[注]反吉也。亦當西榮，南北以堂深。[疏][注]釋曰：知其上文設爨反吉，此亦反吉。又上下篇吉特設洗皆當東榮，南北以堂深。今在西階西南，亦當西榮，南北以堂深可知也。尊于室中北墉下，當戶兩甒醴酒，酒在東。無禁，冪用綌布，加勺，南枋。[注]酒在東，上醴也。綌布，葛屬。

【音義】冪亾狄反【疏】【注】釋曰云酒在東上醴也者禮法上玄酒是人所常飲故在東吉禮玄酒在酒上今以喪祭禮無玄酒則醴代玄酒在上故云上醴也絺布葛屬者絺綌以葛爲之布則以麻爲之今絺布竝言則此麻葛襍故有兩號是以鄭云葛屬也

素几葦席在西序下【注】有几始鬼神也【疏】【注】釋曰經几席具有注唯云几者以其人斂奠時已有席至此虞祭乃有几故也然案檀弓云虞而立尸有几筵筵則席虞祭始有者以几筵相將故連言筵其虞有几筵若天子諸侯始死則几筵具故周禮司几筵云每敦一几據始殯及葬時是始死即几席具也

苴刌茅長五寸束之實于篚饌于西坫上【注】苴猶藉也【音義】苴了徐反劉子都反下及記同刌七本反藉在夜反後皆同【疏】【注】釋曰此苴而云藉祭故易云藉用白茅無咎

饌兩豆菹醢于西楹之東醢在西一鉶亞之【注】醢在西南面取之得左取菹右取醢便其設之【音義】便婢面反後放此【疏】釋曰此饌繼西楹言之則以西

乾隆四年校刊

儀禮注疏卷十四　士虞禮

醓爲主向東陳之云一鉶亞之者葅以東也【注】釋曰云醢在西南面取之得左取葅右取醢便其設之者以其尸在奥東面設者西面設於尸前葅在南醢在北今於西醓東餟之葅在東醢在西是南面取之得左取葅右取醢至尸前西面又左葅右醢故云便也

從獻豆兩亞之四籩亞之北上【注】豆從主人獻祝籩從主婦獻尸祝北上葅與棗不東陳別於正【音義】別彼列反【疏】釋曰此從獻豆籩雖文承一鉶之下而云亞之下別云北上是不從鉶東爲次宜於鉶東北以北爲上向南陳之若然文承一鉶下而云亞之者以其次在鉶以東去極漸遠故云亞不謂亞鉶以東也據此陳之次然則東北葅爲首次南醢醢東栗栗北棗棗東棗棗南栗此以東面取之而入北面設之祝前得右葅左醢其籩亦然先陳者先設後陳者後設棗在左亦得其設故鄭云北上葅與棗也【注】釋曰云豆從主人獻祝者以其尸前正豆已設訖以爲陰厭不名爲從此二豆主人先獻祝酒後乃薦豆故言從云籩從主婦獻尸祝者以其四籩二籩從主婦獻尸二籩從主婦獻祝亦是從也云不東陳別於正者以

二豆與鉶在尸爲獻前爲正。此皆在獻後爲非正。故東北別也。饌黍稷二敦于階間西上藉用葦席。【注】藉猶薦也。古文藉爲席。【音義】敦音對。劉又都愛反。後放此。【疏】【注】釋曰：云藉猶薦也者，謂先陳席，乃陳黍稷於上。是所陳席藉薦黍稷也。匜水錯于槃中南流在西階之南簞巾在其東。【注】流，匜吐水口也。【音義】匜音移。錯七故反。後同。簞音丹。陳三鼎于門外之右北面北上設扃鼏。【注】門外之右，門西也。今文扃爲鉉。【音義】鉉延犬反。【疏】釋曰：此扃雖先云設，其設扃在後。知者，案士喪禮小斂云：右人左執匕，抽扃予左手兼執之，取鼏委於鼎北，加扃。則扃在鼏上，故先抽扃，後去鼏。則鼏先設可知。扃鼏雖在三鼎之下總言，其實陳鼎訖即設之。知者，案下記云：皆設扃鼏。注云：嫌既陳乃設扃鼏。是也。匕俎在西塾之西。【注】不餕於塾上，統於鼎也。塾有西者，是室南鄉。【音義】鄉許亮反。【疏】【注】釋曰：云不餕於塾

乾隆四年校刊

亅統於鼎也者決下文羞燔俎在內西塾上又云賓降反俎于西塾卒於主婦亞獻訖直云賓燔從如初明尸
受燔訖賓亦反俎于西塾上是互見義也羞燔俎在內西塾上南順注南順
於南面取縮執之便也肝俎在燔東音義燔音煩○主人
及兄弟如葬服賓執事者如弔服皆卽位于門外如朝
夕臨位婦人及內兄弟服卽位于堂亦如之注葬服者
既夕曰丈夫髽散帶垂也賓執事者賓客來執事也音
義臨力蔭反下同髽側瓜反散悉但反疏釋曰自此盡北面論將虞祭於位及衣服之事注釋曰云葬服
者既夕曰丈夫髽散帶垂也者此惟謂葬日反日中而虞及三虞時其後卒哭卽服其故服是以既夕記注云
自卒至殯自啟至葬主人之禮其變同則始虞與葬服同三虞皆同至卒哭卒去無時之哭則依其喪服乃變
麻服葛也云賓執事者賓客來執事也者以其虞爲喪祭主人未執事故云賓客來執事也案下注云士之屬

官爲其長弔服加麻卽此經賓執事者弔服士也若然此士屬官中有命于其君者是以特牲記賓中有公有司鄭注云公有司亦士之屬命于其君者也案曾子問士則朋友奠不足則取於大功以下者又云士祭不足則取於兄弟大功以下者鄭云祭謂虞卒哭時以此而言彼朋友則公有司與此執事一物以僚友言之雖屬官亦爲朋友也

祝免澡葛絰帶布席于室中東面右几降出及宗人卽位于門西東面南上【注】祝亦執事免者祭祀之禮祝所親也澡治也治葛以爲首絰及帶接神宜變也然則士之屬官爲其長弔服加麻矣至於旣卒哭主人變服則除右几於席近南也【音義】免音問注同澡音早爲其于僞反下爲神同長丁丈反下文幷注同近附近之近後放此【疏】注釋曰云祝亦執事者謂亦士執事也云免者祭祀之禮祝所親也者案禮記喪服小記云緦麻小功虞卒哭則免注云卒哭緦麻以上至斬衰皆免今祝是執事屬吏

之等。皆無免法。今與緦以上同著免。嫌其重。故云祭祀之禮祝所親而可以受服也。大宗人告有司具。遂請拜賓。如臨入門哭。婦人哭。〔注〕臨朝夕哭。〔疏〕注釋曰。朝夕哭時。門外送賓訖。入門。男子婦人共哭也。主人即位于堂。衆主人及兄弟賓即位于西方。如反哭位。〔注〕既夕曰。乃反哭入門。升自西階東面。衆主人堂下東面北上。異於朝夕。〔疏〕釋曰。此明賓將與祭。主人及兄弟等即位之事。注釋曰。云如反哭位。鄭引既夕者。證主人等面位之事也。祝入門左北面。〔注〕不與執事同位。接神尊也。〔疏〕注釋曰。云不與執事同位接神尊也者。執事。即上兄弟賓即位于西方如反哭位皆是執事。故曾子問喪祭不足則取兄弟。故云祝不與執事同位接神尊也。宗人西階前北面。〔注〕當詔主人及賓之事。〔疏〕注釋曰。此宗人在堂下。是主人在堂時。若主人在室。宗人即升堂。是以下記云主人在室。則宗人升戶外北面。注云當詔主人室事是也。祝盥升取苴降洗之升入設于几東席上東縮降洗觶升止哭【注】縮從也古文縮爲蹙【音義】縮所六反從子容反下從幷注同蹙子六反【疏】釋曰自此盡哭出復位論設饌於神杖不入於門之事也案此文陰厭時主人倚杖入祝從在左西面下記云尸入祝從尸注云祝在主人前也嫌如初時主人倚杖入祝從之初時主人之心尚若親存宜自親之今既接神祝當詔侑尸也主人前自西入向東在階下未得倚杖於序今主人在西階將入室故倚杖於西序主人倚杖入祝從在左西面【注】主人北旋倚杖西序乃入喪服小記曰虞杖不入於室祔杖不升於堂然則練杖不入於門明矣贊薦菹醢醢在北【注】主婦不薦齊斬之服不執事也曾子問曰士祭不足則取於兄弟大功以下者【疏】【注】釋曰案特牲主婦盥于房中薦兩豆此主婦不薦故決之。既引曾子問士祭不足則取於兄弟大功以下者。彼文承奠下。故引之。下卒哭既取大功以下。則齊斬不執事可知。此齊斬不執事。唯爲今時。至于尸入之後亦執事。兩籩棗栗設於會南。至於祔祭。雖陰厭亦主婦薦。主人自執事也。知者。下記云其他如饋食。案特牲云。主人在右及佐食舉牲鼎。是也。若大夫以上尊不執事。故少牢云。主人出迎鼎。注云道之也。是不執事也。

佐食及執事盥。出舉。長在左。注 舉。舉鼎也。長在左。在西方位也。凡事宗人詔之。鼎入設于西階前東面北上。匕俎從設。左人抽扃鼏匕。佐食及右人載。注 載載於俎。佐食載則亦在右矣。今文扃爲鉉。古文鼏爲密。卒。杝者逆退復位。注 復賓位也。俎入設于豆東魚亞之。腊特。注 亞次也。今文無之。贊設二敦于俎南黍其東稷。注 簋實尊黍也。疏 注釋曰。云簋實尊黍也者。以經西黍東稷。西上。

故云尊黍也。經云敦，注言簋者，案特牲云佐食分簋鉶，注云分簋者，分敦黍於會爲有對也。敦有虞氏之器也，周制士用之。變敦言簋，容同姓之士得從周制耳。然則此注變敦言簋者，亦謂同姓之士得用簋故也。設一鉶于豆南。【注】鉶，菜羹也。【疏】注釋曰：此對黍是清羹。佐食出，立于戶西。【注】饌已也。今文無于戶西。【疏】注釋曰：佐食出者，以無事不可以空立，故出立于戶西。不從今文無于戶西三字者，若無此文，不知立之所在，故不從也。贊者徹鼎。【注】反于門外。祝酌醴，命佐食啟會。佐食許諾，啟會，卻于敦南，復位。【注】會，合也，謂敦蓋也。復位，出立于戶西。今文啟爲開。【音義】會，古外反，後放此。【疏】釋曰：特牲、少牢直言酌奠，不言酌醴者，以彼直有酒，故不言酒，是酒可知。此酒醴兩有，今所奠者醴，故須言醴也。若然，彼單酒，此兩有者，以其同小斂、大斂、朔月、遷祖、祖奠、大遣奠等，皆酒醴並有，故此虞之喪祭亦兩有，異於吉祭也。祝奠觶于鉶南，復位。【注】復位。

乾隆四年校刊

復主人之左。【疏】【注】釋曰：云復主人之左者，上主人倚杖入，祝從在左，下不見祝更有位，故復主人左也。○主人再拜稽首。祝饗。命佐食祭。【注】饗告神饗也。此祭，祭於苴也。饗神辭，記所謂哀子某哀顯相夙興夜處不寧，下至適爾皇祖某甫饗是也。【音義】相，息亮反。【疏】【注】釋曰：下云祝祝卒，注云祝祝者釋孝子祭辭。又下文迎尸後尸墮祭云祝祝主人拜如初。此等三者皆有辭。此文饗神引記者，是陰厭饗神辭。下文迎尸上釋孝子辭者，經記無文。案少牢迎尸祝釋孝子辭云：孝孫某敢用柔毛剛鬣嘉薦普淖，用薦歲事于皇祖伯某，以某妃配某氏，尚饗。此是釋孝子辭。此迎尸上釋孝子辭，宜與彼同，但稱哀爲異。其迎尸後祝辭者，即下記饗辭云：哀子某圭爲而哀薦之饗。鄭注云：饗辭勸強尸之辭也。凡吉祭饗尸曰孝子。是以特牲迎尸後云祝饗，注云饗勸強之也。其辭取於士虞記，則宜云孝孫某圭爲孝薦之饗是也。下二虞卒哭記皆有辭，至彼別釋。佐食許諾。鉤袒。取黍稷。祭于苴。三。取膚祭祭如初祝取奠觶祭亦如之不盡益反奠之主人再拜稽首【注】鉤袒如今擐衣也苴所以藉祭也孝子始將納尸以事其親爲神疑於其位設苴以定之耳或曰苴主道也則特牲少牢當有主象而無可乎【音義】擐音患又古患反一作擐音宣手發衣也【疏】【注】釋曰云鉤袒如今擐衣也者經云鉤袒若漢時人擐衣以露臂故云如今擐衣也云孝子始將納尸以事其親爲神疑於其位設苴以定之耳者案上文祝取苴降席設于几東至此乃祭于苴下文乃延尸是孝子迎尸之前用苴以將納尸以事其親爲神疑於其位故設苴以定之解預設苴之意也云或曰苴主道也則特牲少牢當有主象而無可乎者解舊有人云苴主道似重爲主道然故鄭破之云若是苴爲主道特牲少牢吉祭亦當有主象亦宜設苴今而無苴可乎是以鄭以苴爲藉祭非主道也若然此據文有尸而言將納尸有苴案下記云無尸者亦有苴又特牲少牢吉祭無苴案司巫祭祀則共匰主及藉館常

乾隆四年校刊

祀亦有苴者，以天子諸侯尊者禮備，故吉祭亦有苴，凶祭有苴可知。祝祝卒，主人拜如初，哭出復位。【注】祝祝者，釋孝子祭辭。【音義】祝祝，劉下之又反。〇祝迎尸，一人衰絰奉篚哭從尸。【注】尸，主也。孝子之祭，不見親之形象，心無所繫，立尸而主意焉。一人，主人兄弟。檀弓曰：既封，主人贈，而祝宿虞尸。【音義】奉，芳勇反。篚，芳鬼反，本亦作匪。從，才用反。封，彼驗反，劉逋鄧反。【疏】釋曰：自此盡如初，設論迎尸又九飯之事。【注】釋曰：鄭知一人衰絰是主人兄弟者，以主人哭出復位，無從尸之禮；又云衰絰，且非疏遠，故知一人衰絰是主人兄弟也。引檀弓者，證祝隨主人葬，先反宿虞尸，故得有祝迎尸之事。云既封者，封當爲窆，窆，下棺也。尸入門，丈夫踊，婦人踊。【注】踊不同文者，有先後也。尸入，主人不降者，喪事主哀不主敬。【疏】【注】釋曰：云踊不同文者有先後也者，主人在西序東面，衆兄弟西階下亦東面，婦人堂上當東序西面。故主人與兄弟見尸先踊。婦人後見尸故後踊。是有先後。云尸入主人不降者喪事主哀不主敬者。決特牲少牢尸入主人皆降立于阼階東。敬尸。故此不降爲主哀。淳尸盥。宗人授巾。[注]淳沃也。沃尸盥者賓執事者也。[音義]淳之純反。注及下同。[疏]釋曰。此直言盥不言面位。案特牲云尸入門左北面盥宗人授巾。上陳器時。匜水之等在西階之東。合在門左。則以器就。特牲注云。待尸盥者執其器就之。若然。特牲設尸盥在門內之右。注云。尸尊不就洗。門內之右象洗在東。此虞禮反吉祭。故在西階東。少牢禮異於士禮。故尸盥在西階東。與此虞禮同也。[注]釋曰。云沃尸盥者賓執事也者。案上文賓與主人皆在執事之中。既宗人授巾。明沃盥亦賓執事也。尸及階。祝延尸。[注]延進也。告之以升。[疏][注]釋曰。案特牲云。祝延尸。注云。延進也。在後詔侑曰延。又案少牢注云。由後詔相之曰延。然則延者皆在後也。若然。記云。尸謖。祝前鄉尸。又曰。降階還及門如出戶。注云。降階如升時。以此言之。降在尸前。云以升者。直取與尸升同。不取後同。故禮器詔侑無方。是也。尸升。宗人詔踊如初。【注】言詔踊如初。則凡踊宗人詔之。【疏】注釋曰。云言詔踊如初。則凡踊宗人詔之者。以其上無宗人詔踊之事。以此宗人詔踊云如初。明前踊幷明下文踊皆宗人詔之。故鄭云凡也。尸入戶。踊如初。哭止。【注】哭止。尊尸。婦人入于房。【注】辟執事者。【音義】辟音避。【疏】注釋曰。以其婦人在堂上。執事者由堂東。故辟之入房也。○

主人及祝拜妥尸。尸拜。遂坐。【注】妥。安坐也。【音義】妥他果反。劉湯可反。【疏】注釋曰。案郊特牲注云。尸即至尊之坐。或時不自安。則以拜安之。此亦然。妥安坐也。爾雅文。○

從者錯篚于尸左席上。立于其北。【注】北。席北也。【疏】注釋曰。云虞禮篚象特牲肵俎。置于席北。明此篚亦在席北。以擬盛尸之餕也。尸取奠。左執之。取菹擩于醢。祭于豆閒。祝命佐食墮祭。【注】下祭曰墮。墮之猶言墮下也。周禮曰。既祭則藏其墮。謂此也。今文墮爲綏。

特牲少牢或爲羞。失古正矣。齊魯之閒謂祭爲墮。【音義】擩，如悅反。隋，許恚反，又相恚反。墮，許規反。【疏】釋曰：云「尸取奠，左執之」者，以右手將墮故也。【注】釋曰：云「下祭曰墮」者，以其凡祭皆手舉之，向下祭之，故云「下祭曰墮」。云「墮之猶言墮下」者，案《左傳》云子路將墮三都，以三都大高，故墮下之。取墮爲下祭之義，故讀從之。引《周禮·守祧職》云「既祭則藏其墮」，謂此也者，謂此墮祭一也。引之者，證守祧同之耳。云「今文墮爲綏」，又云「特牲少牢或爲羞，失古正矣」者，此二字皆非墮下之義，故云失古正也。云「齊魯之閒謂祭爲墮」者，齊南魯北謂祭爲墮者，由墮下而祭，因即謂祭爲墮，是鄭從墮不從綏與羞之義也。案《特牲》云「祝命挼祭」，注云：「《士虞禮》古文曰祝命佐食墮祭。《周禮》曰既祭則藏其墮。墮與挼讀同耳。今文改挼皆爲綏，古文此皆爲挼祭也。」又《少牢》，尸將酢主人時，上佐食以綏祭。鄭注云：「綏讀爲墮。」此三處經中墮皆不同者，此五字或爲墮，或爲挼，或爲羞，或爲綏，或爲擩。此五者，鄭既以挼、綏及羞三者已從墮，復云古文作擩，以其特牲及此士虞皆有擩祭，故亦兼擩解。

佐食取黍稷肺祭，授尸。尸祭之，祭奠。

乾隆四年校刊

祝祝主人拜如初尸嘗醴奠之【注】如初亦祝祝卒乃再
拜稽首【疏】【注】釋曰云如初亦祝祝卒乃再拜稽首者亦如上文迎尸前祝祝卒乃再拜稽首也佐
食舉肺脊授尸尸受振祭嚌之左手執之【注】右手將有
事也尸食之時亦奠肺脊于豆【音義】嚌才既反【疏】釋曰案特牲祝命邇
敦佐食邇黍稷于席上舉肺脊以授尸尸受振祭嚌之
彼舉肺脊在邇敦後此舉肺脊在邇敦前者彼吉祭吉
凶相變故也【注】釋曰云右手將有事也者爲下文祭鉶
嘗鉶是也云尸食之時亦奠肺脊於豆者解經無奠文
知不執以食卒者案下文云尸卒食佐食受肺脊實于
篚在尸手當云受肺脊又知在豆者特牲云尸實舉於
菹豆是也案特牲尸乃食食舉注云舉言食者明凡解
體皆連肉少牢云食舉注云舉牢肺正脊也先食啗之
以爲道也此喪祭不言食舉亦食舉可知是以特牲注
云肺氣之主也脊正體之貴者先食啗之所以道食通
氣也案下文注云尸不受魚腊以喪不備味則亦不食庶羞矣祝命佐食邇敦佐食舉

黍錯于席上。【注】爾近也。尸祭鉶。嘗鉶。【注】右手也。少牢曰。以柶祭羊鉶。遂以祭豕鉶。嘗羊鉶。【疏】【注】釋曰。知以右手者。上經云佐食舉肺脊授尸。尸受振祭嚌之。左手執之。鄭云右手將有事。指此嘗鉶。用右手也。引少牢者。證此經嘗祭之時亦用柶。案下記云。鉶芼用苦若薇。有滑。夏用葵。冬用荁。有柶。是用柶祭之義。泰羹湆自門入。設于鉶南。胾四豆。設于左。【注】博異味也。湆肉汁也。胾切肉也。【音義】湆去及反。胾側吏反。【疏】釋曰。云設于鉶南者。以泰羹湆未設。故繼鉶而言之。其實鐴北畱空處以待泰羹。云胾四豆設於左者。案特牲。四豆設於左南上。云左者正豆之左。又少牢云。上佐食羞胾。兩瓦豆有醢。設于薦豆之北。注云。設於薦豆之北。以其加也。言北亦是左也。【注】釋曰。云博異味者。以其有湆有胾故也。尸飯。播餘于篚。【注】不反餘也。古者飯用手。吉時播餘于會。古文播爲半。【音義】飯扶晚反。注及下弁下注九飯同。【疏】【注】釋曰。云古者飯用手者。

案曲禮云無摶飯又云無放飯飯黍毋以箸故知古者飯用手言此者證播飯去手爲放飯云吉時播餘于會者可知故決之

三飯佐食舉幹尸受振祭嚌之實于篚【注】飯閒啗肉安食氣【音義】啗大敢反【疏】注釋曰云飯閒啗肉安食氣者以其胳骼骨體連肉又在三飯之閒故云飯閒啗肉安食氣

又三飯舉胳祭如初佐食舉魚腊實于篚【注】尸不受魚腊以喪不備味【音義】胳音格一音各【疏】注釋曰云尸不受魚腊者案經佐食舉魚腊不云尸受嚌之明尸不受魚腊可知云以喪不備味者案特牲三舉魚腊尸皆振祭嚌之此佐食舉魚腊實於篚尸不嚌故云喪不備味也

又三飯舉肩祭如初【注】後舉肩者貴要成也【疏】注釋曰云後舉肩者貴要成也者案禮記祭統云周人貴肩故云貴者要成也要成者據後食即飽也

舉魚腊俎俎釋三个【注】釋猶遺也遺之者君子不盡人之歡不竭人之忠个猶枚也今俗

或名枚曰個，音相近。此腊亦七體，如其牲也。【音義】个，古賀反。個，古賀反。【疏】釋曰：此經直舉魚腊俎盛於篚，俎釋三个，不言盛牲體者，案下記云羹飪升左肩臂臑肫胳脊脅七體。此上經佐食初舉脊，次舉幹，又舉骼，終舉肩，總舉四體，唯有臂臑肫三者，佐食即當俎釋三个，不復盛牲體，故直舉魚腊而已。【注】釋曰：云「遺之者，君子不盡人之歡，不竭人之忠」者，此上曲禮文。案彼注，歡謂飲食，忠謂衣服。於此引之，併據飲食者，彼注對文，此注散文，則歡與忠通，故總證牲體也。又案特牲釋三个，注云「謂改饌於西北隅，遺之」，與此注下同者，此注亦有改饌之義，又兼有此不盡歡忠之禮。云「今俗或名枚曰個，音相近」者，經中个人下豎牽，俗語名枚曰個者，人傍著固字，雖不同，音聲相近，同是一个之義。云「此腊亦七體，如其牲也」者，案下記牲有七體，此腊亦不過於牲體，故云如其牲。言此以對彼，案彼特牲吉祭十一體，是以特牲記云腊如牲骨，乃有十一體，與此不同，吉禮異故也。尸卒食，佐食受肺脊，實于篚，反黍，如初設。【注】九飯而已，士禮也。篚，猶吉祭之有肵俎。【音】

所音祈【疏】釋曰云反黍如初設者案上設黍稷在俎【義】後同南西黍東稷次上文佐食舉黍錯于席上此尸卒食故反黍於本處如初設【注】釋曰云九飯而已士禮也者少牢大夫禮十一飯諸侯十三飯天子十五飯故云九飯士禮也云篚猶吉祭之有肵俎者案特牲少牢尸舉牲體振祭嚌之皆加於肵俎此尸舉牲體振祭嚌之皆實於篚故篚猶吉祭之有肵俎○主人洗廢爵酌酒酳尸尸拜受爵主人北面答拜尸祭酒嘗之【注】爵無足曰廢爵酳安食也主人北面以酳酢變吉也凡異者皆變吉古文酳作酌【音義】酳以刃反【疏】釋曰自此盡升堂復位論主人初獻尸并獻祝及獻佐食之事【注】釋曰云爵無足曰廢爵者案下文主婦洗足爵鄭云爵有足輕者飾也則主人喪重爵無足可知凡諸言廢者皆是無足廢敦之類是也云主人北面以酳酢變吉也者案特牲少牢尸拜受主人西面拜送與北面相反故云變吉也案特牲直有主人拜送雖不見主人面位約與少牢同皆西面也云凡異者皆變吉者案特牲云主人拜送

此云主人答拜，特牲云尸卒角，祝受尸角，曰送爵。此不云送爵。特牲嚌肝訖，加於菹豆；此嚌肝訖，加於俎。皆是異於吉時，故云凡異者皆變吉。

賓長以肝從，實于俎，縮，右鹽。【注】縮，從也。從，實肝炙於俎也。衆祭進柢，右鹽於俎近北，便尸取之也。縮執俎，言右鹽，則肝鹽併也。【音義】長，丁丈反，下賓長皆同。炙，支夜反。柢，丁計反。【疏】注釋曰：云「縮，從也。從，實肝炙於俎也。衆祭進柢」者，案下記云「載猶進柢」，柢，本也。謂肝之本頭進之向尸。云「右鹽於俎近北，便尸取之也」者，從執俎一頭向尸，據執俎之人，左畔有肝，右畔有鹽，西面向尸，尸東面以右手取肝，於俎右畔擩鹽於左畔，是以鹽於俎之近北，便尸取之。云「縮執俎，言右鹽，則肝鹽併也」者，謂俎既縮執，則狹，肝鹽不容相遠，是執俎人右畔有鹽，左畔有肝，故云併也。

尸左執爵，右取肝，擩鹽，振祭，嚌之，加于俎。賓降，反俎于西塾，復位。【注】取肝，右手也。加于俎，從其牲體也。以喪不志於味。【疏】釋曰：復位者，謂賓長也尸既振肝訖復西階前眾兄弟之南東面位【注】釋曰云以喪不志於味者決特牲少牢尸嚌肝訖加菹豆以近身此虞禮尸嚌肝訖不加于菹豆而遠加於俎以同牲體者以喪志不在於味故遠身加俎也若然特牲少牢祝不敢與尸同加於菹豆嚌肝訖加于俎與此尸同者祝無不在味之嫌禮窮則同故也

尸卒爵祝受不相爵主人拜尸答拜【注】不相爵喪祭於禮畧相爵者特牲曰送爵皇尸卒爵○祝酌授尸尸以醋主人主人拜受爵尸答拜【注】醋報【音義】醋才各反本亦作酢主人坐祭卒爵拜尸答拜○筵祝南面【注】祝接神尊也筵用萑席【疏】【注】釋曰上文尸用葦席其祝席經記雖不言以尸用在喪故不用萑今祝宜與平常同故用萑也云祝接神尊也者解得先獻之事主人獻祝祝拜坐受爵主人答拜【注】獻祝因反西面位【疏】【注】釋曰云獻祝因反西面位者以少牢云主人受酢時主人拜受爵尸答

拜。主人西面奠爵。特牲云：主人拜受角，尸拜送，主人退。雖不言西面，彼注云：退者，進受爵反位，則西面也。是吉祭時主人西面，故上注云：北面以酳酢，變吉也。今至酳酢及獻祝訖，明因反西面位可知也。

薦菹醢，設俎。祝左執爵，祭薦，奠爵，興，取肺，坐祭，嚌之，興，加于俎，祭酒，嘗之。肝從。祝取肝擩鹽，振祭，嚌之，加于俎，卒爵，拜。主人答拜。祝坐授主人。【注】今文無擩鹽。【疏】釋曰：此直言薦菹醢設俎者，不見薦設之人。案下文云：祝薦席徹入于房。注云：徹薦席者，執事者，則此設者亦執事可知。○

主人酌獻佐食。佐食北面拜，坐受爵。主人答拜。佐食祭酒，卒爵，拜。主人答拜，受爵，出，實于篚，升堂，復位。【注】篚在庭。不復入事已也。亦因取杖，乃東面立。【疏】【注】釋曰：云「篚在庭」者，此雖無文，約同薦車設薦奠之等也。云「不復入事已也。亦因取杖，乃東面立」者，上文哭時主人升堂西序東面，又上文云主人

乾隆四年校刊

荷杖入。今升堂復位，不復入室，以其事已，因得取杖復東面位也。○主婦洗足爵于房中，酌亞獻尸，如主人儀。[注]爵有足，輕者飾也。昏禮曰：「內洗在北堂，直室東隅。」[音義]直，音值。[疏]釋曰：自此盡「入于房」，論主婦獻尸，尸拜受爵，并獻祝及佐食之事。云「如主人儀」者，即上主人酳尸，尸拜受爵，主人北面答拜之等。今主婦亞獻亦然，故云如主人儀也。[注]釋曰：云「爵有足，輕者飾也」者，主婦，主人之婦，爲舅姑齊衰，是輕於主人，故爵有足爲飾也。引昏禮者，證經洗爵于房中，不言設洗處，故與昏禮同也。自反兩籩棗栗，設于會南，棗在西。[注]尚棗，棗美。[疏]釋曰：案特牲，宗婦執兩籩，主婦受，設于敦南。此主婦自反兩籩，不使宗婦者，以喪尚縱縱，反吉，故然。云主人獻，使贊薦菹醢，注云齊斬之服不執事者，彼爲主人獻，故不使主婦薦。此亞獻，已所有事，故自薦可知。尸祭籩，祭酒，如初。賓以燔從，如初。尸祭燔，卒爵，如初。○酳獻祝，籩燔從，獻佐食，皆如初。以虛爵入于房。【注】初。主人儀。【疏】【注】釋曰。此尸祭籩已下。至籩燔從獻佐食。皆與主人獻尸賓長以肝從至佐食祭酒卒爵拜主人答拜受爵出實于篚。並如主人儀。故皆云如初也。○賓長洗繶爵。三獻燔從。如初儀。【注】繶爵。尸足之間有篆。又彌飾。【音義】繶於力反。篆丈轉反。【疏】釋曰。此一節。論賓長終三獻之事。【注】釋曰。云繶爵口足之間有篆又彌飾者。案屨人。繶是屨之牙底之間縫中之飾。則此爵云繶者。亦是爵口足之間有飾可知。云又彌飾。以其主婦有足。已是有飾。今尸足之間又加飾也。○婦人復位。【注】復堂上西面位。事已。尸將出。當哭踊。【注】釋曰。自此盡拜稽顙。論祭訖送尸。及改饌爲陽厭之事。【注】釋曰。云復堂上西面位者。上云主人卽位于門外。如朝夕臨位。婦人及內兄弟服卽位於堂。亦如之。以下更不見別有婦人位。明復位者。還此位可知。又案士喪禮。凡臨位。婦人卽位于堂南上。卽西面位也。云尸將出當哭踊者。以哭送。此喪祭。故踊。特牲吉祭不哭踊。故亦無此復位之事也。祝出戶。西面告利成。主人哭。【注】西面

乾隆四年校刊

告。告主人也。利猶養也。成畢也。言養禮畢也。不言養禮畢於尸間嫌。【音義】養，羊亮反，下同。【疏】【注】釋曰。云西面告告主人也者。以據主人東面。故祝西面對而告之。云不言養禮畢於尸閒嫌者。若言養禮畢。即於尸中間有嫌諷去之。或本間作閑音。以養尸事畢而尸空閑。嫌諷去之。

皆哭。【注】丈夫婦人於主人哭斯哭矣。【疏】【注】釋曰。上云主人哭則主人之外。緦麻以上。在位者皆哭。故鄭總言丈夫婦人於主人哭斯哭矣。

祝入尸謖。【注】祝入而無事。尸則知起矣。不告尸者。無遺尊者之道也。古文謖或為休。【音義】謖，所六反，起也。【疏】【注】釋曰。云祝入而無事尸則知起矣者。雖不告尸無事。尸亦知無事禮畢而起矣。云不告尸者無遺尊者之道也者。謂不告尸以禮畢者。尸尊。若告之。則似發遣尊者。故云不告尸者無遺尊者之道也。

從者奉篚哭如初。【注】初，哭從尸。

祝前。尸出戶。踊如初。降堂。踊如初。出門。亦如之。【注】前。

道也。如初者，出如入，降如升，三者之節悲哀同。【音義】道，音導。下"前道"、"道尸"爲道同。【疏】【注】釋曰：案上文尸入門，丈夫踊，婦人踊。尸及階，祝延尸。尸升，宗人詔踊如初。尸入戶，踊如初。故此鄭云出如入，降如升，三者之節悲哀同。是以如之，得有三者也。○祝反，入徹，設于西北隅，如其設也。几在南，厞用席。【注】故設餕者，不知鬼神之節，改設之，庶幾歆饗，所以爲厭飫也。几在南，變右文。明東面，不南面，漸也。厞，隱也。于厞隱之處，從其幽闇。【音義】厞，扶未反，劉音非，隱也。厭，一豔反。飫，於庶反。【疏】釋曰：祝反入，謂送尸出門而反入。徹神前之餕，改設於西北隅也。云如其設也者，謂設于西北隅次第，一如奧中東面設。【注】釋曰：云几在南，變右文者，上文陰厭時設几席于室中東面右几，今文几在南，明其同。必變文者，案少牢大夫禮陽厭時南面，亦几在右。此言右几，嫌與大夫同南面而右几，故變文云几在南，與前在奧同，故云明東面也。又以特牲云祝筵几于

乾隆四年校刊

室中東面。至於改饌。云佐食徹尸薦俎敦設于西北隅几在南。是與此同也。云不南面漸也者。以特牲東面右几。今虞爲喪祭。不向吉有漸。故設几與吉祭同。云厞隱也于厞隱之處從其幽闇者。謂以席爲障。使之隱。故云厞隱從其幽闇也。

祝薦席徹入于房。祝自執其俎出。【注】徹薦席者。執事者。祝薦席。則初自房來。【疏】注釋曰。云徹薦席者執事者。但祝之薦席。設與徹不言其人。知使執事者。以其主人之事不言官者。皆爲之故也。云祝薦席則初自房來者。以其上文神席在西序下。此祝經記俱不言。今知自房來者。見公食大夫記云。筵出自房。昏禮與士冠席皆亦在于房。故此祝席亦自房來。今還入房可知也。

贊闔牖戶。【注】鬼神尚居幽闇。或者遠人乎。贊。佐食者。【疏】注釋曰。云或者遠人乎者。禮記郊特牲文。此鄭氏之義。非直取鬼神居幽闇。或取遠人之意故也。云贊佐食者。自上以來。行事唯有祝與佐食。以其云祝自執其俎出。故知闔牖戶是佐食也。

○主人降。賓出。【注】宗人詔主人降。賓則出廟門。主人出門，哭止，皆復位。【注】門外未入位。【疏】【注】釋曰：知是門外位者，以經云出門，乃更云皆復位，明門外未入位可知。

宗人告事畢，賓出，主人送，拜稽顙。【注】送拜者，明于大門外也。賓執事者皆去，則徹室中之餽者兄弟也。【疏】【注】釋曰：云送拜者明于大門外也者，以其上文云復位，是賓門外未出大門，此云送拜，是大門外送拜可知。知徹室中之餽者兄弟也者，賓即執事，而云賓出，則室中無執事之人，唯有兄弟，故徹室中之餽者兄弟可知也。

記：虞，沐浴，不櫛。【注】浴者，將祭，自潔清。不櫛，未在於飾也。唯三年之喪不櫛，期以下櫛可也。今文曰沐浴。【音義】櫛，莊乙反。【疏】【注】釋曰：云唯三年之喪不櫛，期以下櫛可也者，經文唯據三年爲主，案下文班祔，而明期以下虞而浴沐櫛可也。

○陳牲于廟門外，北首，西上，寢右。【注】言牲，腊在其中西上變吉寢右者當升左胖也腊用棜檀弓曰既反哭主人與有司視虞牲。疏注釋曰知腊在牲中者士虞唯有一豕而云西上明知兼兔腊得云西上也云西上變吉者案少牢二牲東上是吉祭東上今此西上是變吉也云寢右者當升左胖也者若然特牲腊在東置於棜東首牲在西尚右今虞禮反吉故寢右升左胖知腊用棜者案特牲陳鼎於門外北面北上棜在南南順實獸于其上東首是也引檀弓者證虞時視牲之事。

日中而行事。

注朝葬日中而虞君子舉事必用辰正也再虞三虞皆質明。疏注釋曰云辰正者謂朝夕日中也以朝有葬事故至日中而行虞事也云再虞三虞皆質明者以朝無葬事故皆質明而行虞事是用朝之辰正也

殺于廟門西主人不視豚解。

注主人視牲不視殺凡爲喪事畧也豚解解前後脛脊脅而已熟乃體解升於鼎也今文無廟。疏注釋曰云主人視牲不視

凡爲喪事畧也者案特牲饋食禮宗人告濯具賓出主人出皆復外位鄭云爲視牲也又曰告事畢賓出主人拜送厥明夙興主人服如初立于門外東方南面視側殺然則特牲吉祭故主人視牲又視殺今虞爲喪事故主人視牲不視殺是其畧也凡者衆辭但此經與特牲饋食不同者皆爲喪事畧故云凡以廣之豚解解前後脛脊脅而已熟乃體解升於鼎也者體解下文七體是也

羹飪升左肩臂臑肫骼脊脅離肺膚祭三取諸左膉上肺祭一實于上鼎【注】肉謂之羹飪熟也脊脅正脊正脅也喪祭畧七體耳離肺舉肺也少牢饋食禮曰舉肺一長終肺祭肺三皆刌膉脰肉也古文曰左股上字從肉從殳殳矛之殳聲【音義】飪而甚反臑乃報反肫音純又之春反骼音格膉音益殳音殊矛莫侯反【疏】【注】釋曰肉謂之羹爾雅釋器文飪熟釋言文云脊脅正脊正脅也者案特牲注云不貶正脊不奪正也然則此爲喪祭體數雖畧亦不奪正故知脊

乾隆四年校刊

脅正。脊正。脅也。云喪祭畧七體耳者。案特牲尸俎。右肩臂臑。肫胳。正脊二骨。横脊。長脅二骨。短脅。注云。士之正祭禮九體。貶於大夫。有脡骨二。亦得十一之名。合少牢之體數。此所謂放而不致者。然則此所升唯七體。故云喪祭畧七體耳。云離肺舉肺也者。案特牲注云。離猶𢫬也。小而長午割之。亦不提心。謂之舉肺是也。引少牢饋食禮者。證離肺舉肺之異也。云膉脰肉也者。案少牢云雍人倫膚九。實于一鼎。注云。倫擇也。膚脅革肉。擇之取美者。案下注。今以脰膉貶於純吉。則此用膉爲貶於純吉之事也。云古文曰左股上。此字從肉從殳。殳矛之殳聲者。鄭注儀禮。疊古文從經今文。又就古文解之者。鄭欲兩從故也。但字從肉。義可知。而以殳與股。不是形聲之類。其理未審。

升魚鱄鮒九。實于中鼎。【注】差減之。【音義】鱄。市專反。又市轉反。鮒音附。【疏】【注】釋曰。差減之者。案特牲魚十有五。今爲喪祭畧而用九。故云差減之也。

升腊左胖。髀不升。實于下鼎。【注】腊亦七體。牲之類。【音義】髀。步禮反。又方爾反。【疏】【注】釋曰。云腊亦七體牲之類。若上文升左肩臂臑肫胳脊脅。是牲之七體。今升腊左胖亦然。特牲記云腊如牲骨是也。皆設扃鼏陳之。【注】鼏既陳乃設扃鼏也。今文扃作鉉。古文鼏作密。【疏】【注】釋曰。云鼏既陳乃設扃鼏也者。經云陳三鼎。後言設扃鼏。有鼏故記人辨之。皆先扃鼏後陳之也。載猶進柢。魚進鬐。【注】猶猶士喪既夕。言未可以吉也。柢本也。鬐脊也。今文柢爲胝。古文鬐爲耆。【音義】鬐渠之反。爲胝音帝。【疏】釋曰。鬐柢二者皆變於吉。是以少牢云。下利升豕。其載如羊。皆進下。注云。變於食生也。又曰。腊一純而俎。亦進下。又曰。魚用鮒十有五而俎。縮載。右首進腴。注云。亦變於食生也。是皆於此反矣。是變於吉也。【注】釋曰。云猶士喪既夕言未可以吉也者。云與吉反。則明與生人同。士喪禮小斂云。皆覆進柢。注云。柢本也。進本者。未異於生也。至大斂載魚左首進鬐。腊進柢。鄭注云。亦未異於生也。云葬奠云如初。皆未異於生。故記人以猶之。是以鄉飲酒鄉射記皆云右體進腠是也。祝俎髀脰脊脅離肺陳于階間敦東。【注】不升於鼎賤也。統於敦明神惠

乾隆四年校刊

也。祭以離肺下尸。【音義】下，戶嫁反。【疏】【注】釋曰：云不升於鼎賤也者。祝對上尸俎羹飪升於鼎爲貴者也。云統於敦明神惠也者。案上文饌黍稷二敦於階間西上。是神之黍稷。今陳祝饌于神饌之東。統於神物。明惠由神也。云祭以離肺下尸者。以其尸祭用刌肺。祝不用刌肺。用離肺。故云下尸也。〇淳尸盥，執槃西面，執匜東面，執巾在其北，東面。宗人授巾南面。【注】槃以盛棄水，爲淺汙人也。執巾不授巾，卑也。【音義】淺，劉音箭，一音贊。【疏】釋曰：上經直云淳尸盥，宗人授巾，不云執槃與執匜執巾及宗人授巾等面位。故記人明之。〇主人在室，則宗人升，戶外北面。【注】當詔主人室事。【疏】【注】釋曰：上經唯言宗人告有司具及詔主人踊，皆堂下之事。今主人入室，宗人當升戶外詔主人室中之事，故升堂也。佐食無事，則出戶，負依南面。【注】室中尊，不空立。戶牖之閒謂之依。【音義】依，於豈反，注同。【疏】【注】釋曰：云戶牖之閒謂之依，此爾雅文。謂戶西南而也。○鉶芼用苦若薇有滑夏用葵冬用荁有柶【注】苦苦荼也荁堇類也乾則滑夏秋用生葵冬春用乾荁古文苦爲枯今文或作芐【音義】薇音微荁音丸荼音徒堇音謹枯如字又音姑劉本作枯音先古反芐音戶劉音下【疏】釋曰案公食記三牲具則牛藿羊苦豕薇各用其一若一牲者容兼用其二是以及特牲一豕皆云鉶芼苦薇是科用其一也【注】釋曰知荁堇類者內則云堇荁枌榆同爲滑物故知荁堇類也云乾則滑者以其冬用之故知乾則滑于堇也云夏秋用生葵冬春用乾荁者以其秋與夏同有生葵春初未生者故春約與冬同是以經直云冬明舉夏以兼秋舉冬以兼春也。豆實葵菹菹以西蠃醢籩棗烝栗擇【注】棗烝栗擇則菹刌也棗烝栗擇則豆不楬籩有縢也【音義】蠃力禾反楬苦瞎反劉苦割反或作毼同【疏】【注】釋曰云棗烝栗擇則菹刌也棗烝栗擇則豆不楬籩有縢也者此雖無正文案士喪禮大斂云毼豆兩其實葵菹芋臝醢。兩籩無縢。布巾。其實栗不擇。脯四脡。自大斂後皆云如初。則葬奠四豆。脾析葵菹亦長矣。四籩棗糗栗脯亦不擇也。至此乃云棗烝栗擇。則菹亦切矣。豆籩有飾可知。

○尸入祝從尸。【注】祝在主人前也。嫌如初時主人倚杖入祝從之。初時主人之心尚若親存宜自親之。今既接神祝當詔侑尸也。【疏】【注】釋曰。上經陰厭時。主人先祝入戶。至此迎尸。祝在主人前。先後有異。故記人明之。是以鄭云祝在主人前也。嫌如初時主人倚杖入祝從之也。云今既接神祝當詔侑尸也者。尸神象。是以云既接神祝當詔侑尸。卽上祝命佐食爾敦舉黍稷。及祝酌授尸。及祝出告利成。祝入尸謖之等是也。

尸坐不說屨。【注】侍神不敢燕惰。今文說爲稅。【疏】【注】釋曰。案鄉飲酒燕禮之等。凡坐。降說屨。乃升坐。今尸雖坐不說屨者。爲侍神不敢燕惰故也。

尸謖祝前鄉尸。【注】前道也。祝道尸必先鄉之爲之節。【音義】鄉許亮反。下注同。【疏】釋曰。此記尸謖之時。祝前尸之儀也。[注]釋曰：云必先鄉之爲之節者，言必先面鄉尸者爲之節度也。還出戶，又鄉尸；還過主人，又鄉尸；還降階，又鄉尸。[注]過主人則西階上不言及階，明主人見尸有踧踖之敬。[音義]踧，子六反。踖，子亦反。[疏][注]釋曰：過主人則西階上不言及階明主人見尸有踧踖之敬者，以其經出戶降階及門皆指物而言主人者，欲見階上不言西階而言主人者，欲見主人見尸有踧踖之敬，故改去階名而云主人也。降階，還及門，如出戶。[注]及，至也。言還至門，明其間無節也。降階如升時，將出門如出戶時，皆還向尸也。每將還，必有辟退之容。凡前尸之禮儀在此。[音義]辟，音避。[疏][注]釋曰：言還至門明其間無節也者，以經自階已前皆不言及，從階到門言及者，以其自階到門其中道遠，故特言及以殊之。是以鄭云言還至門明其間無節，謂無還鄉尸之節也。云降階如升時以將出門如出戶時皆還鄉尸也者，經直云及門如出戶，雖不言降階如升時。以將出門如出戶。明降階如升時。故鄭約出門以明降階也。云皆還鄉尸者。欲見經還者皆還鄉尸也。謂鄉尸乃前道也。云每將還必有辟退之容者。辟退卻逡巡謙讓之容貌也。云凡前尸之禮儀在此者。以儀禮一部所云前尸之禮儀在此經爲具悉者。尸出。祝反入門左北面復位。然後宗人詔降。疏釋曰。尸出祝反入門左北面復位者。謂祝既送尸出。反入門復位。復上文祝入門左北面位。故云復位也。云然後宗人詔降者。謂祝復位。宗人乃詔告主人降。以其無事故也。○尸服卒者之上服。注上服者。如特牲士玄端也。不以爵弁服爲上者。祭於君之服。非所以自配鬼神。士之妻則宵衣耳。疏釋曰。上經直見主人服。不見尸服。故記人明之。注釋曰。云上服。對深衣爲下。玄端者。案特牲經筮日云。主人冠玄端。至祭日夙興。主人服如初。是士之正祭服玄端。即是卒者生時所著之祭服。故尸還服之。云不以爵弁服爲上者。祭於君之服。非所以自配鬼神者。案曾子問。孔子曰。尸弁冕而出。卿大夫士皆下之。注云。爲君尸或弁者。先祖或有爲大夫士者。君之先祖爲士。尸服爵弁。不服玄端。若子孫爲諸侯。祖爲士者。尸還服助祭於君之服也。云士之妻則宵衣耳者。以其經直云尸。不辯男女。士虞既男女則尸。明經云尸可以兼男女。故鄭併云士之妻也。案特牲正祭主婦著纚笄宵衣。明女尸亦宵衣可知。

男男尸女女尸。

必使異姓。不使賤者。【注】異姓。婦也。賤者謂庶孫之妾也。尸配尊者。必使適也。【音義】適丁狄反。【疏】釋曰。虞卒哭之祭。男女別尸。故男女別言之也。【注】釋曰。云異姓婦也者。以男無異姓之禮故也。知經云必使異姓者。據與婦爲尸者也。不使同姓孫與婦爲尸者。尸須得孫列者。孫與祖爲尸。孫婦還與夫之祖姑爲尸。故不得使同姓女爲尸也。云賤者謂庶孫之妾也。尸配尊者必使適也者。男尸先使適孫。無適孫。乃使庶孫。女尸先使適孫妻。無適孫妻。使適孫妾。又無妾。乃使庶孫妻。即不得使庶孫妾。以庶孫之妾是賤之極者。若然。庶孫妻亦容用之。而鄭云必使適也者。據經不使賤。有適孫妻。則先用適而言。其實容用庶孫妻法也。必知容用庶孫者。以曾子問。孔子曰。祭成喪者必有尸。尸必以孫。孫幼。使人抱之。無孫則取於同姓可也。彼不言適。是容無適而用庶。此經男女別尸。據虞祭而言。至卒哭已後。自禫以前。喪中之祭。皆男女別尸。知者。案司几筵云。每敦一几。鄭注云。雖合葬。及同時在殯。皆異几。體實不同。祭於廟。同几。精氣合。少牢吉祭云。某妃配。是男女共尸。篇末云。是月也。吉祭猶未配。注云。是月是禫月也。當四時之祭月則祭。猶未以某妃配某氏。哀未忘也。則引少牢吉祭妃配之事爲證。明禫月不當四時祭月。則不云某妃配。配則共尸可知。

○無尸。則禮及薦饌皆如初。【注】無尸。謂無孫列可使者也。殤亦是也。禮謂衣服即位升降。【疏】釋曰。自此盡詔降如初。論喪祭無尸之事。【注】釋曰。云無尸謂無孫列可使者。知謂無孫列者。禮記云。無孫則取同姓之適。則大夫士祭先取孫。無孫取同姓之適。是有孫列可使。如無孫復無同姓之適。是無孫列可使者也。云殤亦是也者。禮記曾子問云。祭成喪者必有尸。明殤死無尸可知。曾子問又云。宗子直有陰厭。庶殤直有陽厭。是無尸也。云禮謂衣服即位升降者。雖無尸。主人亦如上所服。即位於西序。及升降。與有尸相似。

既饗。祭

于苴。祝祝卒。注 記異者之節。疏 注 釋曰：云記異者，謂記無尸者，異於有尸。何者？有尸，祝釋孝子辭。釋辭訖，爲祝祝卒。別有迎尸已後之事。今無尸者，祝祝卒，饗神訖，無迎尸已後之事。故下文云不綏祭之等，是記異者之節也。

不綏祭，無泰羹湆、胾，從獻。注 不綏言獻，記終始也。事尸之禮，始於綏祭，終於從獻。綏當爲隋。音義 不綏，依注音隋，許志反。疏 釋曰：此四事皆爲尸，是以上文有尸者，云迎尸而入，祝命佐食綏祭；有泰羹湆自門入，設于鉶南；胾四豆，設于左。又尸食之後，主人初獻，賓長以肝從；主婦亞獻，賓長以燔從。蒙無字解之，亦如之。無尸闕此四事。自羹已下三事，皆從獻後也。注 釋曰：云不綏言獻，記終始也者，以經無尸具陳四事。凡祭禮以獻爲終，舉終以見始，亦得爲義。今不但言獻，記其終始，具言四事者，欲明始於綏祭，終於從獻，故鄭即云事尸之禮始於綏祭，終於從獻者，故具言之。云綏當爲隋者，周禮守祧職云：既祭藏其隋。隋字爲正，取減爲義。

主人哭，出復位。注 於祝祝卒。疏 注 釋曰：謂祝祝卒，無尸可迎，既無上

乾隆四年校刊

四事。主人遂即哭出復戶外東面位也。祝闔牖戶降復位于門西。注門西北面位也。疏注釋曰。鄭此及下注皆云復位者門西北面位者。據上文尸出祝反入門左北面復位也。男女拾踊三。注拾更也。三更踊。音義拾其業反。注下同。更音庚。疏注釋曰。凡言更踊者。主人踊。主婦踊。賓乃踊。三者三爲拾也。如食間。注隱之如尸一食九飯之頃也。疏注釋曰。隱之者。謂闔牖戶也。九飯之頃。時節也。祝升止哭聲三。啓戶。注聲者噫歆也。將啓戶。警覺神也。今文啓爲開。疏注釋曰。云聲者噫歆也者。若曲禮云。將上堂。聲必揚。故云將啓戶警覺神也。主人入。注親之。疏注釋曰。云親之者。啓牖鄉是親之事。主人無事而入者。是主人親至神所。恭敬之事也。祝從。啓牖鄉如初。注牖先闔後啓。扇在内也。鄉牖一名也。如初者。主人入。祝從在左。音義鄉許亮反。疏注釋曰。云牖先闔後啓扇在内也者見上文闔牖戶。闔牖先言。此經上云主人入祝從乃言啓牖。是戶先開乃啓牖。故須解之扇在內也。云鄉牖一名也者。案詩云塞鄉墐戶。注云鄉北出牖也。與此注不同者。語異義同。北牖名鄉。鄉亦是牖。故云牖一名也。云如初者。主人入祝從入在左者。鄭以經如初之文在牖鄉之下。恐人以爲啓牖鄉如初。上既無啓牖鄉之事。明據主人與祝位如初也。

主人哭出復位。**注**堂上位也。**疏**注釋曰。案下文云宗人詔降如初。注云詔主人降之乃降堂。明此復位者復堂上東面位也。

卒徹。祝佐食降復位。**注**祝復門西北面位。佐食復西方位。不復設西北隅者。重閉牖戶褻也。［音義］不復設扶又反下皆復　又復同重閉直用反**疏**注釋曰。鄭知祝與佐食位如此者。見上經云。主人即位于堂。眾主人及兄弟賓即位于西方。佐食即賓也。故知佐食言復位。復西方可知。知祝復位復門西北面位者。上經祝入門左北面。注。不與執事同位。接神尊也。明此祝復位。復門西北面位可知。云不復設西北隅者重閉牖戶褻也者。上經有尸者。有陰厭。有陽厭。無闔牖戶之事。今無尸者陰厭時闔牖戶。今更設餕於西北隅。復更闔牖戶爲褻

乾隆四年校刊

瀆，故不為也。宗人詔降如初。【注】初，贊闔牖戶，宗人詔主人降之。【疏】【注】釋曰：此降，謂禮畢降堂也。上經云：贊闔牖戶，主人降，賓出。注云：宗人詔主人降，彼謂降堂，故鄭知此云如初，亦如上經詔降也。○始虞用柔日。【注】葬之日，日中虞，欲安之。柔日，陰，取其靜。【疏】釋曰：自此下盡哀薦成事，論初虞、二虞、三虞、卒哭、明三者之祭饗神辭，及用日不同之事。【注】釋曰：云葬之日，日中者，上文云日中行事是也。葬用丁亥，是柔日葬，始虞用日中，故云始虞用柔日也。曰：哀子某，哀顯相，夙興夜處不寧。【注】曰，辭也。祝祝之辭也。喪祭稱哀。顯相，助祭者也。顯，明也；相，助也。詩云：於穆清廟，肅雍顯相。不寧，悲思不安。【音義】相，息亮反。思，息似反。敢用絜牲剛鬣。【注】敢，昧冒之辭。豕曰剛鬣。【音義】昧，亡比反。冒，亡報反。【疏】【注】釋曰：敢，昧冒之辭者，凡言敢者，皆是以卑觸尊不自明之意，故云昧冒之辭。云豕曰剛鬣者，下曲禮文香合。【注】黍也。大夫士於黍稷之號，合言普淖而已。此言香合，蓋記者誤爾。辭次黍，又不得在薦上。【音義】香，本又作薌，音同。黍曰薌合。【疏】【注】釋曰：案下《曲禮》云「黍曰香合，粱曰香萁，稷曰明粢」是也。云「大夫士於黍稷之號，合言普淖而已」，此言香合，蓋記者誤耳者，《曲禮》所云黍稷別號者，是人君法。《特牲》《少牢》黍稷合言普淖，此別號黍為香合，下號稷為普淖，故知記誤也。云「辭次黍，又不得在薦上」者，依設薦法，先設菹醢，次設俎，後設黍稷，今黍在嘉薦之上，此亦記者之誤，故鄭非之也。若然，俎在後，今絜牲在黍上者，祭以牲為主，故先言，非設時在前也。

嘉薦普淖。【注】嘉薦，菹醢也。普淖，黍稷也。普，大也。淖，和也。德能大和，乃有黍稷，故以為號云。【音義】淖，女孝反，劉徒較反。【疏】【注】釋曰：言「故以為號云」者，鄭以意解之，無正文，故言云以疑之。

明齊溲酒。【注】明齊，新水也。言以新水溲釀此酒也。《郊特牲》曰：「明水涗齊，貴新也。」

乾隆四年校刊

或曰當爲明視謂兔腊也。今文曰明粢。粢，稷也。皆非其次。今文溲爲醙。【音義】齊，才計反，注同。溲，所求反，醙同。【疏】【注】釋曰：云「言以新水溲釀此酒也」者，鄭以溲，水邊爲之，與縮字義異，謂新水漬麴乃溲釀此酒。又引郊特牲「明水涚齊，貴新也」者，彼注云：「涚猶清也。五齊濁，泲之使清，謂之涚齊。」及取明水皆貴新也。據彼注，明水則周禮司烜氏所取月中之水，與此明齊新水別。鄭引之者，彼此雖異，引之直取新義同，故引爲證，非謂爲一物也。云「或曰當爲明視，謂兔腊也」者，士祭有兔腊，是故或有人作如此說。云「今文曰明粢，粢，稷也，皆非其次」者，若以明齊當爲明視作兔腊解者，應在上與牲爲次，何因退在下？今文又爲稷解者，上已云普淖兼黍稷，何用又見稷也？故知二者皆非其次也。若然，特牲、少牢無腊號，以小物略之。哀薦祫事，【注】始虞謂之祫事者，主欲其祫先祖也。以與先祖合爲安。今文曰合事。【音義】祫音洽。【疏】【注】釋曰：「始虞謂之祫事者，主欲其祫先祖也」者，案公羊傳文二年云：「大祫者何？合祭也。合先君之主於大廟，毀此鄭亦以祫爲合而言。但三虞卒哭後乃有祔祭，始合先祖，今始虞而已言祫者，鄭云以與先祖合爲安，故下文云適爾皇祖某甫，是於虞預言祫之意也。

適爾皇祖某甫。【注】爾，女也。女死者告之以適皇祖，所以安之也。皇，君也。某甫，皇祖字也。若言尼甫。【音義】女音汝。饗。【注】勸彊之也。再虞皆如初，曰哀薦虞事。【注】丁日葬，則己日再虞。其祝辭異者，一言耳。【疏】【注】釋曰：己日再虞者，以其後虞用剛日，初虞再虞皆用柔日。始虞用丁日，隔戊日，故知再虞用己日。云祝辭異者一言耳者，一言或有一句爲一言，若論語云一言以蔽之，曰思無邪，是也。今此一言，則一字爲一言，謂數一虞云祫，再虞云虞，三虞云成，是也。

三虞卒哭他用剛日，亦如初，曰哀薦成事。【注】當祔於祖廟，爲神安於此。後虞改用剛日，剛日陽也。陽取其動也。士則庚日三虞，壬日卒哭。其祝辭異者亦一言耳。他，謂不及時而葬者。喪服小記曰：報葬者報虞，三月而後卒哭。然則虞、卒哭之閒有祭事者亦用剛日。其祭無名，謂之他者，假設言之。文不在卒哭上者，以其非常也。令正者，自相亞也。檀弓曰：葬日中而虞，弗忍一日離也。是日也，以虞易奠。卒哭曰成事。是日也，以吉祭易喪祭。明日祔於祖父。如是虞爲喪祭，卒哭爲吉祭。今文他爲它。【音義】報，禮記音芳付反，下同。令，力呈反。離，力智反。【疏】注釋曰：鄭云當祔於祖廟爲神安於此者，即解初虞再虞稱祫稱虞之意。今三虞改用剛日，將祔於祖，取其動義故也。云士則庚日三虞，壬日卒哭者，以其己日爲再虞，後改用剛日，故次取庚日爲三虞也。卒哭亦用剛日，故庚日後隔辛日，取壬日爲卒哭。云祝辭異者亦一言耳者，改虞爲成，是一言。注云他謂不及時而葬者，謂有故及家貧不反三月。內三日殯月。仰葬於國北。引喪服小記者。彼鄭注云。報讀爲赴疾之赴。謂不待三月。葬因殯日。虞所以安神。以送形而往。迎魂而反。而須安之。故疾虞。三月而後卒哭者。謂卒去無時之哭。鄭云。卒哭待哀殺。故至三月。待尋常葬後乃爲卒哭祭也。云然則虞卒哭之閒有祭事者亦用剛日者。以虞卒哭已是剛日。他祭在後。故亦用剛日也。云其祭無名。謂之他者。謂虞卒哭祔祥皆有名。此則無名。故謂之他也。云文不在卒哭上者。此他祭在卒哭上。今退在卒哭下者。以其非常祭故也。引檀弓者。證卒哭辭稱成事之義。但卒哭爲吉祭者。喪中自相對。若據二十八月後吉祭而言。禫祭已前。總爲喪祭也。若然。此經云三虞與卒哭哀薦成事明文。而鄭注檀弓云卒哭而祭。其辭蓋曰哀薦成事。言蓋疑之者。以鄭君以前有人解云三虞與卒哭同爲一事解之者。鄭故疑卒哭之辭而云蓋也。是以襍記云。上大夫之虞也少牢。卒哭成事。祔皆太牢。鄭注云。卒哭成事祔言皆。則卒哭成事祔與虞異矣。是微破前人三虞與卒哭同解者也。○

獻畢。未徹。乃餞。

注　卒哭之祭。既三獻也。餞送行者之酒。詩云。出宿于泲。飲餞于禰。

尸旦將餞祔于皇祖是以餞送之古文餞爲踐【疏】釋曰自此盡不脫帶論卒哭之祭未徹餞尸於寢門外之事【注】釋曰鄭云卒哭之祭者案經文直云獻畢未徹乃餞不言卒哭鄭知是卒哭之祭者以其三虞無餞尸之事明旦祔於祖入廟乃有餞尸之禮故鄭據卒哭下言若然三虞不餞尸者以其三虞與卒哭同在寢祔則在廟以明旦當入廟以其易處鄉尊所故特有餞送尸之禮也引詩者彼生人餞行人之禮爲行始此祭祀餞尸之禮亦鄉祖廟爲行始事雖異餞送飲酒是同故引爲證也知旦將始祔祔於皇祖者下云明日以其班祔鄭云卒哭之明日也是明日之旦也

尊兩甒于廟門外之右少南水尊在酒西勺北枋【注】少南將有事於北有玄酒即吉也此在西尚凶也言水者喪質無鄏不久陳古文甒爲廡也【疏】【注】釋曰云少南將有事於北者正謂下文云尸出門右南面已下是也云有玄酒即吉也者以其虞祭用醴酒無玄酒至卒哭云如初則與虞祭同今至餞尸用玄酒酒則尋常祭

祀之酒非禮故云卽吉也云此在西尚凶也者以其吉祭祭尊在房戶之閒至於虞祭尊在室是凶今卒哭餞尸尊在門西不在門東是尚凶故變於吉也

洗在尊東南水在洗東篚在西注在門之左又少南饌籩豆脯四脡注酒宜脯也古文脡爲挺有乾肉折俎二尹縮祭半尹在西塾注乾肉牲體之脯也如今涼州烏翅矣折以爲俎實優尸也尹正也雖其折之必使正縮從也古文縮爲蹙音義脡徒項反又他頂反翅申豉反疏注釋曰云涼州烏翅者經云乾肉折俎則漢時乾脯似之故鄭以今曉古也

尸出執几從席從注祝入亦告利成入前尸尸乃出几席素几葦席也以几席從執事也音義從子容反疏注釋曰云祝入亦告利成入前尸尸乃出者雖餞行飲酒尸將起之時祝亦如虞祭告云利成尸乃興以前尸也知几席素几葦席也者

上經初虞云素几葦席在西序。至及再虞三虞及卒哭皆如初。不見更設几席之文。明同初虞用素几葦席。今卒哭祭末餞尸於門外。明是卒哭之几席。故知是素几葦席也。尸出門右南面。注 俟設席也。疏 注釋曰。知俟設席者。尸在門右南面。在坐北立。下即云席設之事。明俟設席也。席設于尊西北。東面。几在南。賓出復位。注 將入臨之位。士喪禮賓繼兄弟北上。門東北面西上。門西北面東上。西方東面北上。主人出即位于門東少南。婦人出即位于主人之北。皆西面哭不止。注 婦人出者。重餞尸。疏 注釋曰。婦人有事。自堂及房而已。今出寢門之外。故云重餞尸也。尸即席坐。唯主人不哭。洗廢爵。酌獻尸。尸拜受。主人拜送。哭復位。薦脯醢。設俎于薦東。胊在南。注 胊。脯及乾肉之屈也。屈者在南。變於吉。音義胸其俱反。疏釋曰。云主人拜送者。案上祭云主人答拜。特牲亦云拜送。則拜時吉凶同也。注釋曰。云屈者在南變於吉者。案曲禮云。以脯脩置者左朐右末。鄭云屈中曰朐。則吉時屈者在左。今尸東面而云朐在南。則是凶禮。屈者在右。末頭在左。故云變於吉也。尸左執爵。取脯擩醢。祭之。佐食授嚌。注授乾肉之祭。尸受。振祭。嚌。反之。祭酒。卒爵。奠於南方。注反之。反於佐食。佐食反之於俎。尸奠爵。禮有終。疏釋曰。鄭知反之反於佐食者。經云佐食授嚌。尸受振祭嚌。嚌訖而云反之。明反於佐食。佐食乃反於俎可知也。云尸奠爵禮有終者。上經云三獻尸皆有酢。今餞尸三獻皆不酢而奠之。是爲禮有終。謂若主人拜送賓不答拜。亦是禮有終也。主人及兄弟踊。婦人亦如之。主婦洗足爵。亞獻如主人儀。無從。踊如初。賓長洗繶爵。三獻如亞獻。踊如初。佐食取俎。實于篚。尸謖。從者奉篚。哭從之。祝前。哭者皆從，及大門內，踊如初。注 男女從尸，男由左，女由右。及，至也。從尸不出大門者，由廟門外無事尸之禮也。古文謖作休。疏 注釋曰：鄭知男女從尸，男由左，女由右者，約上文男子在南，婦人在北。南爲左，北爲右。因從此位便，故知男子由左，婦人由右也。云從尸不出大門者，由廟門外無事尸之禮也者，在廟以廟爲限，在寢門外以大門爲限。正祭在廟，廟門外無事尸之禮，今餞尸在寢門外，則大門外無事尸之禮。故鄭舉正祭況之。從尸不出大門外，取正祭比之，故注云由廟門外無事尸之禮也。

尸出門，哭者止。注 以餞於外，大門猶廟門。疏 注釋曰：鄭意所以尸出大門哭者便止者，正以餞於寢門以大門爲限，似事尸在廟門爲限，故知鄭云大門猶廟門也。

賓出，主人送，拜稽顙。注 送賓拜於大門外。疏 注釋曰：上從尸不出大門者，有事尸限，故不出大門送之。送賓於大門外，自是常禮，故云送賓拜于大門外。但禮有終，賓無答拜之禮也。

主婦亦拜賓。注 女賓

也不言出不言送拜之於闈門之內闈門如今東西掖門【疏】【注】釋曰上主人送男賓故知此主婦拜女賓也云不言出送拜之於闈門之內者決上文男主拜男賓言出送此明主婦送女賓于闈門之內以其婦人送迎不出門見兄弟不踰閾故也云闈門如今東西掖門者案爾雅釋宮云宮中之門謂之闈則闈門在宮內漢時宮中掖門在東西若人左右掖故舉以爲況也

丈夫說經帶于廟門外【注】既卒哭當變麻受之以葛也夕日則服葛者爲祔期今文說爲稅【疏】【注】釋曰云既卒哭當變麻受之以葛也者喪服鄭注云大夫以上虞而受服士卒哭而受服士亦約此文而言也云夕日則服葛者爲祔期者今日爲卒哭祭明旦爲祔前日之夕爲祔祭之期變麻服葛是變重從輕明旦亦得變不要夕期之時變之夕時言變麻服葛者鄭云爲祔期是因祔期即變之使賓知變節故也

入徹主人不與【注】入徹者兄弟大功以下言主人不與則知丈夫婦人在其中

乾隆四年校刊　儀禮注疏卷十四　士虞禮記

古文與爲豫。【音義】與音預。【疏】【注】釋曰：鄭知入徹是大功以下者，見曾子問云士祭不足，則取於兄弟大功以下者。經云入徹主人不與，明取大功小功緦麻之等入徹也。云言主人不與，則知丈夫婦人在其中者，上文直言丈夫說絰，不辨親疏，下文婦人脫首絰，不辨齊斬婦人。此云入徹，據大功以下，則此文入徹主人不與之中，丈夫婦人兼有可知。以其平常祭時，諸宰君婦廢徹不遲，則凶祭丈夫婦人亦在，但齊斬不與徹耳。

婦人說首絰，不說帶。【注】不說帶，齊斬婦人帶不說也。婦人少變而重帶，帶下體之上也。大功小功者葛帶，時亦不說者，未可以輕文變於主婦之質，至祔葛帶以即位。檀弓曰：婦人不葛帶。【疏】【注】釋曰：知齊斬婦人帶不說也者，案喪服小記云齊衰帶惡笄以終喪，鄭云有除無變，舉齊衰則斬衰帶不變可知，齊斬帶不變，則大功以下變可知。云婦人少變者，以其男子既葬，首絰腰帶俱變，男子陽多變，婦人既葬，直變首絰，不變帶，故云少變也。云而重帶帶下體之上也者。對男子陽重首。首在上體。婦人陰重要。要是下體。以重下體。故帶不變也。云大功小功者葛帶者。案大功章云。布衰裳牡麻絰纓布帶三月受以小功衰。即葛九月者。又案小功章云。布衰裳澡麻帶絰五月者。二者章內。皆男女俱陳。明大功小功婦人皆葛帶可知。云時亦不說者。未可以輕文變於主婦之質者。變是文。不變是質。不可以大功以下輕服之文。變主婦重服之質。故經直見主婦。下不見大功已下也。云至祔葛帶以即位者。此鄭解大功以下。雖夕時未變麻服葛。至祔日亦當葛帶即位也。知大功以下夕時未變麻服葛者。以其與主婦同在廟門外。主婦不變。大功以下亦不變。若然。夕時不變。夕後入室可以變。故至祔旦以葛帶即位也。引檀弓者。亦證齊衰婦人不葛帶之事。

無尸則不餞。猶出几席。設如初。拾踊三。〔注〕以餞尸者本爲送神也。丈夫婦人亦從几席而出。古文席爲筵。〔疏〕釋曰。自此至賓出。論卒哭祭無尸可餞之事。〔注〕釋曰。云几席設如初者。雖無尸。送神不異。故云如初。故鄭云餞尸者本爲送神也。云丈夫婦人亦從几席而出者。以其云出几席設如初。即云

乾隆四年校刊

於路三。明在門外有尸行禮之處。即知丈夫婦人從几席出可知。言亦者。亦餞尸之時也。哭止。告事畢。賓出。○死三日而殯。三月而葬。遂卒哭。注 謂士也。雜記曰。大夫三月而葬。五月而卒哭。諸侯五月而葬。七月而卒哭。此記更從死起。異人之閒。其義或殊。疏 釋曰。自此盡他辭一也。論記人所記其義或殊事。以更有此文也。云遂卒哭不言三虞者。是記人略言之。注 釋曰。注云謂士也者。以其此篇是士虞。故知三日三月據士而說。引雜記者。是大夫已上與士異者。以其王制大夫士同有三日而殯。三月而葬之文。雜記云大夫亦同三月而葬。卒哭則士云三月。大夫五月。卒哭之月不同者。曲禮云生與來日。死與往日。鄭云與猶數也。生數來日。謂成服杖。以死來日數也。死數往日。謂殯斂。以死日數也。大夫以上皆以來日數。若然。士云三日殯三月葬。皆通死日死月數。大夫以上殯葬皆殊死日死月數。是以士之卒哭得葬之三月內。大夫三月葬。除死月。通死月則四月。大夫有五虞。卒哭在五月。諸侯以上。以義可知。云此記更從死起異人之間，其義或殊者，上已論虞卒哭，此記更從始死記之，明非上記人，是異人之間，其辭或殊，更見記之事，其實義亦不異前記也。

將旦而祔，則薦。【注】薦謂卒哭之祭。【疏】釋曰：云「將旦而祔則薦」者，記人見卒哭之祭爲祔而設，故連文云將旦而祔，則爲此卒哭而祭也。

卒辭曰：「哀子某，來日某，隮祔爾于爾皇祖某甫。尚饗。」【注】卒辭，卒哭之祝辭。隮，升也。尚，庶幾也。不稱饌，明主爲告祔也。今文隮爲齊。【音義】隮，子兮反。【疏】【注】釋曰：云「卒辭，卒哭之祝辭」者，謂迎尸之前，祝釋孝子辭云爾。云「不稱饌，明主爲告祔也」者，但卒哭之祭實有牲饌，而不稱者，以其卒哭祭主爲告神將祔於祖而設牲饌，故不言也。

女子，曰：「皇祖妣某氏。」【注】女孫祔於祖母。【疏】【注】釋曰：此女子謂女未嫁而死，或出而歸，或未廟見而死，歸葬女氏之家，既葬，祔于祖母也。

婦，曰：「孫婦于皇祖姑某氏。」【注】不言爾，曰孫婦，差疏也。【音義】差，初賣反。【疏】【注】釋曰：此對上文孫祔于祖，而云祔于爾皇祖某甫。此則不曰爾而變曰孫婦。婦差疏，故不云爾也。若然，上女子亦不云爾者，文承孫下，云爾可知。直言其皇祖妣，異者耳。

其他辭一也。【注】來日某隮祔尚饗。【疏】【注】釋曰：他辭一者，正謂來日某隮祔尚饗，女子及孫婦皆有辭，故云其他辭一也。其祔女子云：來日某隮祔爾于爾皇祖妣某氏，尚饗。其孫婦云：來日某隮祔孫婦於皇祖姑某氏，尚饗。

饗辭曰：哀子某圭爲而哀薦之饗。【注】饗辭，勸彊尸之辭也。圭，絜也。詩曰：吉圭爲饎。凡吉祭饗尸曰孝子。【疏】【注】釋曰：饗辭勸彊尸之辭也者，案特牲禮，迎尸入室，尸即席坐，主人拜妥尸，尸答拜，執奠，祝饗。鄭云：勸彊之也。其辭引此士虞記，則空云孝孫某圭爲孝薦之饗。當此辭爲之。凡吉祭饗尸曰孝子者，此一辭說三虞卒哭勸尸辭。若祔及練祥吉祭，其辭亦用此，但改哀爲孝耳。故鄭云凡以該之也。

明日，以其班祔。【注】卒哭之明日也。班，次也。喪服小記曰：祔必以其昭穆，亡則中一以上。凡祔已復于寢，如既祫，主反其廟。練而後遷廟。古文班或爲辨。辨氏姓或然。今文爲胖。

【疏】【注】釋曰：引喪服小記者，彼解中。中猶間也。一以上祖又祖。孫祔祖爲正。若無祖，則祔于高祖。以其祔必以昭穆。孫與祖同昭穆，故間一以上取昭穆相當者。若婦，則祔于夫之所祔之妃，無，亦間一以上。若妾祔，亦祔于夫之所祔之妾，無，則易牲祔女君也。云凡祔已復于寢，如既祫主反其廟者，案文二年公羊傳云：大事者何？大祫也。大祫者何？合祭也。毀廟之主陳于太祖，未毀廟之主皆升合食于太祖。又案曾子問云：天子諸侯既祫祭，主各反其廟。今祔于廟，祔已復于寢。若大夫士無木主，以幣主其神。天子諸侯有木主者，以主祔，祭訖，主反于寢，如祫祭訖主反廟相似，故引爲證也。云練而後遷廟者，案文二年經云：丁丑，作僖公主。穀梁傳云：作僖公主，譏其後也。作主壞廟有時日，於練焉壞廟。壞廟之道，易檐可也，改塗可也。是練而遷廟。引之者，證練乃遷廟。祔遷於寢，案左氏僖公三十三年傳云：凡君薨，卒哭而祔，祔而作主，特祀於主，烝嘗禘於廟。服注云：特祀于主，謂在寢。烝嘗禘於廟者，三年喪畢，遭烝嘗，則行祭皆於廟焉。

遷烝嘗乃於廟，則自三年以前，未得遷于廟而禘祭。此賈服之義，不與鄭同。案春官鬯人職云「廟用卣」，鄭注云「廟用卣者，謂始禘時，自饋食始」。以此言之，鄭義若於三年後四時常祭，在廟用彝盛鬯，必用卣，卣，中尊，謂獻象等以盛鬯酒。故鄭取穀梁練而遷廟，特祀新死者於廟，故用卣也。若然，雖祔祭與練祭，祭在廟，祭訖主反於寢。其大祥與禫祭，其主自然在寢祭之。案下文禫月逢四時吉祭之月，即得在廟祭，但未配而已。又玄鳥詩鄭注云：「君喪三年既畢，禘於其廟，而後祫祭于大祖。明年春禘于羣廟。」若如此言，則三年喪畢，更有特禘者。鄭意除練時特禘，三年喪畢，更有此特禘之禮也。

沐浴櫛搔翦。注 彌自飾也。搔當音爪。今文曰沐浴搔翦，或爲蚤揃，揃或爲鬋。音義 搔，依注作爪。翦，子淺反。疏 注釋曰：云「彌自飾也」者，上文虞沐浴不櫛，注云「自潔清，不櫛，未在於飾」。鄭雖言未在於飾，沐浴已少飾，今祔時櫛，是彌自飾也。

用專膚爲折俎，取諸脰膉。注 專猶厚也。折俎，謂主婦以下俎也。體盡人多，折骨以爲之。今以脰膉。臭。於純吉。今文字爲肵俎。而說以爲折俎。亦甚誣矣。古文脰膉爲頭嗌也。【音義】膉。音益。

是主婦以下俎者。特牲記云。主婦俎穀折。佐食俎穀折。少牢云。主婦俎臑折。是也。【疏】【注】釋曰。云折俎謂主婦以下俎者。鄭知俎

其他如饋食。【注】如特牲饋食之事。或云。以左胖虞。右胖祔。今此如饋食。則尸俎肵俎皆有肩臂。豈復用虞臂乎。其不然明矣。

【疏】【注】釋曰。云如特牲饋食之事者。知不如士虞饋食禮者。虞不致爵。則夫婦無俎矣。上文有俎。則祔時夫婦致爵。以祔時變麻服葛。其辭稱孝。夫婦致爵與特牲同。故云如特牲饋食之事也。或云以左胖虞右胖祔者。當鄭君時有人解者云。虞祭與祔祭共用一牲。各用一胖。以左胖爲虞祭。右胖爲祔祭。不是。故鄭破之云。今此經云如饋食。謂如特牲饋食之禮。尸俎用右胖解之。主人俎左臂。左胖之臂以爲虞祭。主人豈得復取虞時左胖之臂而用之乎。明不然矣。

用嗣尸。【注】虞祔尚質。未暇筮尸。【疏】釋曰。言用嗣尸。

乾隆四年校刊

則從虞以至祔祭。唯用一尸而已。【注】釋曰。云虞祔尚質未暇筮尸者。以其哀未殺。故云尚質未暇筮尸。若然。練祥則筮尸矣。故喪服小記云。練筮日筮尸。大祥筮尸可知。是以鄭上文注云。餞尸旦將始祔于皇祖。是用一尸也。

曰孝子某孝顯相夙興夜處小心畏忌不惰其身不寧。【注】稱孝者吉祭。【疏】【注】釋曰。對虞時稱哀薦檀弓虞爲喪祭。卒哭爲吉祭。卒哭既爲吉祭。祔在卒哭後。亦是吉祭。故鄭以吉祭言之也。

用尹祭。【注】尹祭脯也。大夫士祭無云脯者。今不言牲號而云尹祭。亦記者誤矣。【疏】【注】釋曰。鄭知尹祭是脯者。下曲禮云脯曰尹祭。故知也。但曲禮所云是天子諸侯禮用脯號。案特牲少牢無云用脯者。故云大夫士祭無云脯者。唯上餞尸有脯。此非餞尸。故不言牲號而云尹祭。亦記者誤也。以其上文初虞云敢用絜牲剛鬣。今不言牲號。而云尹祭。是記人誤。云亦者。亦上文香合也。

嘉薦普淖普薦溲酒。【注】普薦鉶羹。不稱牲。記其異者。今文溲爲醙。【疏】【注】釋曰。知普薦是鉶羹者。案上文虞禮及特牲皆云。祝酌奠于鉶南。則鉶在酒前而設。此亦普薦在酒上。故知也。但虞禮一鉶。此云饋食。則與特牲同二鉶。故云普薦也。云不稱牲記其異者。對與初虞之等稱牲。但記其異。雖不說牲之號。有號可知也。若然。云記其異者。以嘉薦普淖溲酒與前不異。記之。以其普薦與前異。將言設薦在普淖後。溲酒前。故并言其次矣。

適爾皇祖某甫。以隮祔爾孫某甫。尚饗。注 欲其祔合。兩告之。曾子問曰。天子崩。國君薨。則祝取羣廟之主而藏諸祖廟。禮也。卒哭成事而後主各反其廟。然則士之皇祖。於卒哭亦反其廟。無主則反廟之禮未聞。以其幣告之乎。疏 注 釋曰。云欲其祔合兩告之者。欲使死者祔於皇祖。又使皇祖與死者合食。故須兩告之。是以告死者曰適爾皇祖某甫。謂皇祖曰隮祔爾孫某甫。二者俱饗。是其兩告也。引曾子問者。案彼鄭注云。象有凶事者聚也。云卒哭成事而後主各反其廟者。至祔須得祖之木主。以孫祔祭故也。天子諸侯有木主可言聚與反廟之事大夫無木主祭而反之故云無主則反廟之禮未聞云以其幣告之乎者曾子問無遷主將行以幣帛爲主命此大夫士或用幣以依神而告使聚之無正文故云乎以疑之○朞而小祥【注】小祥祭名祥吉也檀弓曰歸祥肉古文朞皆作基【疏】釋曰自祔以後至十三月小祥故云朞而小祥【注】釋曰引檀弓者彼謂顏回之喪饋祥肉於孔子而言彼云饋此云歸者饋即歸也故變文言之引之者證小祥是祭故有肉也曰薦此常事【注】祝辭之異者言常者朞而祭禮也古文常爲祥【疏】【注】釋曰祝辭之異者謂小祥辭與虞祔之辭有異異者以虞祔之祭非常一朞天氣變易孝子思之而祭是其常事故祝辭異也云朞而祭禮也者喪服小記文案彼云期而祭禮也期而除喪道也祭不爲除喪也注云此謂練祭也禮正月有親親亾至今而期期則安祭期天道一變哀惻之情益衰衰則宜除不相爲也是以謂小祥祭謂常事也又朞而大祥曰薦此祥事【注】又復也【疏】【注】釋曰此謂二十五月大

祥祭。故云復朞也。變言祥事，亦是常事也。中月而禫。【注】中，猶間也。禫，祭名也。與大祥間一月。自喪至中凡二十七月。禫之言澹澹然，平安意也。古文禫或爲導。【音義】禫，大感反。閒，閒側之閒，下同。【疏】注釋曰：知與大祥間一月者，二十七月禫，後月樂，二十八月復平常，正作樂也。云禫之言澹澹然平安意也者，禫月得無所不佩，又於禫月將鄉吉祭，又得樂懸，故云平安意也。但至後月乃是即吉之正也。是月也，吉祭，猶未配。【注】是月，是禫月也。當四時之祭月則祭，猶未以某妃配某氏，哀未忘也。少牢饋食禮，祝祝曰：孝孫某敢用柔毛剛鬣嘉薦普淖，用薦歲事于皇祖伯某，以某妃配某氏，尚饗。【音義】妃，豐非反。又音配。【疏】注釋曰：謂是禫月得禫祭，仍在寢，此月當四時吉祭之月，則于廟行四時之祭於羣廟，而猶未得以某妃配，哀未忘，若喪中然也。言猶者，如祥祭以前不以妃配也。案禮記云。吉事先近日。喪事先遠日。則大祥之祭。仍從喪事。先用遠日下旬爲之。故檀弓云。孔子旣祥。五日彈琴而不成聲。十日而成笙歌。注。踰月且異旬也。祥亦凶事先遠日。案此禫言澹然平安。得行四時之祭。則可從吉事先近日。用上旬爲之。若然。二十七月上旬行禫祭於寢。當祭月卽從四時祭於廟。亦用上旬爲之。引少牢禮者。證禫月吉祭未配。後月吉。如少牢配可知也。

經二千七十九字

注三千四百四十三字

儀禮注疏卷十四

儀禮注疏卷十四考證

魚腊爨亞之北上○疏言北上則次在豕爨之南○豕爨之南監本誤作豕鼎之北　臣紱按三者豕最北魚腊以次而南所謂北上也此言爨不言鼎下云陳三鼎于門外之右則此時鼎未陳也

饌黍稷二敦于階間西上藉用葦席○敖繼公云藉敦未必有席席字蓋衍特牲藉用萑

簞布在其東○石經及敖本作簞巾

卒枕者逆退復位○敖繼公云枕當作匕字之誤也　臣紱按枕匕自可通用

祝命佐食墮祭○墮敖本從今文作綏繼公又云綏或授字之誤 臣紱 按敖說雖直截然墮字見周官注疏自有據依未可輕改

注猶言隳下也○隳與墮義同字別釋文兩出其音可證或混作墮非也

主人獻祝注獻祝因反西面位○面監本譌作南 臣紱 按上主人倚杖入西面是其西面位也

祝坐授主人○敖繼公云授主人下似脫一爵字

自反兩籩○敖繼公云反或取字之誤 臣紱 按主婦既獻尸乃出室自取兩籩復入室設之故云自反蓋往

反之義

祝反入徹設于西北隅注几在南變右文明東面不南面○右字監本譌作古　臣紱按上經云布席于室中東面右几此經云几在南雖變右几之文而在南則仍是右几明此設饌仍東面不南面也若作古字則詞無所屬

記虞沐浴不櫛○臣紱按敖本無沐字注云今文曰沐浴則鄭從古文不應有沐字矣石經有沐字蓋從今文今仍之而加圈以别之

羹飪疏而以爻與殽不是形聲之類其理未審○臣紱

按股字從殳諧聲也

鉶芼用苦若薇注古文苦爲枯今文或作芐○芐字監本譌作笇又或譌笇今据音義正之

卒徹祝佐食降復位○監本脫復字今依石經及敖本補正

明齊溲酒○敖繼公云祝祝之時奠用醴而已不用酒也溲酒似衍　臣紱　按酒俟尸飯而獻今雖未獻不妨祝辭中并言之

哀薦祫事注今文曰合事○合字監本作古　臣學健　按祫之言合也作合字文義方協合與古形相近而誤

下

饗○敖繼公云以祔祭之辭例之當云尚饗

尸受振祭嚌反之○受字監本譌作授今依石經及敖本改正

哭止告事畢賓出○此七字監本全脫今依石經及敖本補正

嘉薦普淖普薦溲酒疏記其異者以嘉薦普淖溲酒與前不異○監本溲酒上有普薦二字 臣紱按下句云以其普薦與前異則此句中不應有普薦明矣

中月而禫○ 臣紱按禫祭名從示戴侗改從衣作禫非

康熙字典已駁正

丙申五月二十二日句

儀禮注疏卷十四考證

儀禮注疏卷十五

漢鄭氏注　唐陸德明音義　賈公彥疏

特牲饋食禮第十五

特牲饋食之禮。○不諏日。**注** 祭祀自孰始曰饋食。饋食者食道也。諏謀也。士賤職褻。時至事暇可以祭則筮其日矣。不如少牢大夫先與有司於廟門諏丁己之日。**音義** 不諏。子須反。**疏** 釋曰。自此至事畢。論士將筮日之事。**注** 釋曰。云祭祀自孰始曰饋食。饋食者食道也者。案檀弓云。飯用米貝。弗忍虛也。不用食道。用美焉爾。鄭注云。食道褻。米貝美。若然。食道是人飲食之道。孝子於親。雖死。事之若生。故用生人食道饋之也。此釋經不言祭祀而言饋食之意。且云祭祀自孰始者。欲見天子諸侯饋食已前。仍有灌鬯朝踐饋獻之事。但饋食見進黍稷。云饋孰見牲體而言。天子諸侯。堂上朝踐饋獻後。迎尸

乾隆四年校刊　　儀禮注疏卷十五　特牲饋食禮

於堂。亦進黍稷牲體。其犬豕牛羊亦孰之。同節也。云士賤職褻時至事暇可以祭則筮其日矣者。此解經不諏日。謂不如大夫以上預前十日與臣諏日而筮之。是以鄭云不如少牢大夫先與有司於廟門諏丁己之日也。凡士言不者。對大夫以上言之。此士言不諏日。少牢大夫諏日。士喪禮月半不殷奠。則大夫已上殷奠。如此之類皆是也。鄭云時至事暇可以祭者。若祭時至有事不得暇。則不可以私廢公故也。若大夫以上尊。時至唯有喪故不祭。自餘吉事皆不廢祭。若有公事及病。使人攝祭。故論語孔子云。吾不與祭。注云。孔子或出或病。不自親祭。使攝者爲之。不致肅敬於心。與不祭同。又祭統云是故君子之祭也。必身親涖之。有故則使人可也。雖使人也。君不失其義者。君明其義故也。是君大夫有病故皆得使人攝祭。若諸侯有朝會之事。則不得使人攝。故王制云。諸侯礿則不禘。禘則不嘗。嘗則不烝。烝則不礿。鄭注云。虞夏之制。諸侯歲朝。廢一時祭。又明堂位云。是故夏礿秋嘗冬烝。鄭注云。不言春祠。魯在東方。王東巡守以春。或闕之。是諸侯朝會不得攝。以諸侯禮大故也。案桓八年。經書正月已卯烝。公羊傳云。烝者何。冬祭也。春曰祠。夏曰礿。秋曰嘗。冬曰烝。常事不書。此何以書。譏。

何譏爾。譏亟也。亟則黷，黷則不敬。君子之祭也，敬而不黷。疏則怠，怠則忘。士不及茲四者，則冬不裘，夏不葛。何休云：禮本下爲士制。四者，士有公事，不得及茲四時祭者，則不敢美其衣服。若然，則士不祿，不得祭，又不得使人攝。大夫以上有公事，乃有攝可知。

及筮日，主人冠端玄，即位于門外，西面。【注】冠端玄，玄冠玄端。下言玄者，玄冠有不玄端者。門謂廟門。【疏】注釋曰：云「冠端玄，玄冠玄端。下言玄者，玄冠有不玄端者」，不玄端則朝服。下記云助祭者朝服，不著玄端故也。若然，玄端一冠冠兩服也。對文則玄端有纁裳、玄裳、黃裳、雜裳，若朝服緇布衣而素裳。但六入爲玄，七入爲緇，大判言之，緇衣亦名玄，是以散文言之，朝服亦名玄端。故論語云「端章甫」，鄭云「端，玄端也」，諸侯日視朝之服。以端是正幅，非直服稱端，六冕亦有端稱，故禮記魏文侯曰「吾端冕而聽古樂，則唯恐臥」，是冕服正幅亦名端也。云「門謂廟門」者，士冠禮云「筮於廟門」。彼冠禮筮尚在廟門，此謂祭，當筮在廟門可知。若然，士冠言廟，非祭，恐不在廟，故言廟。此不言廟者，爲祭廟筮可知，不須言廟也。

子姓兄弟如主

人之服，立于主人之南，西面北上。【注】所祭者之子孫。言子姓者，子之所生。小宗祭而兄弟皆來與焉，宗子祭則族人皆侍。【音義】與，音預。【疏】【注】釋曰：云「子姓者，子之所生」者，案鄭注《喪大記》云「姓之言生也」。云「子之所生」，則孫是也。云「小宗祭而兄弟皆來與焉」者，案《喪服小記》云：「繼別爲宗，繼禰者爲小宗。」鄭注云：「小宗有四，或繼高祖，或繼曾祖，或繼祖，或繼禰，皆至五世則遷。」若然，繼禰者長者爲小宗，親弟等雖異宮，皆來祭；繼祖者，從父昆弟皆來祭；繼曾祖者，從祖昆弟皆來祭；繼高祖者，族祖昆弟皆來祭，是皆據小宗而言也。云「宗子祭則族人皆侍」者，此鄭據《書傳》而言。案《書傳·康誥》云：「天子有事，諸侯皆侍，尊卑之義。」注云：「事，謂祭祀。」又云：「宗室有事，族人皆侍終日，大宗已侍於賓奠，然後燕私。」注云：「謂卿大夫以下宗室大宗之家。」引《禮記》「別子爲祖，繼別爲大宗，繼禰爲小宗」，賓寮友助祭者。若然，大宗子祭，一族之內皆來助祭。引之者，證經子姓兄弟，若據小宗，有一服者；若據大宗，兼有絶服者也。有司羣執事，如兄弟服，東面北上。【注】士之屬吏也。【疏】【注】釋曰。云如兄弟服者。如主人冠端玄。左傳云。士有隸子弟。謂此。言爲屬吏而已。

席于門中闑西閾外。【注】爲筮人設之也。古文闑作槷。閾作蹙。【音義】闑魚列反。閾于逼反。又況逼反。爲于僞反。下爲神同。【疏】釋曰。案士冠禮云。筮與席所卦者具饌于西塾。乃言布席于門中。筮人執筴。抽上韇。兼執之。此不言具饌于西塾。而經但言席于門中。取筮于西塾。又不云抽上韇者。皆是互見省文之義。

筮人取筮于西塾。執之。東面受命于主人。【注】筮人官名也。筮。問也。取其所用問神明者。謂蓍也。【疏】【注】釋曰。案周禮春官有卜人筮人。此士禮亦云筮人。故云官名也。云筮問也。取其所用問神明者。謂蓍也者。案周禮天府職云。季冬陳玉以貞來歲之美惡。注云。問事之正曰貞。凡卜筮實問於鬼神。謂卜用龜。龜知生數。一二三四五之神。筮用蓍。蓍知成數。七八九六之神。則此鄭云神明者也。若然。神既爲生成之神。鄭云謂蓍者。則蓍亦有神。易繫辭有蓍之德圓而神。非直筮有成數之神。亦有蓍之神也。

宰自主

人之左贊命命曰孝孫某筮來日某諏此某事適其皇祖某子尚饗

注 宰羣吏之長自由也贊佐也達也贊命由左者爲神求變也士祭曰歲事此言某事又不言妃者容大祥之後禫月之吉祭皇君也言君祖者尊之也某子者祖字也伯子仲子也尚庶幾也

音義 長丁丈反下同妃音配又芳非反

疏 注經曰云宰羣吏之長者贊命之辭非長不爲又天子諸侯宰皆尊官故知羣吏之長也云贊命由左者爲神求變也者案士冠禮宰自右少退贊命鄭注云宰有司主政教者自由也贊佐也命告也佐主人告所以筮也少儀曰贊幣自左詔辭自右此祭祀故宰自左贊命爲神求吉故變於常禮也云士祭曰歲事此言某事又不言妃者容大祥之後禫月之吉祭者案下宿賓云薦歲事據吉而言又少牢吉祭云以某妃配即與士虞記云中月而禫是月也吉祭猶未配此與彼文同故知是禫月吉祭也云言君祖者尊之也者

天子諸侯名曾祖爲皇考。此士亦云皇祖。故云尊之也。云某子者祖字也。伯子仲子者。以其某在子上爲男子美稱。故以某爲伯仲叔季五十字。下篇云皇祖伯某。鄭注云。伯某祖字也。不爲五十字者。以某在伯下。故爲祖字解之。與此異也。**筮者許諾還卽席西面坐卦者在左卒筮寫卦。筮者執以示主人。**【注】士之筮者坐蓍短由便卦者主**畫地識爻爻備以方寫之**【疏】【注】釋曰。云士之筮者坐蓍短由便者。決下少牢云史曰諾。遂述命。旣乃釋韇立筮。鄭注云。卿大夫之蓍長五尺。立筮由便。與士不同。知蓍有長短者。案三正記云。天子蓍長九尺。諸侯七尺。大夫五尺。士三尺。是也。云卦者主畫地識爻爻備以方寫之者。案士冠禮云。筮人許諾右還卽席坐西面。卦者在左。卒筮。書卦。執以示主人。鄭云。卒已也。書卦者。筮人以方寫所得之卦。彼云書卦。卽云執以示主人。則筮者書寫以示主人也。此經云卒筮寫卦。乃云筮者執以示主人則寫卦者非筮人。故此鄭云卦者主畫地識爻爻備以方寫之也。**主人受視反之。**【注】反還。**筮者還東**

面長占卒告于主人占曰吉【注】長占以其年之長幼旅占之【疏】釋曰經直云長占知非長者一人而云長幼旅占之者士冠禮云筮人還東面旅占明此亦是長幼旅占經直云長者見從長者爲始也

若不吉則筮遠日如初儀【注】遠日旬之外日【疏】釋曰案曲禮云吉事先近日喪事先遠日此尊卑禮同也又云旬之內曰近某日旬之外日遠某日此尊卑有異云旬之內日近某日據士禮吉事先近日謂祭祀假令孟月先於孟月上旬內筮不吉乃用中旬之內更筮中旬又不吉更於下旬內筮筮不吉即止大夫已上假令孟月祭於前月下旬筮來月之上旬不吉又於孟月之上旬筮中旬中旬不吉又於中旬筮下旬下旬又不吉即止不祭今云遠日旬之外日者謂上旬不吉更於上旬外筮中旬爲旬之外日非謂如大夫已上旬之外謂旬前爲旬外也

宗人告事畢○前期三日之朝筮尸如求日之儀命筮曰孝孫某諏此某事適其皇祖某子筮某之某爲尸尚

饗。注三日者，容宿賓視濯也。某之某者，字尸父而名尸。連言其親，庶幾其馮依之也。大夫士以孫之倫爲尸。音義馮，音憑。疏釋曰：自此盡主人退，論祭前筮尸之事。注釋曰：云「三日者，容宿賓視濯也」者，謂前期二日宿賓，一日視濯。是以下云「厥明夕，陳鼎于門外」，下至「夙興」，皆祭前一日視濯之事。以其夙與上事，是祭前一日也。宿賓又是厥明夕爲期上，則三日宿賓與視濯別日。又知宿賓是祭前二日，此經乃祭前三日筮尸，故鄭云容宿賓視濯。言容者，爲筮尸之後，祭日之前，有二日容此二事也。若然，筮尸在祭前三日，宿尸云乃，是緩辭，則與筮尸別日矣。以此而言，則宿尸與宿賓中無厥明之文，則二者同日矣。二者同日，鄭直言容宿賓視濯，不言容宿尸者，以其宿賓在厥明之上，故不嫌宿尸與宿賓別日也。云「某之某者，字尸父而名尸」者，經直云某之某，鄭知字尸父而名尸者，曲禮云「爲人子者，祭祀不爲尸」，鄭彼注云「尊者之處，爲其失子道」。然則尸卜筮無父者。又云「卒哭乃諱」，諱則不稱名，故知尸父云某是字。尸既對父，故某爲名。云「連言其親，庶幾其馮依之也」者，尸父前世與所祭之父同時。同時必相識。知今父祭其子爲尸。尸又與所祭之子相識。父子皆同類。故連言其親庶幾其神馮依之也。云大夫士以孫之倫爲尸者。案祭統云。夫祭之道。孫爲王父尸。所使爲尸者。於祭者子行也。父北面而事之。所以明子事父之道也。注云。祭祀則用孫列。皆取於同姓之適孫也。天子諸侯之祭。朝事延尸於戸外。是以有北面事尸之禮。如是。則天子諸侯宗廟之祭。亦用孫之倫爲尸。而云大夫士者。但天子諸侯。雖用孫之倫。取卿大夫有爵者爲之。故鳧鷖詩祭尸之等。皆言公尸。又曾子問云。卿大夫將爲尸於公。若大夫士。祭尸皆取無爵者。無問成人與幼。皆得爲之。故曾子問孔子曰。祭成喪者必有尸。尸必以孫。孫幼則使人抱之。是也。

乃宿尸。【注】宿讀爲肅。肅進也。進之者使知祭日當來。古文宿皆作羞。凡宿或作速。記作肅。周禮亦作宿。【疏】【注】釋曰。云古文宿皆作羞。疊之不從古文。云凡宿或作速。謂一部之內。或作速者。若公食大夫速賓之類是也。云記作肅者。曲禮云主人肅客而入是也。又云周禮亦作宿者。大宗伯文宿眡滌濯是也。是以鄭汎云或也。主人立于尸外門外。子姓兄弟立于主人之後。北面東上。【注】不東面者。來不爲賓客。子姓立于主人之後。上當其後。【疏】【注】釋曰。云不東面者來不爲賓客者。爲尸者父象也。主人有子道。故主人北面。不爲賓客。不敢當尊故不東面。此決冠禮筮賓。主人東面。此北面。不同也。云上當其後者。子姓兄弟北面。陪主人後。東頭爲上者。不得過主人。故爲上者當主人之後也。尸如主人服。出門左西面。【注】不敢南面當尊。【疏】【注】釋曰。此決少牢云。主人即位於廟門外之東方南面。以其大夫尊有君道。故南面當尊。此士之孫倫爲尸。雖被宿。猶不敢當尊也。主人辟。皆東面北上。【注】順尸。【音義】辟。劉芳益反。一音避。主人再拜。尸答拜。【注】主人先拜。尊尸。【疏】【注】釋曰。此決下文宿賓賓先拜。主人乃答拜。今此尊尸。是以主人先拜也。案少牢云。吉則遂宿尸。祝擯。主人再拜稽首。祝告曰。孝孫某云云。尸拜許諾。祝先釋辭訖。尸乃拜。此尸答拜後。宗人乃擯辭者。士尸卑。主人拜。尸即答拜。不待

乾隆四年校刊

擯辭訖。大夫之尸尊。尊待釋辭訖乃拜。宗人擯辭如初。卒曰。筮子爲某尸。占曰吉。敢宿。注宗人擯者。釋主人之辭。如初者。如宰贊命筮尸之辭。卒曰者。著其辭所易也。疏注釋曰。云如初者。如宰贊命筮尸之辭者。案筮尸時。雖不見宰贊命。以其云筮尸如求日之儀。筮日時有宰贊命。則筮尸時亦有宰贊命可知。故此得如之也。卒曰者。著其辭所易也者。前筮尸辭云筮某之某爲尸尚饗。易已上之辭也。祝許諾。致命。注受宗人辭許之。傳命於尸。始宗人祝北面。至於傳命。皆西面受命。東面釋之。疏注釋曰。云始宗人祝北面至於傳命皆西面受命東面釋之者。以其上文始時。主人與子姓兄弟立于尸門外北面重行。則宗人與祝相隨。亦皆北面。故云始宗人祝北面。至於尸出門左西面。主人避之門西東面定位訖。宗人進主人之前。西面鄉之受命。受命訖。尸既西面。明宗人旋鄉東面釋之可知。尸許諾。主人再拜稽首。注其許。亦宗人受於祝而告主人。【疏】注釋曰：云其許亦宗人受於祝而告主人者，謂祝受尸許諾辭，旋西面告宗人，宗人告主人，尸許諾，主人乃再拜稽首。

尸入，主人退。【注】相揖而去，尸不拜送，尸尊。【疏】注釋曰：鄭知有相揖而去者，約下篇少牢云：主人退，尸送揖不拜，是也。但彼有送文，此釋尸入後，乃言主人退，則尸不送可知。此尸不送者，士卑，故尸被宿之後不送也。大夫尊，故尸雖受宿，猶送大夫也。

○宿賓。賓如主人服，出門左，西面再拜。主人東面答再拜。宗人擯曰：某薦歲事，吾子將涖之，敢宿。【注】薦，進也。涖，臨也。言吾子將臨之，知賓在有司中，今特肅之，尊賓耳。【音義】涖，音利，又音類。【疏】釋曰：自此盡賓拜送，論士將祭，宿屬吏內一人為備三獻賓之事也。【注】釋曰：云言吾子將臨之，知賓在有司中者，以其云將臨之，明前筮尸在其中可知。以上無戒文，今宿之云吾子將涖之，明知賓在有司內可知。案前文有司羣執事如兄弟服，東面北上。鄭云士之屬吏。此云賓在有司中。則賓是士之屬吏可知。下記云。公有司門西北面東上。獻次衆賓。私臣門東北面西上。獻次兄弟。賓及衆賓行事在西階之下。復似賓不在有司中者。但賓是士之屬吏。內言私臣。據己自辟除者。言公有司者。亦是士之屬吏命於其君者。言賓在有司中者。在諸士中選三獻者以爲賓。又選爲衆賓以下。若在門外時同在門西東面北上。及其入。爲賓及衆賓者。適西階以俟行事。公有司不選爲賓者。門西北面。私臣不選爲賓。門東北面。門外不列者。以其未有事。入門而列者。爲將行事。公有司門西。私臣門東。二者皆無事。故經不見。記人乃辨之。見其與於獻也。云今特肅之尊賓耳者。賓有司之內。不嫌不助祭。今特宿之者。將使爲賓也。

賓曰。某敢不敬從。主人再拜。賓答拜。主人退。賓拜送。○厥明夕。陳鼎于門外。北面北上。有鼏。【注】厥。其也。宿賓之明日夕。門外北面。當門也。古文鼏爲密。【音義】鼏。亡狄反。【疏】釋曰。自此盡主人拜送。論祭前一日之夕視濯與視牲之事。【注】釋曰。云門外北面當門也者。以其經直云門外。不言門之東西。

松厓云案下文魚腊鼎注引少牢魚用鮒腊用麋士腊用兔此則獸者兔也疏云魚水物以魚爲獸誤矣魚者川禽可謂之禽不可謂之獸易傳井无禽凡水物皆可謂之禽也若以魚爲獸則未之前聞僅見此疏　下文云舉

故知當門。下篇少牢陳鼎在門東。此當門者，士卑避大夫故也。**棜在其南，南順，實獸于其上，東首。**注 順猶從也。棜之制，如今大木轝矣，上有四周，下無足。獸，腊也。音義 棜，於庶反。轝，音預。疏 釋曰：下篇少牢，牲北首東上，司馬刲羊，司士擊豕，宗人告備乃退。不言獸。少牢五鼎，明有獸可知。不言之者，已有二牲，畧其小者，故不言也。案士虞記陳牲于廟門外，北首西上。鄭注云：言牲，腊在其中。西上，變吉。此亦其西北首東足，與彼文同。彼文變吉者，彼牲云北首西上，明腊亦北首可知。此實獸棜上東首，不與牲相統，故云變吉。注釋曰：云棜之制如今大木轝矣，上有四周，下無足者，鄭舉漢法以曉古。諸禮、禮記及此儀禮，凡言棜者，以無足解之。云獸腊也者，特牲三鼎，有豕、魚、腊。案周禮腊人鄭注云：小物全乾爲腊，故知豕云牲，魚水物，云獸是腊可知。**牲在其西，北首，東足。**注 其西，棜西也。東足者，尚右也。牲不用棜，以其生。疏 注釋曰：豕不可牽之，縛其足，陳於門外，首北出，棜東其足，寢其左，以其周人尚右，將祭故也。云牲不

獸幹注云幹長脅也獸腊其體數與牲同經文舉獸幹之外又云魚亦如之則魚非獸也魚言頭不言幹

用掀以其生者對腊死用掀而言之。設洗于阼階東南，壺禁在東序，豆籩鉶在東房，南上，几席兩敦在西堂。[注]東房，房中之東，當夾北。西堂，西夾室之前近南耳。[音義]鉶，音刑。敦，音對，又都愛反，後放此。夾，古洽反，劉古協反，後皆同。[疏][注]釋曰：大夫士直有東房西室，若言房，則東房矣。故士冠禮陳服于房中西墉下，東領北上，不言東。又昏禮側尊甒醴于房中，亦不言東。如此之類，皆不言東，以其直有一房，不嫌非東房，故不言東。今此經特言東房，明房內近東邊，故云東房也。夾室半以南為之，以壁外相望，則當夾北也。又與少牢籩豆所陳相反，少牢近於西方，此經則房中之東也。言當夾北者，以其夾室在房近南東，故云房中之東當夾北也。云西堂西夾之前近南耳者，案爾雅注：夾室前堂謂之廂。此在西堂，在西廂，故云西夾之前近南也。主人及子姓兄弟即位于門東，如初。[注]初，筮位也。賓及衆賓即位于門西，東面北上。[注]不象如初者，以賓在而宗人祝不在。【疏】【注】釋曰：云「不象如初者」，此決上經主人及子姓兄弟即位于門東如初，筮位，今賓及衆賓者，即是前者有司羣吏執事。當言如初，不言者，以宰前筮時在門東贊主人辭，今宰在門西同行，又宗人祝離位，賓西北東面南上，異於筮位時，故不言如初也。

宗人祝立于賓西北，東面南上。【注】事彌至，位彌異。宗人祝於祭宜近廟。【疏】【注】釋曰：云「事彌至者」，謂祭事彌至。「位彌異者」，謂宗人祝近門，離本位，故云位彌異。

主人再拜，賓答再拜。三拜衆賓，衆賓答再拜。【注】衆賓再拜者，士賤，旅之，得備禮也。【疏】【注】釋曰：云「旅之得備禮者」，謂衆賓無問多少，總三拜之。旅，衆也。衆賓共得三拜，故云旅之也。衆賓再拜者，士賤，衆賓得備禮。案有司徹，主人降，南面拜衆賓于門東，三拜，衆賓門東北面皆答一拜。注云：言三拜者，衆賓賤，旅之也。衆賓一拜，賤也。卿大夫尊，賓賤，純臣也。經云皆答一拜，明人人從上至下皆一一獨答拜。以其純臣故也。所以不再拜者，避國公故也。此士賓莫問多少，皆得一時再拜者，以其士賤，衆賓得致禮故也。

乾隆四年校刊

主人揖入兄弟從賓及衆賓從卽位于堂下如外位【注】爲視濯也。【音義】從，如字，又才用反，後以意求之。宗人升自西階視壺濯及豆籩反降東北面告濯具【注】濯，溉也。不言敦鉶者，省文也。東北面告，緣賓意欲聞也。言濯具，不言絜，以有几席。【疏】注釋曰：云「不言敦鉶者，省文也」者，決上文初饌時云豆籩鉶在東房，明敦及鉶亦視可知，經不言者，省文故也。上陳時經有几席，鄭注所以不并言几席，省文者，經言告濯具，几席不在濯內，故不得云几席，爲省文也。云「東北面告，緣賓意欲聞也」者，經云卽位于堂下如外位，則主人在東階之下。宗人降自西階，宜東面告濯具，以賓在西，亦欲聞之故也。所以不正面告者，爲主人告故也。云「言濯具，不言絜，以有几席」者，洗濯當告絜，不洗者告具而已。几席不在洗內，故直言濯具，不言絜，嫌通几席亦洗濯之限。此決下經門外舉鼎鼏云告絜。

賓出主人出皆復外位【注】爲視牲也。宗人視牲告充雍正作豕。注 充猶肥也。雍正官名也。北面以策動作豕。視聲氣。疏 注釋曰。云北面以策動作豕者。此無正文。經云作是動作之言。故知以策動作豕。云視聲氣者。案禮記內則。周禮庖人職云。豕望視而交睫。腥。不云豕之聲氣。而正云視聲氣者。但祭祀之牲。當充盛肥。若聲氣不和。即是疾病。不堪祭祀。故云視聲氣也。宗人舉獸尾告備舉鼎鼏告絜。注 備具。請期曰羹飪。疏 肉謂之羹。飪熟也。謂明日質明時而曰肉熟。重豫勞賓。宗人既得期。西北面告賓有司。音義 飪。而甚反。疏 注釋曰。案少牢云。宗人曰旦明行事。此不云旦明行事。而云羹飪者。彼大夫尊有君道。可以豫勞賓。故云時節。此士卑無君道。故不云旦明而云羹飪。是以鄭云重豫勞賓。羹飪乃來也。云宗人既得期西北面告賓有司者。此案少牢云。主人門東南面宗人朝服北面。曰請祭期。主人曰比於子。宗人曰旦明行事。上文門外賓位在門西東面。今既得期。鄉西。在賓南。北面告賓與有司。使知祭日當來也。告事畢。

賓出主人拜送○夙興主人服如初立于門外東方南面視側殺注夙早也興起也主人服如初則其餘有不玄端者側殺殺一牲也疏釋曰自此盡立于中庭論祭日夙興主人主婦陳設及行位之事注釋曰云主人服如初則其餘有不玄端者案下記云特牲饋食其服皆朝服玄冠緇帶緇韠注云於祭服此也皆者謂賓及兄弟筮日筮尸視濯亦玄端至祭而朝服朝服者諸侯之臣與其君日視朝之服大夫以祭今賓兄弟緣孝子欲得嘉賓尊客以事其祖禰故服之緇韠者下大夫之臣夙興主人服如初則固玄端是也鄭云其餘有不玄端者明亦有著玄端者是以下記人辯之云唯尸祝佐食玄端玄裳黃裳雜裳可也皆爵韠鄭注云與主人同服是有同服者有著朝服者故鄭云其餘有不玄端者也云側殺殺一牲也者案少牢主人即位於廟門之外司馬刲羊司士擊豕皆主人不親殺案楚語云諸侯宗廟之事必自射其牲刲羊擊豕又司弓矢云凡祭祀共射牲之弓矢注云射牲示親殺也殺牲非尊者所親唯射爲可又國語云禘郊之事天

子必自射其牲。玉藻云凡有血氣之類君子弗身踐也
者據凡常。非祭祀。天子尊。于郊射牲。諸侯降天子。故宗
廟亦親殺。大夫士不敢與君同。故視之而不親殺之。側
殺殺一牲者。案冠禮云。側尊一甒醴在服北。鄭注云。側
猶特也。無偶曰側。以其無玄酒。是以少牢云
司馬刲羊。司士擊豕。以其二牲。不云側也。

主婦視饎爨于西堂下【注】炊黍稷曰饎。宗婦爲之。爨。竈也。西堂下
者。堂之西下也。近西壁。南齊于坫。古文饎作糦。周禮作
饎。【音義】饎。尺志反。【疏】【注】釋曰。知宗婦爲之者。以經言主婦視饎爨。明主婦不自爲也。是以下記云。宗
婦贊薦者。執以坐于戶外。授主婦。尸卒食而祭饎爨。鄭
以祭饎爨用黍肉而已。是宗婦爲之可知也。云爨竈也
者。周公制禮之時謂之爨。至孔子時則謂之竈。故論語
王孫賈云。與其媚於奧。寧媚於竈。是孔子時爲竈也。云
西堂下者。堂之西下也者。以其爲爨不可正在堂下。當
逼西壁爲之。故云堂之西下。近西壁也。又知南齊于坫
案既夕記云。設棜于東堂下。南順齊于坫。明在東西堂
下。皆齊于坫可知。又鄭下注引舊說云。南北直屋梠。稷

在南是也。案少牢云：雍人概鼎匕俎于雍爨。雍爨在門東南，北上。廩人概甑甗匕與敦於廩爨。廩爨在雍爨之北。廩爨既在門外，不見主婦有視文，主婦未知視之以否。主婦視饎爨，猶主人視殺牲。故易歸妹上六云：女承筐無實，士刲羊無血。鄭注：宗廟之禮，主婦奉筐米。知之時兼事之可知。云居禮作饎者，所謂故書者或作也。

亨于門外東方，西面北上。注 亨，煑也。煑豕魚腊以各一爨。詩云：誰能亨魚？溉之釜鬵。音義 亨，普庚反。鬵，音尋。疏 曰：知用鑊者，下少牢云：羹定，雍人陳鼎五，三鼎在羊鑊之西，二鼎在豕鑊之西，故用鑊也。

羹飪，實鼎，陳于門外如初。注 初，視濯也。

尊于戶東，玄酒在西。注 東，室戶東。玄酒在西，尚之。凡尊酌者在左。疏 注釋曰：戶東是戶東者，若據房戶東西，則舉東房西房而言。今直云戶東，知室戶東也。云玄酒在西，尚之，凡尊酌者在左者，左爲上尊。今云玄酒在西，故云尚之。是以鄉飲酒、鄉射皆大酒在西，事酒在東。若燕禮、大射，唯君面尊，不從此義也。

松厓云執事謂佐食階閒折俎一膚見少牢饋食

實豆籩鉶陳于房中如初【注】如初者取而實之既而反之【疏】【注】釋曰經云實豆籩者取豆籩實之又言陳于房中如初者明既而反之可知也執事之俎陳于階閒二列北上【注】執事謂有司及兄弟二列者因其位在東西祝主人主婦之俎亦存焉不升鼎者異於神【疏】【注】釋曰鄭知經執事之俎祝主人主婦亦存焉者見士虞記祝俎陳于階閒敦東彼虞不致爵故不見主人主婦俎明此吉祭有致爵主人主婦陳於階閒可知以主婦亦是執事之人也若然少牢主人主婦無俎者以三獻禮成別爲儐尸正祭無致爵故主人主婦無俎儐尸行三獻致爵乃有俎下大夫不儐尸者亦於三獻尸爵止行致爵乃有俎也云不升鼎者異於神者前俎升鼎而入設於階前此鼎在門外不入而言陳於階閒二列故知不升鼎盛兩敦陳于西堂藉用萑几席陳于西堂如初【注】盛黍稷者宗婦也藉萑古文用爲于【音義】

乾隆四年校刊

藉慈夜反。萑音完。疏注釋曰。知盛黍稷是宗婦者。以其黍稷是宗婦所主。故知也。尸盥匜水。實于槃中。簞巾在門內之右。注設盥水及巾。尸尊不就洗。又不揮。門內之右。象洗在東。統于門東。西上。凡鄉內以入為左右。鄉外以出為左右。疏注釋曰。云不揮者。揮振去水。使手乾。今有巾。故不揮也。是以僖二十三年。左氏傳云。公子重耳在秦。秦伯納女五人。懷嬴與焉。奉匜沃盥。既而揮之。懷嬴怒是也。云門內之右。象洗在東者。東為門東。據向內為右。故鄭云統於門東西上。云凡鄉內以入為左右。鄉外以出為左右者。欲明門內據鄉內以入為左右也。○祝筵几于室中東面。注為神敷席也。至此使祝接神。疏注釋曰。案上視濯時云。宗人祝立於賓西北東面南上。鄭注云。事彌至。位彌異。宗人祝于祭宜近廟。至入廟特宗人獨升視濯。及出門外視牲告充。未有使祝之文。至此臨祭使祝敷神席。故鄭云至此使祝接神也。○主婦纚笄宵衣立于房中。

南面【注】主婦主人之妻雖姑存猶使之主祭祀纚笄首服宵綺屬也此衣染之以黑其繒本名曰宵詩有素衣朱宵記有玄宵衣凡婦人助祭者同服也内則曰舅沒則姑老冢婦所祭祀賓客每事必請於姑【音義】纚所買反又所綺反【疏】【注】釋曰云雖姑存猶使之主祭祀者謂姑老不堪祭祀故姑存猶使之主祭祀也云纚笄宵者謂若士冠禮廣終幅長六尺笄安髮之笄非冠冕之笄冠冕之笄男子有婦人無若安髮之笄男子婦人俱有婦人笄對男子冠故内則云男女未冠笄又喪服小記云男子冠而婦人笄是也云宵綺屬也此衣染之以黑其繒本名曰宵者謂此宵衣是綾綺之屬鄭注内司服云男子之褖衣黑則是亦黑也以其士喪禮有褖衣與士冠玄端爲一玄端黑是男子褖衣亦黑則此婦人宵衣亦黑可知其玄則黑之類也故鄭引玉藻君子狐青裘豹褎玄宵衣以裼之證婦人玄宵衣亦黑也云其繒本名宵者此字據形聲爲綃從絲肖聲但詩及禮記儀禮皆作宵

乾隆四年校刊

字。故鄭云其繪本名曰宵。故引詩及禮記爲證。引詩者直取字爲證。引記謂禮記玉藻。非直取證字爲宵。亦以證婦人宵衣爲立也。云凡婦人助祭者同服也者。經及記不見主婦及宗婦異服之文，故知同服。對男子助祭祝佐食等與主人服異也。少牢云主婦贊者一人亦髲鬄衣侈袂。與主婦同。其餘雖不侈袂同亦宵衣可知。依內司服。天子諸侯王后以助祭皆不同者。人君尊卑差等。大夫士卑。服窮則同也。引內則者。彼舅沒時年七十已上。姑雖存年六十已上。而當傳之家事。故子之妻代姑祭。雖代姑每事必請於姑。引之者。證經上婦而舍姑夫老自爲主。婦姑老則子妻爲主婦也。

主人及賓兄弟羣執事即位于門外如初。宗人告有司具。【注】具猶辦也。主人拜賓如初，揖入即位如初。【注】初，視濯也。佐食北面立于中庭。【注】佐食，賓佐尸食者。立于宗人之西。【疏】釋曰。案下記云佐食當事則戶外南面。無事則中庭北面。據此而言。則此經謂無事時也。【注】釋曰。云立于宗人之西者。案士虞禮云。主人及兄弟賓即位于西方如反哭位。注引既夕禮云反哭入門升自西階東面，經又云宗人西階前北面，注云當詔主人。此特牲吉禮，主人行事阼階，宗人亦在阼階南，賓主人佐食北面於中庭，明在宗人之西可知。○主人及祝升，祝先入，主人從，西面于戶內。【注】祝先入，接神宜在前也。少牢饋食禮曰：祝盥于洗，升自西階，主人盥，升自阼階，祝先入南面。【疏】釋曰：自此盡稽首，論主人主婦及祝與佐食陳設陰厭之事。【注】釋曰：云主人從西面于戶內，注引少牢者，證主人戶內西面，其時祝北墉下南面之事，以其未有祝行事之法，直監納祭而已。下文乃云祝在左，為孝子釋辭，乃有事也。主婦盥于房中，薦兩豆葵菹、蝸醢，醢在北。【注】主婦盥盥於內洗。昏禮婦洗在北堂，直室東隅。【音義】蝸，力禾反。直音值。宗人遣佐食及執事盥出。【注】命之盥出，當助主人及賓舉鼎。主人降，及賓盥出，主人在右，

乾隆四年校刊

儀禮注疏卷十五　特牲饋食禮　十四

及佐食舉牲鼎賓長在右及執事舉魚腊鼎除鼏【注】及與也主人在右統于東主人與佐食者賓尊不載少牢饋食禮魚用鮒腊用麋士腊用兔【音義】長丁丈反下注放此鮒音附

【疏】【注】釋曰鼎在門外北上東爲右人西爲左人右人尊入時在鼎前左人卑入時在鼎後又盡載牲體於俎又設俎于神坐之前主人升乃以東爲主今在堂下主人在右故云統於東也云主人與佐食者賓尊不載者以賓主當相對爲左右以賓尊不載牲體故使佐食對主人使賓爲右人而使執事在左而載也

宗人執畢先入當阼階南面【注】畢狀如叉蓋爲其似畢星取名焉主人親舉宗人則執畢導之既錯又以畢臨匕載備失脫也雜記曰枇用桑長三尺畢用桑長三尺刊其本與末枇畢同材明矣今此枇用棘心則畢亦用棘心

舊說云畢似御他神物。神物惡桑叉。則少牢饋食及虞無叉何哉。此無叉者。乃主人不親舉耳。少牢大夫祭不親舉。虞喪祭也。主人未執事。祔練祥執事用桑叉。自此純吉用棘心叉。【音義】朼，必履反。【疏】注釋曰：云畢狀如叉者。下引舊說有他神物惡桑叉之言。故以叉而言。云蓋爲其似畢星取名焉者。案詩云有捄天畢。載施之行。無正文。故云蓋以疑之也。云主人親舉宗人則執畢導之既錯又以畢臨匕載備失脫也知義然者。以經言宗人執畢先入。是導之也。又知既錯又以畢臨匕載備失脫也者。以經云當阼階南面。明主人執畢臨匕載備失脫可知也。云今此朼用棘心則畢鄉亦用棘心者。案下記云。棘心匕刻。是也。知畢亦棘心者以雜記匕畢同用桑。據喪祭。今吉祭匕用棘心。則畢亦棘心也。云舊說云畢似御他神物。神物惡桑叉。如此。又引少牢士虞已下。破舊說之意也。云此無叉者乃主人不親舉耳者。總解士虞少牢二禮。云少牢大夫祭不親舉者。大夫尊。主人不親舉。云虞喪祭也。主人未執事者，對吉祭主人執事有畢，彼無也。云「祔、練、祥執事用桑叉」者，以其虞時主人不執事，則祔以執事用桑叉，則雜記所云畢也。云「自此純吉用棘心叉」者，除祥後則禫月及吉祭用棘心也。案易震卦彖辭云「震來虩虩，笑言啞啞，震驚百里，不喪匕鬯」，鄭注云：「雷發聲於百里，古者諸侯象。諸侯出教令，能警戒國内，則守其宗廟社稷，爲之祭主，不亡其匕鬯。人君於祭，匕牲體、薦鬯而已，其餘不親爲也。」若然，諸侯親匕牲體，大夫不親者，辟人君。士卑，不嫌得與人君同親匕也。

鼎西面錯，右人抽扃，委于鼎北。注 右人謂主人及二賓，既錯，皆西面俟也。

贊者錯俎，加匕。注 贊者執俎及匕從鼎入者。其錯俎東縮，加匕東柄，既則退而左人北面也。

疏 注釋曰：云「其錯俎東縮，加匕東柄」者，少牢云「俎皆設于鼎西，西肆」，又云「匕皆加于鼎，東枋」，則此加匕於鼎東柄可知。云「既則退而左人北面也」，知者，以其俎從於鼎西，其人當北面於其南載之便，是以昏禮亦云「北面載，執而俟」是也。

乃朼。注 右人也。尊者於事指使

可也左人載之佐食升肵俎鼏之設于阼階西[注]肵謂心舌之俎也郊特牲曰肵之爲言敬也言主人之所以敬尸之俎古文鼏皆作密[音義]肵音祈[疏][注]釋曰知肵謂心舌者下記云肵俎心舌皆去本末午割之實于牲鼎載心立舌縮俎是也云引郊特牲者見敬有肵俎送于尸訖卒載加匕于鼎[注]卒已也已載畢亦加焉[疏][注]釋曰主人匕牲體宗人以畢臨之主人匕畢訖加之於鼎則宗人既事亦加於鼎可知主人升入復位俎入設于豆東魚次腊特于俎北[注]入設俎載者腊特饌要方也凡饌必方者明食味人之性所以正[疏][注]釋曰知載人設俎者以其經卒載下即云入設不見別人明是載者設之可知云腊特饌要方也者案經豆在神坐之前豕俎入設於豆東魚俎又次其東若腊俎復在東則饌不得方故腊俎特于俎北取其方故也主婦設兩敦黍

乾隆四年校刊

稷于俎南西上及兩鉶芼設于豆南南陳【注】宗婦不贊敦鉶者以其少可親之芼菜也【音義】芼亡報反【疏】【注】釋曰案少牢主婦設金敦宗婦贊二敦以其多故使宗婦贊此士祭祀二敦少故不使宗婦贊主婦可親之也若然案少牢佐食贊鉶宗婦不贊鉶此不以佐食決之而并云宗婦者此決有司徹故有司徹云主婦洗爵于房中出實爵尊南西面拜獻尸尸拜于筵上受主婦西面于主人之席北拜送爵入于房取一羊鉶坐奠于韭菹西主婦贊者執豕鉶以從主婦不興受設于羊鉶之西又下至主婦祝致爵于主人主婦設二鉶與糗脩如尸禮皆是也

洗酌奠奠于鉶南遂命佐食啓會佐食啓會卻于敦南出立于西南面【注】酌奠奠其爵觶也少牢饋食禮啓會乃奠之【音義】會古外反【疏】【注】釋曰引少牢者案少牢祝酌奠遂命佐食啓會乃奠者彼大夫禮與此士禮相變是以與此奠乃啓會異也

主人再拜稽首祝在左【注】稽首服

之甚者。祝在左。當爲主人釋辭於神也。祝祝曰。孝孫某敢用剛鬣嘉薦普淖。用薦某事於皇祖某子。尚饗。【音義】祝曰。州又反。淖。女孝反。（普）（下文卒祝祝同）【疏】【注】釋曰。引少牢祝祝已下者。欲見迎尸之前釋孝子之辭也。卒祝。主人再拜稽首。○祝迎尸于門外。【注】尸自外來代主人接之。就其次而請。不拜。不敢與尊者爲禮。周禮掌次。凡祭祀張尸次。【疏】釋曰。自此盡反黍稷于其所。論陰厭後迎尸于正祭之事。【注】釋曰。云尸自外來代主人接之者。下注云主人不迎尸。成尸尊故也。云就其次而請不拜不敢與尊者爲禮者。凡平賓客皆在門西。主人出門左西面拜。今此經直云迎尸於門外。不言祝拜尸答拜。是祝出就次。尸乃出次。迎之而入門。是不敢與尊者爲禮。引周禮者。證門外張尸次之事也。主人降立于阼階東。【注】主人不迎尸。成尸尊。尸。所祭者之孫也。祖之尸。則主人乃宗子。

禰之尸。則主人乃父道。事神之禮。廟中而已。出迎則爲厭。【音義】厭，一葉反。

【疏】【注】釋曰。云主人不迎尸成尸尊者。案祭統云。君迎牲而不迎尸。別嫌也。尸在廟門外則疑於臣。在廟中則全於君。君在廟門外則疑於君。入廟門則全於臣全於子。鄭云。不迎尸者。欲全其尊也。尸神象也。鬼神之尊在廟中。人君之尊出廟門則伸。此士禮雖無君道。亦尊尸。主人不迎。迎之尊不成。不迎之則成尸之道尊也。云尸所祭者之孫也者。禮記云。孫爲王父尸是也。云祖之尸則主人乃宗子者。以其祭祖兄弟將有來助祭。故知宗子。小宗大宗。五宗皆然。書傳云。宗子將有事。族人皆入侍也。云禰之尸則主人乃父道者。禮記祭統云。夫祭之道。孫爲王父尸。所使爲尸者。於祭者子行也。父北面而事之。所以明子事父之道也。此父子之倫也。注云。祭祖則用孫列。皆取同姓之適孫。是其禰之尸。則主人乃父道也。云事神之禮廟中而已出迎則爲厭。爲厭者。出廟門。主人有君厭臣之義。故不迎也。

尸入門左。北面盥。宗人授巾。

【注】侍盥者執其器就之。執簞者不授巾。賤也。宗人授巾。

庭長尊。少牢饋食禮曰。祝先入門右。尸入門左。【疏】注釋曰。引少牢者。見上經陳盥在門右。今尸入門左。尸尊不就盥。槃匜巾等鄉門右就尸之義也。尸至于階。祝延尸。尸升入。祝先。主人從。【注】延。進。在後詔侑曰延。禮器所謂詔侑武方者也。少牢饋食禮曰。尸升自西階入。祝從。主人升自阼階。祝先入。主人從。【音義】侑。音又。武。音無。【疏】注釋曰。云在後詔侑曰延者。案士虞禮。尸謖。祝前鄉尸。鄭注云。前道也。祝道尸。必先鄉之。爲之節。彼祝居尸前道之。此則在尸後詔之。故云延也。云禮器所謂詔侑武方者。彼注。武無也。祝詔侑尸無常。謂若檀弓子事父母左右就養無方。今祝延尸道尸。亦無常也。引少牢者。見祝從尸主人又從祝入之事。○尸即席坐。主人拜妥尸。【注】妥。安坐也。【音義】妥。他果反。尸答拜。執奠。祝饗。主人拜如初。【注】饗。勸彊之也。其辭取于士虞記。則宜云。孝孫某圭爲孝薦之饗舊說云。明薦之【音義】饗其丈反【疏】注釋曰。云其辭取于士虞記則宜云孝孫某圭爲孝薦之饗者。但喪祭稱哀。吉祭稱孝。故士虞記卒哭饗尸辭曰。哀子某圭爲哀薦之饗。此既吉祭。宜云孝孫某圭爲孝薦之饗。以其改哀爲孝。故曰宜云也。引舊說者。證圭爲潔明之義也。

祝命挼祭。尸左執觶。右取菹挭于醢。祭于豆間。【注】命詔尸也。挼祭。祭神食也。士虞禮古文曰。祝命佐食墮祭。周禮曰。既祭則藏其墮。墮與挼讀同耳。今文改挼皆爲綏。古文此皆爲挼祭也。挭醢者。染於醢。【音義】挼依注音墮。許恚反。劉相恚反。後隋祭挼祭皆放此。挭如悅反。劉而懸反。又而誰反。後同。【疏】注釋曰。云挼祭祭神食也者。鄉者設饌本迎尸。陰厭厭飫神。今尸來升席而挼祭。祭訖當食神餘。引周禮而云墮與挼讀同。則二字通用。云今文改挼皆爲綏。不從今文。引古文者。欲見挼下有祭字。故舉之而不從也。云挭醢者染於醢。從經爲正也。

佐食

取黍稷肺祭授尸尸祭之祭酒啐酒告旨主人拜尸奠觶答拜【注】肺祭刌肺也旨美也祭酒穀味之芬芳者齊敬共之惟恐不美告之以美達其心明神享之【音義】啐七內反刌寸本反齊側皆反共音恭【疏】【注】釋曰知肺祭是刌肺也者下記刌肺三鄭注爲尸主人主婦此經云肺祭明是刌肺非舉肺也祭鉶嘗之告旨主人拜尸答拜【注】鉶肉味之有菜和者曲禮曰客絮羹主人辭不能亨【音義】和戶卧反下同絮王慮反【疏】【注】釋曰云鉶肉味之有菜和者此即公食大夫牛藿羊苦豕薇之等是也以其盛之鉶器因號羹爲鉶故云肉味之有菜和引曲禮者證鉶羹有五味調和絮者調和之義故告旨若大羹則不調以鹽菜無絮調之理也祝命爾敦佐食爾黍稷于席上【注】爾近也近之便尸之食也設大羹湇于醢北【注】大羹湇煑肉汁

乾隆四年校刊

也。不和，貴其質，設之，所以敬尸也。不祭、不嚌，大羹不爲神，非盛者也。士虞禮曰：大羹湆自門入。今文湆皆爲汁。

【音義】湆，去及反。

【注】釋曰：云醢北者，謂薦左。案公食大夫、昏禮大羹湆皆在薦右，此在右者，神禮變於生人。士虞禮大羹湆設于鉶南，在右，與生人同，有不忍異於生故也。【注】釋曰：云不和貴其質者，案桓二年左氏傳云：大羹不和，以鹽菜。是貴其質也。云不爲神者，陰厭時未設，尸來始設，爲尸故。士虞記云：無尸則禮及薦饌皆如初，不授祭，無大羹湆胾從獻。有尸即有大羹湆從獻。縱有亦不祭不嚌，是不爲神，爲尸，非盛者也。引士虞禮曰大羹湆自門入者，證迎尸後乃從獻來也。

舉肺脊以授尸，尸受振祭，嚌之，左執之。【注】肺，氣之主也。脊，正體之貴者。先食啗之，所以導食通氣。【音義】先，悉薦反，又如字。啗，大敢反。

乃食，食舉。【注】舉言食者，明凡解體皆連肉。【疏】【注】釋曰：乃食，謂食肺。云食舉，謂骨體正脊從俎舉鄉口，因名體爲舉。

凡牲體或七或二十七，皆據骨節而言。今言食。不可空食骨。以體皆連肉也。主人羞肵俎于腊北。注 肵俎主於尸。主人親羞。敬也。神俎不親設者。貴得賓客以神事其先。疏 注釋曰。云肵俎主於尸者。以其入後乃設之。故知主於尸。主人親進者。歆尸故也。前神俎使執者設之者。欲得尊賓嘉客以事其先故也。尸三飯。告飽。祝侑。主人拜。注 三飯告飽。禮一成也。侑勸也。或曰。又勸之使又食。少牢饋食禮。侑辭曰。皇尸未實。侑。佐食舉幹。尸受振祭嚌之。佐食受加于肵俎。舉獸幹魚一。亦如之。注 幹。長脅也。獸。腊。其體數與牲同。疏 注釋曰。云幹長脅。文出下記。云獸腊其體數與牲同。知者。亦見下記云腊如牲骨。是也。尸實舉于菹豆。注 爲將食庶羞。舉。謂肺脊。佐食羞庶羞四豆。設于左。南上有醢。注 庶。衆也。

音義 三飯扶晚反 注及下同

罷羞以豕肉所以爲異味。四豆者，膮炙胾醢，南上者，以膮炙爲上，以有醢不得綼也。【音義】膮，許堯反。炙，章夜反，下同。【疏】注釋曰：案公食大夫云：莠四列，西北上。膷以東臐膮牛炙，炙南醢，以西牛胾醢。注云：先設醢，綼之次也。此四豆有醢，則不得先設，非綼之次故也。又復一醢，不得與胾炙相對，相對之法，炙在南，醢在北，胾在北，醢在南，如此見得綼。故少牢云：韭菹醓醢，葵菹蠃醢，韭菹在南，葵菹在北。注云：葵菹在北，綼。又云：羞胾兩瓦豆，有醢，亦用瓦豆，設于薦豆之北。注云：四豆亦綼，羊胾在南，豕胾在北。此皆有醢亦得綼者，以其四豆胾醢具相對，故鄭皆云綼也。

尸又三飯，告飽，祝侑之如初。【注】禮再成也。舉骼及獸魚如初。尸又三飯，告飽，祝侑之如初。【注】禮三成。獸魚如初者，獸骼魚一也。【音義】骼，音格，又音各，後同。舉肩及獸魚如初。【注】不復飯者，三三者，士之禮大成也。舉先正脊，後肩，自上而卻。

下縴而前。終始之次也。【音義】復。扶又反。下同。三。息暫反。【疏】【注】釋曰。云舉先正脊後肩。自上而卻。下縴而前。終始之次也者。先舉正脊。自上也。次舉脅。卻卻也。後舉臂。即下縴也。終舉肩。即前也。前者。牲體之始。後者牲體之終。故云終始之次也。

佐食盛肵俎。俎釋三个。【注】佐食取牲魚腊之餘。盛於肵俎。將以歸尸。俎釋三个。為改饌於西北隅遺之。所釋者。牲腊則正脊一骨。長脅一骨。及臑也。魚則三頭而已。个猶枚也。今俗言物數有若干个者。此讀然。【音義】盛。音成。臑。乃報反。【疏】【注】釋曰。云俎釋三个。為改饌於西北隅遺之。所釋者。牲腊則正脊一骨。長脅一骨。及臑也。知者。案下記云。尸俎。右肩。臂。臑。肫。胳。正脊二骨。橫脊。長脅二骨。短脅。今尸已舉正脊一骨。長脅一骨。及骼肩。則脊脅各有一骨在。前腳二節。後腳二節。各舉其一。訖前腳舉肩訖。宜次盛臂。後腳舉胳訖。宜次盛肫。前後各一節。及橫脊短脅以歸尸。前腳唯有臑在。并正脊長脅各一骨。為三也。

乾隆四年校刊

舉肺脊加于肵俎，反黍稷于其所。【注】尸授佐食，佐食受
而加之，反之也。肺脊初在葅豆。【疏】【注】釋曰：經直云肺脊
加於肵俎，鄭知尸不自加而授與佐食，佐食受而加之者，約少牢云：上佐食
受尸牢肺正脊，加于肵。鄭注云：受者，尸授之。是也。云肺
脊初在葅豆者，上文云尸賓舉于葅豆，是也。
○主人洗角，升酌，酳尸。【注】酳猶
衍也，是獻尸也。云酳者，尸既卒食，又欲頤衍養樂之。不
用爵者，下大夫也。因父子之道，質而用角，角加人事畧
也。今文酳皆爲酳。【音義】酳，以刃反。【疏】釋曰：自此盡入復位，論主人獻尸及祝佐食之
事。【注】釋曰：知是獻尸者，下有主婦洗爵獻尸，并賓長獻
尸，故知此是主人獻尸也。云不用爵者，下大夫也者，此
決少牢云：主人降洗爵，酌酒，乃酳尸。用爵不用角也。云
因父子之道，質而用角，角加人事畧者，既辟大夫不用
爵，次當用觚而用角者，因無臣助祭，父子相養之道，
而用角者，父子是質，角加人事畧，得用功少故也。尸

拜受主人拜送尸祭酒啐酒賓長以肝從。注 肝，肝炙也。古文無長。疏 釋曰：此直言肝從，亦當如少牢賓長羞牢肝用俎，縮執俎，肝亦縮，進末，鹽在右。此亦不言者，文不具也。尸左執角，右取肝擩于鹽，振祭，嚌之，加于菹豆，卒角。祝受尸角，曰送爵皇尸卒爵。主人拜，尸答拜。注 曰送爵者，節主人拜。〇祝酌授尸，尸以醋主人。注 醋，報也。祝酌不洗，尸不親酌，尊尸也。古文醋作酢。音義 醋，才各反。疏 注 釋曰：云祝酌不洗者，尸當酢主人，宜親洗爵酌酒，不親洗酌，尸尊故也。授代酌由祝，代酌故不洗也。主人拜受角，尸拜送。主人退，佐食授挼祭。注 退者，進受爵反位。尸將嘏主人，佐食授之挼祭，亦使祭尸食也。其挼祭亦取黍稷肺祭。今文挼作綏。疏 注 釋曰：云挼祭亦使祭尸食也者，前

乾隆四年校刊

祝命尸挼祭。祭神食。今命主人祭尸食。亦如尸祭神食。故云亦也。云其挼祭亦取黍稷肺祭者。亦如上佐食取黍稷肺祭授尸。尸祭之相似。故云亦也。

主人坐。左執角。受祭。祭之。祭酒。啐酒。進聽嘏。〔注〕聽猶待也。受福曰嘏。嘏。長也。大也。待尸授之以長大之福也。〔音義〕嘏。古雅反。

佐食摶黍授祝。祝授尸。尸受以菹豆。執以親嘏主人。〔注〕獨用黍者。食之主。其辭則少牢饋食禮有焉。〔音義〕摶。大官反。〔疏〕釋曰。案少牢云。祝與二佐食皆出盥于洗。入。二佐食各取黍於一敦。上佐食兼受。摶之以授尸。尸執以命祝。卒命祝。祝受以東北面于戶西。以嘏于主人。但少牢不親嘏者。大夫尸尊。又大夫禮文。此親嘏者。士尸卑。禮質故也。〔注〕釋曰。云其辭則少牢饋食禮有焉者。案少牢云。祝以嘏于主人曰。皇尸命工祝。承致多福無疆于女孝孫。來女孝孫。使女受祿于天。宜稼于田。眉壽萬年。勿替引之。是也。云獨用黍者食之主者。案上文云爾黍于席上。不云爾稷者。以稷雖五穀之長。不如黍之美。故食之主。是以喪大記云：君沐粱，大夫沐稷，士沐粱。士禮士沐稻，諸侯之士。鄭注云：差率而上，天子黍。是黍穀之貴也。

主人左執角，再拜稽首受，復位。詩懷之，實于左袂，挂于季指，卒角，拜。尸答拜。〔注〕詩，猶承也。謂奉納之懷中。季，小也。實于左袂，挂以小指者，便卒角也。少牢饋食禮曰：興受黍，坐振祭，嚌之。〔音義〕挂，俱賣反，一音卦。〔疏〕〔注〕釋曰：云挂袪以小指者，便卒角也。但左手執角，右手挂袪以小指，不于左手言便卒角者，飲酒之時，恐其遺落，故挂以小指，故云便卒角也。

主人出，寫嗇于房，祝以籩受。〔注〕變黍言嗇，因事託戒，欲其重稼嗇。嗇者，農力之成功。〔疏〕釋曰：案少牢云：主人出，宰夫以籩受嗇黍，主人嘗之，納諸內。此大夫尊，不似有入房，直見大夫出，宰夫以籩受。此主人寫嗇于房，祝以籩受，以其士賤故也。〔注〕釋曰：云變黍言嗇因事託戒，欲其重稼嗇者，以黍者五穀之名，非農力成功之稱故以黍爲嗇欲其重稼嗇故少牢鄭注云秋斂曰嗇是用農力之言也○筵祝南面【注】主人自房還時主人酌獻祝祝拜受角主人拜送設菹醢俎【注】行神惠也先獻祝以接神尊之菹醢皆主婦設之佐食設俎【疏】【注】釋曰此先佐食以佐食接尸故後獻之祝接神先獻之云菹醢皆主婦設之佐食設俎知者前獻尸時菹醢主婦設之亞獻及致爵于主人籩豆亦皆主婦設之則此設菹醢亦主婦可知又知佐食設俎約少牢主人獻祝佐食設俎故此亦佐食設俎可知祝左執角祭豆興取肺坐祭嚌之興加于俎坐祭酒啐酒以肝從祝左執角右取肝揳于鹽振祭嚌之加于俎卒角拜主人答拜受角酌獻佐食佐食北面拜受角主人拜送佐食坐祭卒角拜主人答拜受角降反于篚升入復位【疏】釋曰云主人答拜受角酌

獻佐食者。案上獻祝有俎。此獻佐食不言俎者。上經云執事之俎。陳於階間。二列北上。鄭注云。執事謂有司佐食亦在有司内者。下記云佐食俎觳折脊脅也。又下經賓長獻節。鄭注云。凡獻佐食皆無從。其薦俎獻兄弟以齒設之。若少牢獻佐食俎。卽設于兩階之間。西上。大夫將賓尸。故卽設佐食俎。至於賓尸時。佐食無俎也。

○主婦洗爵于房。酌亞獻尸。注亞次也。次猶貳。主婦貳獻不夾拜者。士妻儀簡耳。疏釋曰。自此盡以爵入于房。論主婦獻尸祝及佐食之事。注釋曰。云主婦貳獻不夾拜者。士妻儀簡耳者。此決少牢主婦亞獻尸時夾拜。此士妻下之。故云儀簡耳。

尸拜受。主婦北面拜送。注北面拜者。辟内子也。大夫之妻拜於主人北。西面。疏注釋曰。案少牢云。主婦洗于房中。出酌。入戶。西面拜。云入戶西面拜。由便也。不北面者。辟人君夫人也。拜而後獻者。當夾拜也。又云。尸拜受。主婦主人之北西面拜送爵。是也。若大夫妻貴。辟人君夫人。士妻賤。不嫌得與人君夫人同也。

宗婦執兩籩戶外

坐。主婦受，設于敦南。【注】兩籩棗栗，棗在西。【疏】【注】釋曰：知者，案下記云：「籩巾以綌也，纁裏，棗烝栗擇。」是也。知棗在西者，案士虞禮，主婦亞獻尸時，云自反兩籩，栗棗設于會南，棗在西。鄭云「尚棗，棗美」，故知也。祝贊籩祭。尸受，祭之，祭酒，啐酒。【注】籩祭，棗栗之祭。其祭之亦於豆祭。【疏】【注】釋曰：知者，見上經尸授醢，祭時，云右手取菹，擩于醢，祭于豆閒。又佐食取黍稷肺祭授尸，尸祭之，不言其處，明亦祭于豆閒。今此祝贊籩祭之，亦不言其處。下祭於豆閒可知。又案有司徹云：尸取韭菹，擩于豆，祭于豆閒。又尸取麷蕡，宰夫贊者取白黑以授尸，尸受，兼祭于豆祭，是籩豆同祭于豆閒也。兄弟長以燔從。尸受，振祭，嚌之，反之。【注】燔，炙肉也。【音義】燔音煩。【疏】【注】釋曰：云「反之者，謂反燔于長兄弟」。羞燔者受，加于肵出。【注】出者，俟後事也。【疏】【注】釋曰：云「俟後事者，謂俟主婦獻祝之時，更當羞燔于祝」。知者，約上文主人獻尸，云賓長以肝從，至獻祝時，但云以肝從，不言其人，明亦賓長可知。此下文主婦獻祝，籩燔從如初儀。明獻祝時亦長兄弟羞燔可知。故鄭注云俟後事也。尸卒爵。祝受爵。命送如初。【注】送者，送卒爵。○酢，如主人儀。【注】尸酢主婦，如主人儀者，自祝酌至尸拜送，如酢主人也。不易爵，辟內子。

【疏】【注】釋曰。云尸酢主婦如主人儀者，自祝酌至尸拜送，如酢主人也。首言此上則如之，其異者，不竝取也。謂主人受佐食挼目祭之。此佐食錯挼于地也。主婦撫之而已。是也。云不易爵辟內子者，以經云酢如主人儀。上尸酢主人時不易爵。故此主婦受酢亦不易爵可知。男女不相襲爵。所以今襲爵者，辟內子。是以少牢云祝受尸爵。尸答拜。易爵。洗。酌。授尸。主婦拜受爵。尸答拜。是其易爵也。

主婦適房，南面，佐食挼祭。主婦左執爵，右撫祭，祭酒，啐酒，入，卒爵，如主人儀。【注】撫挼祭，示親祭。佐食不挼而祭於地，亦儀簡也。入室卒爵於尊者前成禮，明受惠也。

【疏】【注】釋曰。云佐食不挼而祭於地亦儀簡也者，少

乾隆四年校刊

儀禮注疏卷十五　特牲饋食禮　二五

牢大夫妻云。上佐食挼祭。主婦西面於主人之北受祭。祭之。此佐食祭於地。主婦撫之而已。故云亦儀簡。云亦者。亦前不夾拜也。○獻祝籩燔從如初儀及佐食如初卒以爵入于房注及佐食如初。如其獻佐食則拜主人之北西面也。疏注釋曰。此無正文。以佐食北面拜受。主婦不宜與佐食同面拜送。又言如初。明與主人同西面拜。故鄭云拜主人之北西面。與內子同。○賓三獻如初燔從如初爵止注初。亞獻也。尸止爵者。三獻禮成。欲神惠之均於室中。是以奠而待之。疏釋曰。自此盡卒復位。論賓長獻尸及佐食。并主人主婦致爵之事。此一科之內。乃有十一爵。賓獻尸。一也。主婦致爵于主人。二也。主人酢主婦。三也。主人致爵于主婦。四也。主婦酢主人。五也。尸舉奠爵酢賓長。六也。賓長獻祝。七也。又獻佐食。八也。賓又致爵于主人。九也。又致爵于主婦。十也。賓受主人酢。十一也。注釋曰。云初亞獻也者。知不初獻者。以主婦亞獻承初獻後。賓長又承亞獻後。故知如亞獻。不得如初獻也。又面位及𡚁從。皆如亞獻也。云三獻禮成欲神惠之均於室中。是以尊而待之者。謂尸得三獻。而禮成言其賓飲三爵。祝與佐食亦得三獻。主人主婦各得一酢而已。未得獻。是神惠未均。尊而待之者。待主人主婦致爵乃均也。案下文衆賓長爲加爵如初爵止。鄭注云尸止爵者。欲神惠之均于在庭。止得一獻亦言均。則不以爵數爲均。直據得一獻則爲均也。○席于戶內【注】爲主人鋪之西面。席自房來主婦洗爵酌致爵于主人主人拜受爵主婦拜送爵【注】主婦拜拜於北面也今文曰主婦洗酌爵【疏】【注】釋曰。云主婦拜拜於北面也者。約有司徹尸於堂。主婦致爵于主人。主人致爵于主婦。北面于阼階上答拜。是也。宗婦贊豆如初主婦受設兩豆兩籩【注】初贊亞獻也主婦薦兩豆籩東面也【疏】【注】釋曰。上主婦亞獻時。但云宗婦執兩籩。又云祝贊籩祭。無豆。此云贊豆如初。明贊豆之時與贊籩同。故得言如初。知東面者。以主人西面故知也。俎入設【注】佐松崖云：注云「次之亦均」者，謂先肝次燔，亦與尸均也。

食設之。【疏】【注】釋曰：知佐食設之者，見有司下大夫不儐尸者，主婦致爵於主人時，佐食設俎。彼室內行事，與士禮畧同，故鄭約之，知佐食設之也。主人左執爵，祭薦，宗人贊祭，奠爵，興，取肺，坐絶祭，嚌之，興，加于俎，坐挩手，祭酒，啐酒。【注】絶肺祭之者，以離肺長也。少儀曰：牛羊之肺，離而不提心，豕亦然。挩，拭也。挩手者，爲絶肺染汙也。刌肺不挩手。古文挩皆作說。【音義】提，丁禮反。【疏】【注】釋曰：引少儀者，彼注云：提猶絶也。不絶中央少許者，引之證離肺長而不絶，故須絶之。云刌肺不拭手者，以其先已斷絶取祭之，不須以手絶之，故不挩手也。肝從，左執爵，取肝擩于鹽，坐振祭，嚌之，宗人受，加于俎，燔亦如之，興，席末坐卒爵，拜。【注】於席末坐卒爵，敬也。一酳而備再從，而次之，亦均。【疏】【注】釋曰：此決上主人獻尸，賓長以肝從，主婦獻尸，祝菹以燔從。今一酌而肝燔從。則與尸等。故云亦均。亦者。亦上酒均於堂內。主婦答拜。受爵酌醋。左執爵拜。主人答拜。坐祭。立飲。卒爵拜。主人答拜。主婦出反于房。○主人降洗酌。致爵于主婦。席于房中。南面。主婦拜受爵。主人西面答拜。宗婦薦豆俎。從獻皆如主人。主人更爵酌醋。卒爵。降。實爵于篚。入復位。【注】主人更爵自酢。男子不承婦人爵也。祭統曰。夫婦相授受。不相襲處。酢必易爵。明夫婦之別。今文授為受。【疏】【注】釋曰。云主人更爵自酢男子不承婦人爵也者。案上主婦獻尸。尸酢主婦不易爵。鄭注云。辟內子。致爵于主人則易爵也。若然。案下記。設洗。篚在洗西。實二爵。鄭注云。二爵者。為賓獻爵止。主婦當致也。此賓長所獻爵。尸奠之未舉。其篚唯有一爵。得云易者。上主婦亞獻洗爵于房中。則房中有爵矣。主婦獻祝及佐食訖。以爵入于房。後主婦致爵于主人。還是房內爵。後主人致爵于主婦者。是下篚之爵。主婦飲訖。實于房中之篚。主人更取房內之爵以酳酢。酢訖奠于下篚。云主人更爵者。謂酳酢爵與房內爵相更。鄭注下記云主婦當致者。謂主人致爵於主婦則用下篚內爵也。○三獻作止爵。注賓也。謂三獻者。以事命之。作起也。舊說云。賓入戶北面曰。皇尸請舉爵。尸卒爵。酢。酳獻祝及佐食。洗爵。酌致于主人主婦。燔從皆如初。更爵酢于主人。卒。復位。注洗乃致爵。爲異事新之。燔從皆如初者。如亞獻及主人主婦致爵也。凡獻佐食皆無從。其薦俎獻兄弟以齒設之。賓更爵自酢。亦不承婦人爵。疏注釋曰。此決上文賓獻尸獻祝及佐食皆不洗。今致于主人洗。故決之也。案下篇不儐尸洗爵致于主人。注云以承佐食賤新之。此云爲異事新之。注不同者。但爲異事。異事則是承賤。承賤後則事異。言雖不同。理則一也。

云燔從皆如初者，如亞獻及主人主婦致爵者。謂如上主婦亞獻尸及祝皆燔從，及主人主婦致爵皆肝從燔從。此雖云如初，則無肝從，故經云燔從皆如初。云凡獻佐食皆無從者，謂主人主婦及賓長獻佐食皆無從，故云凡。鄭注此者，以經獻祝及佐食洗爵致于主人主婦燔從皆如初，在獻佐食下，嫌獻佐食亦然有燔從，故鄭辯之。若然，佐食得獻與祝得獻同，亦得如初，但無從爲異。云其薦俎獻兄弟以齒設之者，以上佐食得獻時不見有設薦俎之文，下記云佐食於旅也齒於（）兄弟，故佐食薦俎亦與兄弟同時設之也。主人降阼階西面拜賓如初洗。注拜賓而洗爵，爲將獻之。如初，視濯時。主人再拜，賓答拜。三拜衆賓，衆賓答再拜者。疏釋曰：自此盡賓爵于篚，論獻賓及衆賓之事也。賓辭洗，卒洗，揖讓升，酌，西階上獻賓。賓北面拜受爵，主人在右答拜。注就賓拜者，此禮不主於尊也。賓卑則不專階，主人在右，統於其位。疏注釋

乾隆四年校刊

曰云就賓拜者此禮不主於尊也者案鄉飲酒鄉射賓主獻酢各於其階至酬乃同階此因祭而獻賓非爲尊之所尊者謂尸也又賓是士家有司卑不得專階故就之使不得專階也對鄉飲酒鄉射得專階也云主人在右統於其位者以其賓得在西階上北面以東爲右主人位在阼階故云統於其位鄭言此者主人就西階異於飲酒主人在右則與飲酒禮同以言主人常居右也

薦脯醢設折俎【注】凡節解者皆曰折俎不言其體略云折俎非貴體也上賓骼衆賓儀公有司設之【疏】【注】釋曰案下記云賓骼鄭云骼左骼也賓俎全體尊賓也折骨而曰折俎明凡節解牲體皆曰折升于俎故名折俎與臑折同名其折義則異彼折骨云不言其體畧云折俎非貴體也者案下記云賓骼骼是牲體此經云折俎者亦用骼非貴體故畧云折俎若然經尸俎祝佐食及主人主婦俎體皆不言之而鄭注獨云賓俎不言體者尸祝等經不言牲體亦不言折以其體貴故也此賓俎不言牲體而言折明非貴體也云上賓骼衆賓儀者案下記準云賓骼其衆賓已下皆骰脅不言儀者鄭見有司徹主

人獻賓司士設俎羊骼一又云衆賓長拜受爵其脅體儀也注云儀者尊體盡儀度餘骨可用而用之尊者用尊體卑者用卑體而已是也云公有司設之者此卽有司徹云司士設俎羊骼一衆賓脅體儀是也此下文云有司在門西則此設俎者也 賓左執爵祭豆奠爵興取肺坐絶祭嚌之興加于俎坐挩手祭酒卒爵拜主人答拜受爵酌酢奠爵拜賓答拜【注】主人酌自酢者賓不敢敵主人主人達其意【疏】注釋曰云賓不敢敵主人主人達其意者以其賓是士之有司之中以卑不敢與主人爲敵酢之是以主人酌以自酢達賓意故也若鄉飲酒鄉射賓皆親酢主人以其賓尊行敵禮故也 主人坐祭卒爵拜賓答拜揖執祭以降西面奠于其位位如初薦俎從設【注】位如初復其位東面少牢饋食禮宰夫執薦以從設于祭東司士執俎以從設于薦東是則皆

公有司爲之與[音義]與音餘[疏][注]釋曰：以賓位在西階下東面，今受獻於西階上，經云執祭以降西面奠于其位，又言位如初，明復西階下東面位可知也。○衆賓升拜受爵，坐祭立飲，薦俎設于其位，辯主人備答拜焉，降實爵于篚。[注]衆賓立飲，賤不備禮。鄉飲酒記曰：立卒爵者不拜既爵。備，盡，盡人之答拜。[音義]辯音遍，後皆同。○尊兩壺于阼階東，加勺南枋，西方亦如之。[注]爲酬賓及兄弟，行神惠，不酌上尊，卑異之。就其位尊之。兩壺皆酒，優之。先尊東方，示惠由近。禮運曰：澄酒在下。[音義]勺，時灼反。[疏]釋曰：自此盡揖復位，論堂下設尊酬賓之事。[注]釋曰：云行神惠不酌上尊卑異之者，決上文獻賓及兄弟皆酌上尊者，獻是嚴正，故得與神靈共尊，至此旅酬禮褻，故不敢酌上尊。案司尊彝職四時之祭，云皆有罍，諸臣之所酢。少牢上下大夫堂下皆無尊者。士卑得與人君同。大夫尊。辟人君故也。云兩壺皆酒優之者。設尊之法。皆有玄酒。今兩壺皆酒。無玄酒。優之也。案玉藻云。惟饗野人皆酒。鄭云。飲賤者不備禮。與此注無玄酒為優之異者。此士之祭禮。欲得尊賓客以事其先。非賤者。故以皆酒為優之。彼饗野人。野人是賤者。故以不備禮解之也。云先尊東方示惠由近者。東方主人位。西方賓位。今先設東方乃設西方者。見惠由主人來。故云示惠由近為始也。引禮運者。彼注澄為沈齊。酒是三酒。酒所以飲諸臣。證此壺尊亦飲在下者也。

主人洗觶酌于西方之尊。西階前北面酬賓。賓在左。注 先酌西方者。尊賓之義。

主人奠觶拜。賓答拜。主人坐祭卒觶拜。賓答拜。主人洗觶。賓辭。主人對。卒洗酌。西面。賓北面拜。注 西面者。鄉賓位。立於西階之前。賓所答拜之東北。音義 鄉。許亮反。疏 注釋曰。以經云主人對卒洗酌西面。賓北面拜。主人西面授。賓北面答拜。明主人不得南過於賓。故鄭以義言之。云立於

乾隆四年校刊

西階之前賓所答拜之東北也。主人奠觶于薦北。注奠酬於薦左。非爲其不舉。行神惠不可同於飲酒。疏注釋曰。以其神惠右不舉。生人飲酒左不舉。今行神惠。不可同於飲酒。故奠於左。與生人相變。故有司徹云。二人舉觶酬尸。侑奠觶於右。鄭注云。奠于右者。不舉也。神惠右不舉。變於飲酒。是也。此酬奠於薦左。下文賓舉爲旅酬。以其神惠故也。言不可同飲酒者。謂不可同於鄉飲酒。故鄉飲酒記云。將舉者於右。奠者於左。其義與此別。此下文奠觶於薦南。明將舉。以初在北。飲酒將舉奠於薦南。使其復舉。賓坐取觶。還東面拜。主人答拜。賓奠觶于薦南。揖復位。注還東面就其位薦西。奠觶薦南。明將舉。疏注釋曰。云揖復位者。則初奠時少南於位可知。云還東面者。則初賓坐取觶薦東西面可知。故鄭注云還東面就其位薦西也。○主人洗爵。獻長兄弟于阼階上。如賓儀。注酬賓乃獻長兄弟者。獻之禮成於酬。先成賓禮。此主人之義亦有薦脀設于位私人爲之與○【音義】脀之丞反○【疏】釋曰自此盡如衆賓儀論主人獻長兄弟及衆兄弟之事○【注】釋曰云酬賓乃獻長兄弟者獻之禮成於酬者以其獻賓之禮以酬副之乃禮成故冠禮云乃禮賓以一獻之禮鄭注云獻酢酬賓主人各兩爵而禮成又鄉飲酒獻及酬賓訖乃獻介又此文獻賓卽酬賓乃獻兄弟故鄭注獻之禮成於酬也云亦有薦脀設于位者以經云獻長兄弟于阼階上如賓儀則長兄弟初受獻于阼階上時亦薦脯醢設折俎於阼階上祭訖乃執以降設于下位皆當如賓儀鄭下注云設薦俎於其位者據執以降及其位而言也言亦者亦賓鄭必知有薦俎者見於下記云長兄弟及宗人折是也云私人爲之與者私人者卽私臣下記云私臣門東北面西上是也以賓薦公有司設之則兄弟薦俎私人可知以無正文故言與以疑之也○洗獻衆兄弟如衆賓儀【注】獻卑而必爲之洗者顯神惠此言如衆賓儀則知獻衆賓洗明矣○【疏】【注】釋曰云此言如衆賓儀則知獻衆賓洗明矣者以其士獻衆賓時雖不

言洗。此云洗獻衆兄弟如衆賓儀，明獻衆賓洗可知。不言之者，舉下以明上，省文之義故也。○洗獻內兄弟于房中，如獻衆兄弟之儀。注內兄弟，內賓、宗婦也。如衆兄弟，如其拜受坐祭立飲，設薦俎於其位而立。內賓位在房中之尊北，不殊其長，畧婦人也。有司徹曰：主人洗獻內賓於房中，南面拜受爵。疏釋曰：自此盡入復位，論主人獻姑姊妹及宗婦之事。注釋曰：云內賓宗婦也者，此總云內兄弟。下記云內賓宗婦，案彼注云內賓姑姊妹，宗婦族人之婦。若然，兄弟者服名，故號婦人爲兄弟也。云其位在房中之尊北者，案下記云尊兩壺于房中西墉下南上，內賓立于其北，東面南上，宗婦北堂東面北上，是也。云不殊其長畧婦人者，決上文獻賓於西階上，獻兄弟於阼階上，皆殊其長。此不殊，故云畧之。引有司徹者，欲見此內賓受獻時，亦南面拜受爵，故下注云內賓之長亦南面答拜。言亦者，亦前受獻時。前雖無文，約有司徹。內賓之長亦南面答拜。主人西面答

松厓云唯加爵無從

拜。更爵酢。卒爵。降實爵于篚。入復位。[注]爵辯乃自酢以初不殊其長也。內賓之長亦南面答拜。[疏][注]釋曰。云爵辯乃自酢以初不殊其長也者。對上賓與長兄弟。不待獻衆賓己弟徧。主人先自酢也。云內賓之長亦南面答拜者。獻時不殊其長。酢時猶如賓及兄弟殊其長。與男子同。男子婦人衆賓以下皆無酢也。○長兄弟洗觚爲加爵。如初儀。不及佐食。洗致如初。無從。[注]大夫士三獻而禮成。多之爲加也。不及佐食無從。殺也。致致於主人主婦。[音義]殺。所界反。下皆同。[疏]釋曰。此一經。論士三獻之外。爲加獻尸之事。云如初儀者。如賓長三獻之儀。但賓長獻十一爵。此兄弟之長加獻則降。唯有六爵。以其闕主人主婦致爵并酢四爵。及獻佐食五。唯有六在者。洗觚爲加獻。一也。尸酢長兄弟。二也。獻祝。三也。致爵於主人。四也。致爵於主婦。五也。受主人酢。六也。[注]釋曰。云大夫士三獻而禮成者。天子大祫十有三獻。四時與禘。唯有九獻。上公亦九獻。侯伯

乾隆四年校刊

七獻。子男五獻。卿大夫士畧同。三獻而祭禮成也。是以多之者爲加。若生人飲酒禮。卿大夫三獻。士唯一獻而已。祭禮士與大夫同者。攝盛。葬奠亦與大夫同。少牢五鼎。又乘車建旜。亦與卿大夫同也。○衆賓長爲加爵如初爵止。【注】尸爵止者。欲神惠之均於在庭。【疏】【注】釋曰。庭賓及兄弟雖得一獻。未得旅酬。其尸得三獻。又別受加爵。故停之使庭行旅酬。是以云尸爵止者。欲神惠之均於在庭也。○嗣舉奠盥入北面再拜稽首。【注】嗣主人將爲後者。舉猶飲也。使嗣子飲奠者。將傳重累之者。大夫之嗣子不舉奠。辟諸侯。【音義】傳。丈專反。【疏】釋曰。自此盡出復位。論嗣子飲奠酌獻之事。【注】釋曰。云嗣主人將爲後者。不言適而言將爲後者。欲見無適長。立庶子及同宗爲後皆是。故泛言將爲後也。云舉猶飲也者。非謂訓舉爲飲。直是嗣子舉而飲之耳。云將傳重累之者。謂將使爲嗣。牽累宗敬承重祭祀之事。是以使飲之而獻也。云大夫之嗣子不舉奠辟諸侯者。案文王世子云。其登餕獻受爵。則以上嗣。[illegible]

云上嗣。君之適長子。以特牲饋食禮言之。受爵謂上嗣舉奠也。獻謂舉奠洗爵酌入也。餕謂宗人遣舉奠盥命之餕也。大夫之嗣無此禮。辟君也。今案少牢無嗣子舉奠之事。故此注云辟諸侯。士卑不嫌得與人君同。故有嗣子舉奠之事也。奠者。即上文祝酌奠。奠於鉶南是也。鄭特牲云。舉斝角。詔妥尸。鄭注云。尸始入。舉奠斝若奠角。將祭之。祝則詔主人拜妥尸。使之坐。尸即至尊之坐。或時不自安。則以拜安之也。天子奠斝。諸侯奠角。彼鄭注意亦引此特牲祝酌奠于鉶南也。尸執奠。進受。復位。祭酒。啐酒。尸舉肝。舉奠左執觶。再拜稽首。進受肝。復位。坐食肝。卒觶。拜。尸備答拜焉。注食肝受尊者賜。不敢餘也。備猶盡也。每拜答之。以尊者與卑者爲禮。畧其文耳。古文備爲復。疏釋曰。直言受肝。明有鹽。是以下記云。嗣舉奠。佐食設豆鹽。是也。注釋曰。云食肝受尊者賜不敢餘也者。食之當盡。以其食若不盡。直云嚌之而已。此經云食肝。明不敢餘也。舉奠洗酌入。尸拜受。舉奠

乾隆四年校刊　　儀禮注疏卷十五　特牲饋食禮

荅拜，祭酒，啐酒，奠之，舉奠出復位。【注】啐之者，荅其欲酢己也。奠之者，復神之奠觶。嗣齒於子姓，凡非主人，升降自西階。【疏】【注】釋曰：云「啐之者，荅其欲酢己也」者，鄉飲酒、鄉射，主人獻賓，賓皆啐酒，洗爵，即酢主人。此嗣子獻尸，尸啐之，以亦欲酢己，故啐之。其賓無酢也。云「嗣齒於子姓」者，姓之言生，子之所生，謂孫行者。今嗣亦孫之流，故齒之也。云「凡非主人，升降自西階」者，案曲禮云：「爲人子者，升降不由阼階。」是以雖嗣子亦並升降自西階。適子孫不升阼階，故於此總言几也。○兄弟弟子洗酌于東方之尊，阼階前北面舉觶于長兄弟，如主人酬賓儀。【注】弟子，後生也。【疏】釋曰：自此盡「乃羞」，論弟子舉觶將行旅酬之事。云「如主人酬賓儀」者，謂如上文主人酬賓，就其階同北面，並拜，乃飲卒爵，拜，洗，酌，乃西面，賓北面拜，儀，故言如此。亦然，弟子洗觶酌於東方之尊，阼階前東面獻長兄弟。長兄弟北面拜受，弟子奠於薦南。長兄弟坐取觶，遂西面拜，弟子北面荅拜，長兄弟奠於薦北，揖復位。若有司徹云。兄弟之後生者舉觶於其長。長在左。弟子自飲訖。升酌降。長拜受於其位。舉爵者東面答拜。鄭注云拜受答拜不北面者。儐尸禮殺。此不儐尸。則拜送皆北面可知也。【注】釋曰。弟子後生者。此即有司徹云兄弟之後生者是也。

○宗人告祭脀。【注】脀。俎也。所告者。衆賓兄弟內賓也。獻時設薦俎于其位。至此禮又殺。告之祭。使成禮也。其祭皆離肺。不言祭豆可知。【音義】脀之丞反。【疏】注釋曰。云告祭脀者。謂告衆賓之等。知無長賓者。以其初得獻時。即於階上。此獻時乃設薦俎于其位。故此無長賓也。上文獻長兄弟如賓儀。則亦獻時祭可知。故知宗人所告。告衆賓衆兄弟內賓也。云獻時設薦俎於其位者。得獻時乃薦于堂下及房內之位。云至此禮又殺告之祭使成禮也者。案上文加爵致爵。不及佐食。無從。殺也。此告之祭使成禮。是再殺。故云又殺也。云其祭皆離肺者。已於記文解之也。云不言祭豆可知者。以衆賓言薦俎從設。言薦即豆也。故云不言祭豆可知。

乃羞。【注】羞。庶羞也。下尸。胾醢豆而已。此所羞者自祝主人至於內賓無內羞。【疏】釋曰：知羞非薦羞者，上文受獻時皆設薦俎於其位，故知此羞乃是庶羞，非薦也。云「下尸胾醢豆而已」者，上爲尸佐食羞庶羞四豆，設於左，云鄭注「四豆，膮、炙、胾、醢」，此祝以下庶羞降于尸，當去膮炙，故云「胾醢豆而已」。云「此所羞者，自祝主人至於內賓」者，言自祝下及內賓，衆賓、兄弟皆在可知。又下記云「公有司獻次衆賓，私臣獻次兄弟」，則內賓亦及之。是以少牢下篇云「乃羞庶羞于賓、兄弟、內賓及私人」，不儐尸亦云「乃羞于賓、兄弟、內賓及私人，辯」是也。若然，少牢與有司徹儐尸與不儐尸，庶羞與房中羞皆與尸、佐食及祝、主人、主婦皆同時羞之者，彼上下大夫禮尊，故得與尸同時羞。此士禮卑，故不得與尸同也。云「無內羞」者，以其尸尊尚無內羞，況祝卑，故無內羞也。○賓坐取

觶，阼階前北面酬長兄弟，長兄弟在右。【注】薦南奠觶。【疏】釋曰：自此盡「實觶于篚」，論行旅酬之閒作止爵之事。但此特牲之禮，堂下行旅酬，並無算爵，在室中者不與旅酬之事。上大夫儐尸，尸與旅酬，不與無算爵之事，故別使二人舉觶於尸、侑，尸、侑得舉爲旅酬，徧及堂下。尸與

旅酬者。以其儐尸在堂。禮殺故也。若下大夫不儐尸者。堂上無旅酬。直行無算爵而已。尸則不與之。所以下大夫無旅酬。直有無算爵者。以其禮尸於室中。辟國君堂下不設尊。故無旅酬。直行無算爵而已。以其堂上與神靈共尊。不得與尸行旅酬。故闕之。此特牲堂下得旅酬無算爵竝行者。以其堂下與神靈別尊。故爲加爵禮尸於室中。酌上尊。堂下旅酬行神惠。酌下尊。故上下大夫及士之祭禮。旅酬及無算爵或行或不。皆參差不等也。賓酬長兄弟。長兄弟在右。下文長兄弟酬衆賓長自左受旅如初。是賓主相酬。主人常在東。其同在賓中則受酬者在左。若鄉飲酒賓酬主人。主人立於賓東。主人酬介。介立於主人之西。其衆賓受介酬者自介右。鄭注云。尊介。使不失故位。衆受酬者受自左。異其義也。賓主相酬各守其位。不以尊卑變。同類之中。受者於左。尊右也。

賓奠觶拜。長兄弟答拜。賓立卒觶。酌于其尊。東面立。長兄弟拜受觶。賓北面答拜。揖復位。注其尊。長兄弟尊也。此受酬者拜亦北面。疏釋曰。以其旅酬無算爵。以飲者酌己尊。酬人之時酌彼尊。

是各自其酒。故無算爵賓弟子及兄弟弟子舉觶於其長各酌于其尊也。注釋曰。云此受酬者拜亦北面者。以經長兄弟拜受觶。不言面位。故鄭云受酬者拜亦北面。言亦者。亦賓北面也。

長兄弟西階前北面。衆賓長自左受旅如初。注旅。行也。受行酬也。初。賓酬長兄弟。長兄弟卒觶。酌于其尊。西面立。受旅者拜受。長兄弟北面答拜。揖復位。衆賓及衆兄弟交錯以辯。皆如初儀。注交錯。猶言東西。○爲加爵者作止爵。如長兄弟之儀。注於旅酬之閒言作止爵。明禮殺並作。疏釋曰。前衆賓之長爲加爵如初爵止。今還使爲加爵者作止爵也。故云如長兄弟之儀。注釋曰。云於旅酬之閒言作止爵明禮殺並作者。此決上文賓三獻爵止。鄭注云。三獻禮成。欲神惠之均于室中。是以奠而待之。故有室中主人主婦致爵訖。乃三獻作止爵。此衆賓長爲加爵如初爵止。鄭注云。尸爵止者。欲神惠之均于在庭。而堂下庭中行旅酬未訖。爲加爵者作止爵。故鄭注云禮殺竝作也。○長兄弟酬賓如賓酬兄弟之儀以辯卒受者實觶于篚。注長兄弟酬賓亦坐取其奠觶。此不言交錯以辯賓之酬不言卒受者實觶于篚明其相報禮終於此其文省。疏釋曰：云長兄弟酬賓亦坐取其奠觶者。即亦謂亦上賓坐取薦南奠觶。此長兄弟所舉奠觶者。即上弟子舉觶於其長是也。云明其相報禮終於此其文省者。以其賓舉奠觶亦皆行旅酬盡皆徧。長兄弟舉觶於賓行旅酬亦皆徧。故云相報禮終。言明者。嫌其不終。所以嫌者。賓之酬不言卒受者。此不言交錯以辯。嫌其不卒不辯。其實賓之酬亦卒受者實觶于篚。此亦交錯以辯。故鄭云文省也。○賓弟子及兄弟弟子洗各酌于其尊中庭北面西上舉觶於其長奠觶拜長皆答拜舉觶者祭卒觶拜長皆答拜舉觶者洗各酌于其尊復初位長皆

拜。舉觶者皆奠觶於薦右。注奠觶，進奠之于薦右，非神
惠也。今文曰奠于薦右。疏釋曰：自此盡爵無算，論二觶
竝行無算爵之事。注釋曰：云
奠觶進奠之於薦右非神惠也者。案上尊兩壺於阼階
東，加勺，南柄，西方亦如之。鄭注云：爲酬賓及兄弟行神
惠。至此云非神惠者。彼三獻止爵者。欲得神惠均于室中。
衆賓長爲加爵止爵者。欲神惠均于在庭。故止爵。行旅
酬雖以尸而奠爵待之。亦得爲神惠。至此別爲無算爵。
在下自相勸。故得爲非神惠。故奠於薦右。同於生人飲
酒。舉者奠
於薦右也。長皆執以興。舉觶者皆復位答拜。長皆奠觶
于其所，皆揖其弟子，弟子皆復其位。注復其位者，東西
面位。弟子舉觶於其長，所以序長幼，教孝弟。凡堂下拜
亦皆北面。疏注釋曰：云復其位者東西面位者。上既言
皆復位答拜。此復重云復位。則上文復位
復在庭初舉北面位。此重言復位者。當復東西面位可
知。云凡堂下拜亦皆北面者。前主人酬賓弟子舉觶於

其長行旅酬，文無算爵，兄弟弟子舉觶皆北面，則知凡堂下雖不見面位者皆北面拜可知。云「凡」者，賓以下至於私人拜受送皆北面，故云「凡」也。**爵皆無算。**【注】算，數也。賓取觶酬兄弟之黨，長兄弟取觶酬賓之黨，唯己所欲，亦交錯以辯，無次第之數。因今接會，使之交恩定好，優勸之。○**利洗散，獻于尸，酢及祝，如初儀。降，實散于篚。**【注】利，佐食也。言利，以今進酒也。更言獻者，以利待尸禮將終，宜一進酒，嫌於加酒亦當三也。不致爵，禮又殺也。【音義】散，悉但反，下皆同。

【疏】釋曰：自此盡「西序下」，論佐食獻尸祭祀畢之事。【注】釋曰：云「利，佐食也。言利，以今進酒也」者，利與佐食乃有二名者，以上文設俎、啓會、爾敦之時，以黍稷為食，故名佐食；今以進酒，酒所以供養，故名利，利即養也，故鄭云「以今進酒也」。若然，少牢名佐食，上利執羊俎，下利執豕俎者，大夫禮文，故即兩見其名。云「更言獻者，以利待尸

乾隆四年校刊

禮將終宜一進酒嫌於加酒亦當三也者此決兄弟長及衆賓長爲加爵於尸不言獻今進酒更言獻不言加爵故鄭君解其義意以利侍尸禮將終宜一進酒不似長兄弟助宗子祭祀爲加爵衆賓之長助主人祭祀設爲加爵嫌此佐食同彼二者爲加爵故變言獻是以鄭云嫌亦當三也亦者亦上主人獻主婦獻賓長獻爲三也長兄弟爲加爵衆賓長爲加爵通洗散獻尸亦三都并尸飲六士祭事尸禮畢也云不致爵禮又殺也者上文云長兄弟洗觚爲加爵如初儀不及佐食洗致加初無從注云不及佐食無從殺也此又不致故云又殺也

○主人出立于戶外西面注事尸禮畢祝東面告利成

注利猶養也供養之禮成不言禮畢於尸閒之嫌音義養羊亮反下同供九用反疏釋曰少牢云主人出立于阼階上西面祝出立于西階上東面祝告曰利成此戶外告利成彼階上告利成以尊者稍遠於尸若天子諸侯禮畢於堂下告利成故詩楚茨云禮儀既備鍾鼓既戒孝孫徂位工祝致告鄭注云鍾鼓既戒戒諸在廟中者以祭禮畢孝孫徂位堂下西面位也祝於是致孝

孫之意。告尸以利成，是尊者告利成逆於尸也。[疏]釋曰：云不言禮畢於尸閒之嫌者，閒，閒暇無事。若然，禮畢則於尸閒暇無事，有發遣尸之嫌，故直言利成而已也。尸謖，祝前，主人降。[注]謖，起也。前，猶導也。少牢饋食禮曰：祝入，尸謖，主人降，立于阼階東西面。祝先，尸從，遂出于廟門。前尸之儀，士虞禮備矣。[音義]謖，所六反。[疏][注]釋曰：引少牢者，證大夫禮主人立位與士不同。又證前尸出廟之事。云前尸之儀士虞禮備矣者，彼有室中出戶降階出廟前尸之事，故云備矣。祝反，及主人入，復位。命佐食徹尸俎，俎出于廟門。[注]俎，所載於肵俎。少牢饋食禮曰：有司受，歸之。[疏][注]釋曰：引少牢者，是少牢下篇有司徹下大夫不賓尸之禮。彼云：佐食徹尸俎，佐食乃出尸俎于廟門外，有司受，歸之。此士禮不賓尸，與下大夫同，故引以相證也。徹庶羞，設于西序下。[注]為將餕，去之。庶羞主為尸，非神饌也。尚書傳曰宗室有事族人皆侍終日大宗已侍於賓奠然後燕私燕私者何也已而與族人飲也此徹庶羞置西序下者爲將以燕飲與然則自尸祝至於兄弟之庶羞宗子以與族人燕飲於堂內賓宗婦之庶羞主婦以燕飲於房【音義】爲于僞反去起呂反飲與音余【疏】【注】釋曰知非神餘而云爲尸者以其尸三飲後始薦庶羞故徹之乃餕也凡餕者尸餕鬼神之餘祭者餕尸之餘義取鬼神之惠徧廟中庶羞非鬼神惠故不用也引尚書傳已下者是彼康誥傳文大宗已侍於賓奠者或有作羹或有作暮者皆誤以奠爲正也引之者證徹庶羞不入于房而設於西序下以擬燕故也必知祭有燕者案楚茨詩云鼓鍾送尸下云備言燕私鄭注云祭祀畢歸賓客之俎同姓則留與之燕所以尊賓客親骨肉也其上大夫當日賓尸安有燕故有司徹上大夫云主人退注云反於寢也是無燕私者下大夫不賓尸與此士禮同亦當有燕也云與者以經直言設于序

下。不言燕。疑之。引書傳爲證有燕故言與以疑之也。云然則自尸祝以下。知義如此者。以兄弟受獻於堂下。主婦內賓受獻於房中。尸出之後。堂房無事。故知燕時男子在堂。婦人在房可也。○筵對席佐食分簋鉶。注 爲將餕分之也。分簋者。分敦黍於會爲有對也。敦有虞氏之器也。周制士用之。變敦言簋。容同姓之士得從周制耳。祭統曰。餕者祭之末也。不可不知也。是故古之人有言曰。善終者如始。餕其是已。是故古之君子曰。尸亦餕鬼神之餘也。惠術也。可以觀政矣。疏 釋曰。自此盡戶外西面。論嗣子共長兄弟對餕之事。注 釋曰。云敦有虞氏之器者。禮記明堂位云。有虞氏之兩敦。上文黍稷之敦。是周制士用之。云言簋容同姓之士得從周制耳者。大夫異姓。既用異代之器。故少牢特牲皆用敦。則同姓之士。當同周制用簋。故經言分簋。是以文王世子鄭注亦云。同姓之士緦衰。異姓之士疑衰。亦同姓與異

乾隆四年校刊

姓別也。引祭統者，證餕是鬼神之惠徧廟中，若國君之惠徧境內，是可以觀政之事也。宗人遣舉奠及長兄弟盥，立于西階下，東面北上。祝命嘗食。餕者舉奠許諾，升，入東面。長兄弟對之，皆坐。佐食授舉各一膚。【注】命，告也。士使嗣子及兄弟餕，其惠不過族親。古文餕皆作餕。【音義】餕，子峻反，與餕同。【疏】釋曰：此決下篇少牢二佐食及二賓長餕，明惠大，及異姓，不止族親而已。主人西面再拜，祝曰：「餕有以也。」兩餕奠舉于俎，許諾，皆荅拜。【注】以讀如「何其久也？必有以也」之以。祝告餕，釋辭以戒之，言女餕此，當有所以也。以先祖有德而享于此祭，其坐餕其餘，亦當以之也。少牢饋食禮不戒者，非親昵也。舊說曰：主人拜下餕席南。【音義】以，依注音似，或如字，女音汝，下同。疏 注釋曰：云「以讀如何其久也必有以也」之以者，此辭在詩邶風旄丘篇。必有以也，從之者，以此經云有以也者，以先祖有功德，子孫當嗣之而廟食。先祖有德，亦合享此祭，故讀從之也。是以彼注亦云：我君何以久留於此乎？必以衛有功德故也。云「其坐餕其餘，亦當以之也」者，亦謂亦似其先祖。已上皆爲以。爲似者誤也。云「少牢饋食禮不戒者，非親暱也」者，謂二佐食與二賓長，是非親暱也。引舊說者，以經直言主人西面拜，不見其處，故引舊說以明下餕席南。若是者三。注 丁寧戒之，皆取舉。

祭食，祭舉，乃食，祭鉶，食舉。注 食乃祭鉶，禮殺。疏 注釋曰：前正祭之時，尸祭鉶，嘗之，告旨訖，佐食爾黍於席上，尸始食。今餕食乃祭鉶，故決之。云禮殺故也。

卒食。主人降洗爵，宰贊一爵。主人升酌，酳上餕。上餕拜受爵，主人答拜。酳下餕亦如之。注 少牢饋食禮曰：贊者洗三爵，主人受于戶內，以授次餕。舊說云：主人北面授下餕爵。疏

注 釋曰。引少牢者。欲見此禮主人亦受於戶內以授次賓。引舊說。以此經云酳下賓。主人面位無文。當北面也。

主人拜祝曰酳有與也如初儀 注 主人復拜爲戒也。與讀如諸侯以禮相與之與。言女酳此。當有所與也。與者與兄弟也。既知似先祖之德。亦當與女兄弟謂教化之。

疏 注釋曰云讀如諸侯以禮相與之與者。案禮運云諸侯以禮相與者。諸侯會同聘問。一德以尊天子。言此者。戒嗣子與長兄弟及衆兄弟相教化。相與以尊先祖之德也。

兩賓執爵拜 注 答主人也。祭酒卒爵拜。主人答拜。兩賓皆降。實爵于篚。上賓洗爵升酌酢主人。主人拜受爵 注 下賓復兄弟位。不復升也。上賓即位坐答拜 注 既授爵戶內。乃就坐。疏 注釋曰以其主人位在戶內。下餕席南西面。故知上餕授爵於戶內。乃就坐。

主人坐祭卒爵拜上賓

答拜受爵降實于篚主人出立于戸外西面【注】事餕者禮畢○祝命徹阼俎豆籩設于東序下【注】命命佐食阼俎主人之俎宗婦不徹豆籩徹禮畧各有爲而已設于東序下亦將燕也【疏】釋曰自此盡畢出論徹薦俎改設饌於西北隅爲陽厭之事云祝命徹阼俎者是佐食徹之當徹阼俎之時堂下賓兄弟俎畢出故下文云佐食徹阼俎堂下俎畢出是也然祝命徹阼俎時堂下俎畢出文退在下者欲見先徹室内俎乃徹堂下是以祝命佐食徹阼俎及豆籩又祝自執俎以出又宗婦徹祝豆籩入于房卽佐食改饌西北隅是以作經并說室内行事乃到本文上佐食徹阼俎時堂下俎畢出也【注】釋曰云命命佐食者此命命使徹阼俎下文云佐食徹阼俎故知祝命者命佐食也云宗婦不徹豆籩徹禮畧各有爲而已者以豆籩宗婦贊設之佐食設俎理應佐食還自徹俎宗婦徹豆籩以徹禮畧各自有爲而已故宗婦豆籩命佐食并徹之故云徹禮畧也各有爲而已者謂宗婦徹祝俎豆籩佐食徹阼俎豆籩

是各自有爲。何必依前所設之時也。祝執其俎以出東面于戶西。【注】俟告利成。少牢下篇曰。祝告利成。乃執俎以出。【疏】「注」釋曰。案有司徹下大夫不儐尸。改饌于西北隅厞。主人出立于阼階上西面。祝執其俎以出。立于西階上東面。司宮闔牖戶。祝告利成。乃執俎以出于廟門。有司受歸之。彼不儐尸之禮。亦與此特牲禮同。故引爲證也。

宗婦徹祝豆籩入于房。徹主婦薦俎。【注】宗婦既並徹。徹其卑者。士虞禮曰。祝薦席徹入于房。【疏】釋曰。宗婦不徹主人豆籩。而徹祝豆籩入房者。爲主婦將用之爲燕。祝兩豆籩而主婦用之者。祝接神尸之類。主婦燕姑姊妹及宗女。宜行神惠。故主人以薦羞并及祝庶羞燕宗人於堂。主婦以祝籩豆用之燕內賓於房。是其事也。「注」釋曰。云宗婦既並徹徹其卑者。以宗婦不徹主人籩豆。而徹祝與主婦。是徹其卑者。故得並徹。引士虞禮者。以經直有入房之文。注更引士虞禮者。有嫌也。嫌者。以主婦薦俎先在房。嫌經入房又爲徹。

○佐食徹尸薦俎敦。設于西

北隅几在南扉用筵納一尊佐食闔牖戶降【注】扉隱也不知神之所在或諸遠人乎尸謖而改饌爲幽闇庶其饗之所以爲厭飫少牢饋食禮曰南面如饋之設此所謂當室之白陽厭也則尸未入之前爲陰厭矣曾子問曰殤不備祭何爲陰厭陽厭也【音義】扉扶未反厭一豔反飫於庶反【疏】

【注】釋曰云不知神之所在或諸遠人乎禮記郊特牲之文彼論正祭與繹祭之事此爲陽厭引之者欲見孝子之求神非一處故先爲陰厭後爲陽厭之事也引少牢者見彼大夫禮陽厭南面此士禮東面雖面位不同當室之白則同案曾子問庶殤爲陽厭之事故彼云凡殤與無後者祭於宗子之家當室之白尊於東房是謂陽厭鄭注云當室之白謂西北隅得戶之明者也凡言厭者謂無尸直厭飫神故鄭云則尸未入之前爲陰厭矣謂祭于奧中不得戶明故名陰厭對尸謖之後改饌於西北隅爲陽厭以向戶明故爲陽厭也引曾子問云殤不

備祭何爲陰厭陽厭也彼上文孔子曰有陰厭有陽厭謂宗子殤有陰厭無陽厭凡殤有陽厭無陰厭曾子嫌謂殤死陰厭陽厭備有故問孔子孔子別宗子殤死有陰厭凡殤死有陽厭引之證成人陰厭陽厭並有之義也

祝告利成降出主人降即位宗人告事畢○賓出主人送于門外再拜【注】拜送賓也凡去者不答拜【疏】注釋曰云凡去者不答拜者云凡總解諸文主人拜送賓皆不答拜鄭注鄉飲酒云禮有終是也若賓更答拜是更崇新敬禮故不答也

佐食徹阼俎堂下俎畢出【注】記俎出節兄弟及衆賓自徹而出唯賓俎有司徹歸之尊賓者【疏】注釋曰云唯賓俎有司徹歸之尊賓者有司徹歸尸侑之俎不償尸歸尸俎皆不見歸賓俎鄭所以知歸賓俎者上見賓出主人送於門外再拜明賓不自徹俎主人使歸之若助君祭必自徹其俎鄭注曲禮大夫以下或使人歸之是以孔子世家云魯郊不致燔俎于大夫孔子不脫冕而行上大夫家尊賓則使歸之自餘亦自徹而去也

記特牲饋食其服皆朝服玄冠緇帶緇韠。注於祭服此也。皆者謂賓及兄弟。筮日筮尸視濯亦玄端。至祭而朝服。朝服者諸侯之臣與其君日視朝之服。大夫以祭。今賓兄弟緣孝子欲得嘉賓尊客以事其祖禰。故服之。緇韠者下大夫之臣。夙興主人服如初則固玄端。疏釋曰：此退玄冠在朝服下者，欲令近緇色。士冠在朝服上，服從而正也。注釋曰：云皆者謂賓及兄弟，筮日筮尸視濯亦玄端者，見上經云筮日主人冠玄端，子姓兄弟如主人之服，有司羣執事如兄弟服，筮尸云如求日之儀，至於視濯又不見異服，故知皆玄端。至祭日夙興，云主人服如初，初卽玄端，明其餘不如初，是朝服可知。是以此注云皆者謂賓及兄弟也。云朝服者諸侯之臣與其君日視朝之服，大夫以祭者，案玉藻云諸侯朝服以日視朝，下少牢云主人朝服是也。緇韠者下大夫之臣者，士冠禮云主人玄冠朝服緇帶素韠，韠與裳同色，此朝服緇韠，大夫之臣朝服素韠。此緇韠。故云下大夫之臣。云夙興主人服如初則固玄端。引上經者。直言皆朝服。恐主人亦在其中。故引證主人服玄端。與兄弟異也。唯尸祝佐食玄端玄裳黃裳雜裳可也皆爵韠。注 與主人同服。周禮士之齊服有玄端素端。然則玄裳上士也。黃裳中士。雜裳下士。音義 齊側皆反。

疏 注釋曰。周禮士之齊服有玄端素端。司服文。引之者。欲見士之齊服有一玄端。而裳則異。故鄭云然則玄裳以下。見玄端一而裳有三也。彼注云素端者。亦謂札荒有所禱請。服之。於此經無所當。而連引之耳。若然。士冠亦有玄端三等裳。而引司服者。以此特牲祭祀時。彼據齊時。四命已上。齊祭異冠。大夫齊祭同冠。故就此祭祀引齊時冠服爲證也。

○設洗南北以堂深。東西當東榮。注 榮屋翼也。水在洗東。注 祖天地之右海。篚在洗西南順。實二爵二觚四觶一角一散。注 順從也。言南從。統於堂也。二爵者，爲賓獻爵止，主婦當致也。二觚，長兄弟及衆賓長爲加爵，二人班同，迎接並也。四觶，一酌奠，其三，長兄弟酬賓卒受者，與賓弟子、兄弟弟子舉觶於其長，禮殺事相接。禮器曰：「貴者獻以爵，賤者獻以散，尊者舉觶，卑者舉角。」舊說云：爵一升，觚二升，觶三升，角四升，散五升。【音義】從，子容反。【疏】【注】釋曰：云「二爵者，爲賓獻爵止，主婦當致也」者，以一爵獻尸，尸奠之未舉，又一爵主婦當致者，案經主婦致爵於主人，婦人不見就堂下洗，當於內洗，則主婦致爵於主人時，不取堂下爵，而云主婦當致者，謂主婦當受致之時，用此爵也。云「四觶，一酌奠，其三，長兄弟酬賓卒受者，與賓弟子、兄弟弟子舉觶於其長，禮殺事相接」者，酌奠于鉶南，是嗣子雖飲，還復神之奠觶也。餘有三，在主人洗一觶酬賓，奠於薦北，賓取奠於薦南，此未舉也。下篚有二觶，在及長兄弟洗觚爲加爵，衆賓長爲加爵，如初爵止，此亦未舉也。下篚仍有一觶在乃羞之後賓始舉奠觶行旅酬辯卒受者以虛觶奠於下篚還有二觶至爲加爵者作止爵長兄弟亦坐取其奠觶酬賓如賓酬兄弟之儀以辯卒受者實觶于篚時賓弟子兄弟弟子洗觶各酌舉觶于其長卽用其篚二觶卒受者未奠之故三觶並用也故注云卒受者與賓弟子兄弟弟子舉觶於其長也云禮器曰貴者獻以爵者謂賓長獻尸主人致爵於主婦是也賤者獻以散上利洗散是也尊者舉觶謂若酌奠之及長兄弟酬賓之等是也卑者舉角謂主人獻用角鄭云不用爵者下大夫也則大夫尊用爵士卑用角是也引舊說者詩觥已下升數無正文韓詩雖有升數亦非正經故引舊說爲證也○壺棜禁饌于東序南順覆兩壺焉蓋在南明日卒奠冪用綌卽位而徹之加勺注覆壺者盝瀝水且爲其不宜塵冪用綌以其堅潔禁言棜者祭尚厭飫得與大夫同器不爲神戒也音義覆芳伏反盝音鹿疏釋曰未奠不設冪卒奠乃設之故曰卒奠冪用綌注釋曰云禁言棜者祭尚厭

飫得與大夫同器，不爲神戒也者，器本無名，人與作號，棜之與禁，因物立名。是以大夫尊以厭飫爲名，士卑以禁戒爲稱。復以有足無足立名，故禮記注云「無足，有似於棜」，或因名云耳。但經已有棜字，注云世人因名者，誤當無世人字也。士曰禁，由有足，以士虞禮云「尊于室中兩甒醴酒，無禁」，禁由足生名，禮記云「大夫用棜，士用禁」，及鄉飲酒、鄉射皆非祭禮，是以雖大夫去足，猶存禁名。至祭則去足名爲棜，禁不爲神戒也。○籩巾以綌也，纁裏，棗烝，栗擇。【注】籩有巾者，果實之物多皮核，優尊者，可烝裏之也。烝、擇互文。舊說云：纁裏者皆玄被。【音義】裏之，音果。【疏】【注】釋曰：言多皮核者，栗多皮，棗多核。鉶芼用苦若薇，皆有滑。夏葵，冬荁。【注】苦，苦荼也。荁，堇屬，乾之，冬滑於葵。詩云：周原膴膴，堇荼如飴。今文苦爲芐，芐乃地黃，非也。【音義】荁音桓。膴，火甫反。堇音謹。芐音下，劉音戶。【疏】【注】釋曰：云乾之冬滑於葵者，以其冬乾用之，不用葵而用荁，明知冬則滑於葵也。引詩證之。詩言菫荼。卽經苣苦之類也。云今文苦爲芐。芐乃地黄。非也者。爾雅釋草云。芐，地黄。非者。以其與薇葵等菜爲不類。故知非也。

棘心匕刻。[注]刻若今龍頭。

牲爨在廟門外東南。魚腊爨在其南。皆西面。饎爨在西壁。[注]饎。炊也。西壁，堂之西牆下。舊說云。南北直屋梠。稷在南。[音義]梠。音呂。[疏][注]釋曰。云西壁堂之西牆下者。案上經云。主婦視饎爨于西堂下。逼西壁爲之。故以舊說辯之也。舊說者。案爾雅釋宮曰。檐謂之樀。孫氏云。謂室梠。周人謂之梠。齊人謂之檐。謂承檐行材。士喪禮銘置于宇西階上。鄭注云。宇，梠是也。

○肵俎心舌皆去本末。午割之。實于牲鼎。載心立舌。縮俎。[注]午割，從横割之，亦勿沒。立，縮，順其性。心舌知食味者。欲尸之饗此祭。是以進之。[疏]釋曰。云載心立舌縮俎者。少牢云。舌皆切本末。亦午割。勿沒。其載于肵横之。此言縮俎者。彼言横。據俎上爲横。此言縮。據鄉人爲緇是以少牢云皆進下是也注釋曰云亦勿没者亦少牢文謂四面皆鄉中央劉之不絕中央少許謂之勿没也○賓與長兄弟之薦自東房其餘在東堂注東堂東夾之前近南疏釋曰其餘謂衆賓兄弟之薦也○沃尸盥者一人奉槃者東面執匜者西面淳沃執巾者在匜北注匜北執匜之北亦西面每事各一人淳沃稍注之今文淳作激音義奉芳勇反淳之純反劉音純激古狄反一本作浮劉本作徼音敫宗人東面取巾振之三南面授尸卒執巾者受注宗人代授巾庭長尊○尸入主人及賓皆辟位出亦如之注辟位逡遁○嗣舉奠佐食設豆鹽注肵豆鹽也○佐食當事則戶外南面無事則中庭北面注當事將有事而未至凡祝呼佐食

許諾【注】呼猶命也○宗人獻與旅齒於衆賓【注】尊庭長齒從其長幼之次佐食於旅齒於兄弟○尊兩壺于房中西墉下南上【注】爲婦人旅也其尊之節亞西方【疏】【注】釋曰先尊東方者亦惠由之也西方雖是賓以其男子故在前設尊此處爲房內婦人設尊故知亞次西方又經云尊兩壺于阼階東又云西方亦如之明其相亞次此房內婦人之尊上文不見者異之於婦人○內賓立于其北東面南上宗婦北堂東面北上【注】二者所謂內兄弟內賓姑姊妹也宗婦族人之婦其夫屬于所祭爲子孫或南上或北上宗婦宜統於主婦主婦南面北堂中房而北【疏】【注】釋曰言所謂者上經云主人洗獻內兄弟于房中如獻衆兄弟之儀是也云其夫屬于所祭爲子孫者以其在父行則謂之爲母今言宗婦則其夫屬於所祭死者之子孫之妻皆稱婦也

云或南上或北上者，內賓姑姊妹賓客之類南上，自取曲禮云東鄉西鄉以南方爲上。宗婦雖東鄉，取統于主婦，故北上。主婦南面故也。云北堂中房而北者，謂房中半已北爲北堂也。

主婦及內賓宗婦亦旅西面。【注】西面者，異於獻也。男子獻於堂上，旅於堂下；婦人獻於南面，旅於西面。內賓象衆賓，宗婦象兄弟，其節與其儀依男子也。主婦酬內賓之長，酌奠于薦左，內賓之長坐取奠於右。宗婦之娣婦舉觶於其姒婦，亦如之。內賓之長坐取奠觶酬宗婦之姒，交錯以辯。宗婦之姒亦取奠觶酬內賓之長，交錯以辯。內賓之少者、宗婦之娣婦各舉觶於其長，並行，交錯無算。其拜及飲者，皆西面，主婦之東南。【音義】娣，大計反。姒，音似，本或作似。【疏】注釋曰：云西面者異於獻也者以受獻時南面也云男子獻於堂上旅於堂下者見上經云婦人獻於南面旅於西面者見於有司徹云其節與其儀依男子也者謂依上經旅酬及無算爵早晚行事之節皆依男子也云主婦酬內賓之長酬奠於薦左內賓之長坐取奠於右者此約上經主人洗觶酌于西方之尊西階前酬賓時主人奠觶於薦北賓坐取觶奠觶于薦南是也云宗婦之娣婦舉觶於其姒婦亦如之者此亦約上經兄弟弟子洗酌于東方之尊阼階前北面舉觶于長兄弟如主人酬賓儀是也云內賓之長坐取奠觶酬宗婦之姒交錯以辯者此亦上經正行旅酬節賓坐取觶阼階前北面酬長兄弟至交錯以辯皆如初儀是也云宗婦之娣亦取奠觶酬內賓之長交錯以辯者此亦約旅酬節云長兄弟酬賓如賓酬兄弟之儀以辯卒受者實觶于篚是也云內賓之少者宗婦之娣婦各舉觶於其長者此亦約上經正行無算爵時云賓弟子及兄弟弟子各酌于其尊舉觶於其長下云爵皆無算是也云其拜及飲者皆西面主婦之東南者此經云亦旅西面故知其拜受及拜送飲皆西面又亦旅酬之法飲皆西面知在主婦之東南者以其不背主婦又得邪角相向也 ○宗婦贊薦

者執以坐于戶外授主婦。○尸卒食而祭饎爨雍爨。【注】雍熟肉以尸享祭竈有功也舊說云宗婦祭饎爨亨者祭雍爨用黍肉而已無籩豆俎禮器曰燔燎於爨夫爨者老婦之祭盛於盆尊於瓶【疏】【注】釋曰。云亨者。則周禮亨人之官。其職主實鑊水爨亨之事。以供外內饔。故使之祭饔爨也。云用黍肉而已無籩豆俎者。亦約禮器云盆瓶知之。引禮器者。案彼云。孔子曰臧文仲焉知禮。燔柴於奧。鄭注云。奧當爲爨字之誤也。或作竈。禮。尸卒食而祭饎爨饔爨也。時人以爲祭火神。乃燔柴。又云。夫爨者老婦之祭也。盛於盆尊於瓶。注云。老婦先炊者也。盆瓶炊器也。明此祭先炊非祭火神。燔柴似失之。引之者。證祭爨之事也。○賓從尸俎出廟門乃反位。【注】賓從尸。送尸也。士之助祭。終其事也。俎。尸俎也。賓既送尸。復入反位者。宜與主人爲禮。乃去之。【疏】【注】釋曰。云士之助祭終其事也者，謂送尸爲終其事。既送尸爲終其事，則更無儐尸之禮。若上大夫有儐尸者，亦出實不送，以其事終於儐尸故也。○尸俎：右肩、臂、臑、肫、胳，正脊二骨，橫脊，長脅二骨，短脅。注尸俎，神俎也。士之正祭禮九體，貶於大夫，有併骨二，亦得十一之名，合少牢之體數，此所謂放而不致者。凡俎實之數奇，脊無中，脅無前，貶於尊者。不貶正脊，不奪正也。正脊二骨、長脅二骨者，將舉於尸，尸食未飽，不欲空神俎。音義併，步頂反。放，方往反。奇，居宜反，下同。疏注釋曰：云「亦得十一之名，合少牢之體數」者，謂少牢正體之數十一，若牢竝骨并數則十七。鄭云「此所謂放而不致者」，致，至也。所謂《禮器》，彼鄭注云：謂若諸侯自山龍以下，皆有放象。諸侯山龍以下無日月星辰，卿大夫又不山龍。此士併骨二數乃得十一，除此唯九而已，亦是放而不至也。云「凡俎實之數奇」，脊有九，有七，有五，是奇數。以其鼎俎奇，故實數亦奇。而相稱也。云脊無中脅無前貶於尊者不貶正脊不奪正也者。以少牢大夫禮三脊脅俱有。但有二體貶於大夫。大夫即尊者也。等貶牲體。不貶正脊者。不奪其正。長脅亦不貶者。義與正脊同。云正脊二骨長脅二骨者將舉於尸尸食未飽不欲空神俎者。此脊與脅二骨本爲餕厭飫所設也。又欲尸既舉脊脅而猶有脊脅在。既不空神俎。義得兩施。

膚三。注爲餕用二。厭飫一也。音義餕劉子峻反。與餕同。

離肺一。注離猶挳也。小而長。午割之。亦不提心。謂之舉肺。音義挳苦圭反。疏注釋曰。云亦不提心者。言亦謂亦少儀云牛羊之肺離而不提心。鄭注云提猶絕也。挳離之不絕中央少許者是也。

刌肺三。注爲尸主人主婦祭。今文刌爲切。

魚十有五。注魚水物。以頭枚數。陰中之物。取數於月十有五日而盈。少牢饋食禮亦云十有五而俎。尊卑同。此所謂經而等也。疏注釋曰。云魚水物以頭枚數者。對三牲與腊以體數也。云取數於月十有五日而盈者。案禮運云。月三五而盈。三五而闕。文出於彼也。云此所謂經而等者。亦所謂禮器。彼鄭注云。謂若天子以下至士庶人爲父母三年。是也。引之者。諸魚數亦尊卑同也。腊如牲骨。注 不但言體。以有一骨二骨者。疏 注釋曰。云不但言體以有一骨二骨者。若但言體。體有九。有十一。則不兼二骨者。若言牲骨。則一骨二骨兼在其中。故直言如牲骨也。○祝俎。髀脡脊二骨。脅二骨。注 凡接於神及尸者。俎不過牲三體。以特牲約加其可併者二。亦得奇名。少牢饋食禮。羊豕各三體。疏 釋曰。云祝俎直云脅二骨。謂代脅。祝俎有代脅可知。注 釋曰。云凡接於神及尸者。俎不過牲三體。以特牲約加其可併者二。亦得奇名者。言凡者。凡祝佐食賓長長兄弟宗人之等。是也。接神者。謂祝與佐食。佐食尸未入。爲神設俎。卻會。祝酌奠於鉶南。故曰接神也。接尸者。賓爲三獻。長兄弟爲加爵。尸酢。宗人授巾。皆是與尸相接也。知皆三體者。下佐食俎。觳折。脊。脅也。賓骼。長兄弟及宗人折。其餘如佐食俎。故知皆三體也。衆賓之長。亦有加爵接於尸。亦應三體。下文但言兄弟及宗人。而衆賓長亦在焉可知。故下文直云衆賓及衆兄弟皆殽脀。注云不備三者賤也。則衆賓長爲加爵。不在賤限。以特牲約加其可并者二骨者。是尊祝也。佐食已下卑無加。故下注云三體卑者從正。是也。云少牢饋食禮羊豕各三體者。以少牢二牲。故祝俎無加者。皆三體引之以證此特牲約有三體之外加其并骨也。若然。俎實其數二牲各三體共六體不奇者。通臘爲七。則亦奇數也。以其臘既兩髀屬于尻。不殊。故爲一體也。

膚一。離肺一。○阼俎。臂。正脊二骨。橫脊。長脅二骨。短脅。注 主人尊。欲其體得祝之加數。五體。又於其可并者二。亦得奇名。臂。左體臂。疏 釋曰。云臂左體臂者。以其尸用右。不云折。明全升。主人又云臂。明左臂可知。脅骨多。不嫌得與尸同。右體猶脊然也。

膚一。離肺一。○主婦俎。殽折。注 殽。後足。折。分後右足以爲佐食俎。不分左臑折。辟大夫妻。音義 殽。戶角反。又苦角反。疏 釋

曰云觳後足者案既夕記云明衣裳長及觳鄭注云觳
足跗也是觳後足也云分後右足以爲佐食俎者經不
云後右足鄭知者以少牢主婦用左臑此士妻辟之
不用左臑用後右足不用後左足左足大卑故也○其
餘如阼俎【注】餘謂脊脅膚肺○佐食俎觳折脊脅【注】三
體卑者從正【疏】【注】釋曰直云脊脅不定體名欲見得便
用之少牢佐食俎設于兩階之閒其俎
折一膚鄭注云折者擇取牢正體餘骨折分
用之有脊而無膚亦遠下尸是無定體也膚一離肺
一○賓骼長兄弟及宗人折其餘如佐食俎【注】骼左骼
也賓俎全體尊賓不用尊體爲其已甚卑而全之其宜
可也長兄弟及宗人折不言所分畧之【音義】長丁丈反
注及後皆
同【疏】【注】釋曰知骼是左骼者以其尸用右骼故知賓用
用骼是左骼可知也云長兄弟及宗人折不言所
分畧之者此決上文主婦俎觳折佐食
俎亦名觳折此不言所分故知畧之也衆賓及衆兄弟

內賓宗婦若有公有司私臣皆殽脀。【注】又略此所折骨直破折餘體可殽者升之俎一而已，不備三者，賤。祭禮接神者貴。凡骨有肉曰殽。祭統曰：「凡爲俎者，以骨爲主。貴者取貴骨，賤者取賤骨。貴者不重，賤者不虛，示均也。俎者，所以惠之必均也。善爲政者如此，故曰見政事之均焉。」公有司亦士之屬，命於君者也。私臣，自己所辟除者。【音義】殽，戶交反。脀，之丞反。【疏】注釋曰：云「又略」者，上文長兄弟及宗人直言折，不言所折骨體，已是略。此又不言折而言殽脀，是又略也。言此所折骨值有餘體，卽破之可也。云「祭禮接神者貴」者，謂長兄弟及宗人已上，俎皆三體，皆有膚肺，以接神及尸，貴，故三體。雖不正接神，尸象神，接尸者亦貴可知。自祝賓以下折體而已，不接神尸，神賤，無獻故也。宗人雖不獻，執巾以接尸，亦名接尸也。引祭統者，見貴賤皆有骨，示均之義。云已

乾隆四年校刊

所辟除者。則府史之等。不命於君者也。膚一。離肺一。○公有司門西北面東上。獻次衆賓。私臣門東北面西上。獻次兄弟。升受降飲。【注】獻在後者賤也。祭祀有上事者貴之。非執事者亦皆與旅。【音義】與音預。【疏】注釋曰：衆賓兄弟次賓之下得獻。公有司獻在衆賓後。私臣獻在兄弟後。故云獻在後者賤也。云祭祀有上事者貴之者。衆賓擇取公有司可執事者。謂執前舉鼎匕載肝從燔從加爵之事。如此者。門外在有司羣執事中。入門列在西方東面爲衆賓。餘者在門西北面位也。兄弟雖無上事。亦皆在東方西面位。族親故也。私臣獻在兄弟後者。職賤。公有司在衆賓後。不執事者賤于執事者。故曰有上事者貴之。宗人獻與旅齒於衆賓。則公有司爲之。佐食於旅齒於兄弟。則私臣之中擇爲賓。使爲佐食者也。是以前文佐食北面立于中庭。注云佐食賓佐尸食者。是也。案前賓得獻。薦脯醢設折俎。注云公有司設之。及獻兄弟薦脀。注云私人爲之與。二者皆使執事。云非執事者。以受獻者不得自設俎。暫使二者設之。非本執事之人。然則公有司私臣薦俎。皆使徒隸爲之與。云亦皆與旅者。上宗人獻與旅齒於衆賓。佐食於旅齒於兄弟。此但言獻文。不言旅。以宗人佐食約之。亦皆與旅者。亦此二人也。若天子諸侯祭祀。其位無文。此公有司在門西北面東上。私臣在門東北面西上。天子諸侯祭祀。可依此位矣。同姓無爵者在阼階前西面北上。卿西階前東面北上。大夫在門東北面。士門西北面。旅食在其後。少牢下篇云。衆賓位在門東北面。既獻在西階西南。衆賓繼上賓而南。天子諸侯之賓。其位或依此與。案祭統云凡賜爵。昭爲一。穆爲一。昭與昭齒。穆與穆齒。凡羣有司皆以齒。此之謂長幼有序。此不見昭穆位者。主人衆兄弟非昭穆乎。故彼注猶昭穆。猶特牲少牢饋食之禮。主人之衆兄弟也。羣有司猶衆賓下及執事者。君賜之爵。謂若酬之是也。若其有爵者。則以爵序之。何故然也。案文王世子。其在外朝。則以官。其在宗廟之中。則如外朝之位。宗人授事。以爵以官。是不以姓。其獻之亦以官。故祭統云。尸飲五。君洗玉爵獻卿。尸飲七。以瑤爵獻大夫。尸飲九。以散爵獻士及羣有司。皆以齒。明尊卑之等是也其酬蓋因此位。而昭穆得獻。蓋依少牢下篇主人洗升酌獻兄弟作階上。注云。兄弟長幼立飲。賤不別。大夫[illegible]

賓尊於兄弟。又曰。辯受爵。其位在洗東。西面北上。升受爵。其薦脀設于其位。注云。先著其位於上。乃後云薦脀設于其位。明位初在是也。此中皆無爵者。以此二者差之。知無爵者從昭穆。有爵者則以官矣。所擇執事貴者卽衆賓。無事者公有司私臣。鄭注祭統云。羣有司。猶衆賓下及執事者。似衆賓不執事。言下及。殊卑者。指謂公有司私臣。是亦得名爲執事。言衆賓。据尊言。謂之不執事者。或衆賓中容有不執事者也。

經三千四百五字

注五千五百一十七字

儀禮注疏卷十五

儀禮注疏卷十五考證

不諏日疏何休云禮本下爲士制四者○臣學健按何休原文四者下有四時祭也四字賈氏引文未全仍之

宰自主人之左贊命○敖繼公云左當作右葢字誤耳

乃宿尸注古文宿皆作羞○監本脱此六字据疏有此補之

主人再拜賓答再拜○下再拜監本譌再答今依石經及敖本改正

衆賓答再拜○敖繼公云衆賓答一拜言再者字誤也

臣紱按敖說是也鄉飲鄉射主人三拜衆賓衆賓皆答一拜。

夙興主人服如初立于門外東方〇方監本譌作房今依石經及敖本改正

執事之俎陳于階間二列疏此鼎在門外不入〇臣紱按注既言不升鼎則無鼎矣此鼎二字非賈氏誤解即字之譌也

佐食升肵俎鼏之〇敖繼公云鼏當作冪

出立于西南面〇石經及教本西上有戸字

祝命挼祭注今文改挼皆爲綏古文此皆爲挼祭也〇

監本脫此十五字　臣學健按士虞禮尸取奠節疏引此注有此據彼補之

佐食盛肵俎俎釋三个疏今尸已舉正脊云云一段○舊刻云今以舉正脊一骨長脅一骨及骼脊脅各一骨在前脚三節後脚二節各舉其一訖前脚舉肩訖宜次盛臂後脚舉骼訖宜次盛肫前後各一節以歸脡脊以其次正脊故也前脚唯有臑在并脊脅各一骨爲三也　臣紱按此段譌繆難通今反覆經記并取牲體之骨細核之易置數字並去一衍句庶與經義少協

肵從左執爵取肵擩于鹽坐振祭嚌之○敖繼公云坐字衍臣紱按敖意以上文既云坐挩手至此尚未興不當復言坐也

尸卒爵酢疏謂如上主婦亞獻尸及祝皆燔從及主人主婦致爵皆肵從燔從此雖云如初則無肵從○監本皆燔從下衍如初故云如亞獻七字主婦致爵下脫皆肵從燔從此六字臣紱按以經之節次細考之應如此

主人降阼階西面拜賓如初○敖繼公云階下當有前字

左執爵○左石經作佐

洗獻衆兄弟如衆賓儀○兄弟上監本脱衆字今依石經及敖本補正

舉奠洗酌入尸拜受舉奠答拜祭酒啐酒○石經及敖本祭酒上有尸字

兄弟弟子洗酌于東方之尊阼階前北面舉觶于長兄弟疏弟子洗觶酌于東方之尊阼階前東面獻長兄弟○或以疏東面二字與經北面不符疑有譌錯　臣紱按長兄弟位阼階下西面故弟子東面獻之經言北面皆答拜時也疏言東面指獻觶時也疏正以申

明經文之所未言者耳

賓奠觶拜長兄弟答拜賓立卒觶○卒監本譌于今依石經及敖本改正

長兄弟西階前北面衆賓長自左○監本脫自字今依石經及敖本補之

賓弟子及兄弟弟子洗各酌于其尊中庭北面西上舉觶于其長奠觶拜長皆答拜舉觶者祭卒觶拜長皆答拜○監本脫舉觶者祭卒觶拜長皆答拜十一字今依石經及敖本補之

主人出立于戶外西面○面監本作南今依敖本改正

受爵降實于篚主人出立于戶外西面○外監本作內今依石經及敖本改正

佐食徹尸薦俎敦疏謂宗子殤有陰厭無陽厭○此句下監本多譌脱今据曾子問經注改正

篚在洗西南順注二觚長兄弟及衆賓長爲加爵○及監本作酌楊氏儀禮圖作酬並譌推尋文義應作及字爲是

沃尸盥者一人○敖繼公云者一人三字疑衍

尊兩壺于房中西墉下○墉監本譌墉今改正

祝俎髀○髀監本譌作脾今依石經及敖本改正

公有司門西北面東上注非執事者亦皆與旅○監本脫非執事者四字。臣紘按疏呼此句而釋之則注應有此句。且注若無此則亦者二字無著而語勢不全。今尋繹文義補之

疏衆賓兄弟次賓之下得獻○此十字監本在下文貴之者下。細玩文意當移于首。

又疏謂執前舉鼎已載肵從燔從加爵之事○監本作謂前舉鼎已載羞從獻衆賓擇取公有司酬爵之事。臣紘按衆賓擇取公有司七字葢緣上文而誤複。其餘譌字悉據經之節次改正。

五月二十三日燈下閱
文弨

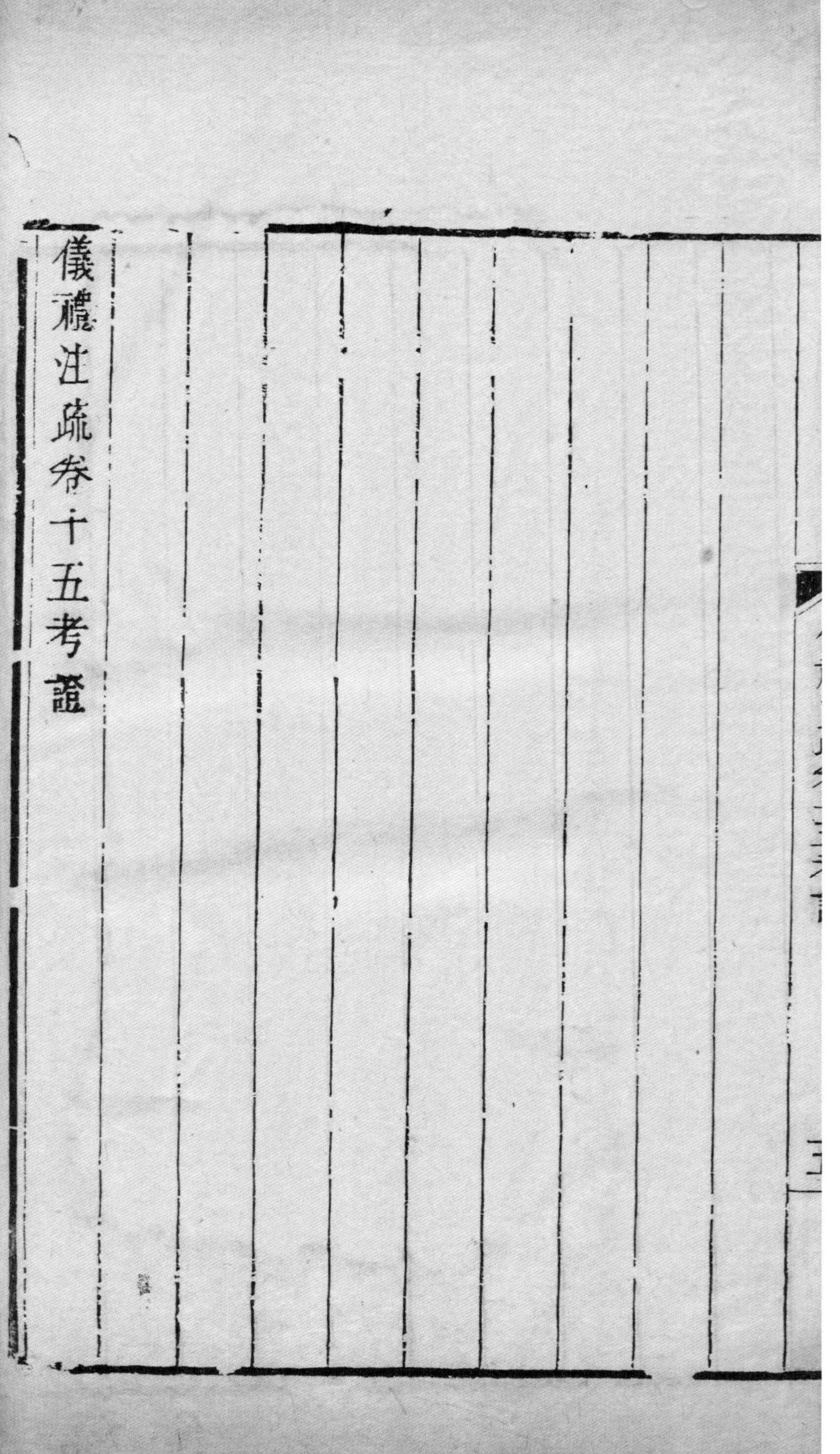
儀禮注疏卷十五考證

儀禮注疏卷十六

漢鄭氏注　唐陸德明音義　賈公彥疏

少牢饋食禮第十六

少牢饋食之禮。【注】禮將祭祀，必先擇牲，繫于牢而芻之。羊豕曰少牢，諸侯之卿大夫祭宗廟之牲。【音義】少，詩召反，後放此。【疏】釋曰：自此盡如初儀，論卿大夫祭前十日先筮日之事。【注】釋曰：云禮將祭祀必先擇牲繫于牢而芻之者，案周禮地官充人職云：掌繫祭祀之牲牷，祀五帝則繫于牢，芻之三月，享先王亦如之。注云：牢，閑也。必有閑者，防禽獸觸齧。養牛羊曰芻。三月一時，節氣成。案楚語，諸侯卿大夫等雖不得三月，亦皆有擇牲之滌，故鄭據焉。言芻之，唯據羊，若豕則曰豢，故地官槀人職云：掌豢祭祀之犬。樂記亦云豢豕作酒，非以爲禮，不言豕曰豢，文略也。云羊豕曰少牢者，對三牲具爲大牢。若然，豕亦有牢稱，故詩公劉云：執豕于牢。下經云：上利升牢心舌。注云，牢羊豕也。是豕亦稱牢也。但非一牲卽得牢稱，一牲卽不得牢名。故郊特牲與特牲士皆不言牢也。

○日用丁己。【注】內事用柔日。必丁己者，取其令名，自丁寧，自變改，皆爲謹敬。必先諏此日，明日乃筮。【音義】己音紀。注皆同。諏，子須反。【疏】【注】釋曰：云內事用柔日，曲禮文。彼云外事以剛日，內事以柔日。內事爲冠婚祭祀，出郊爲外事，謂征伐巡守之等。若然，甲丙戊庚壬爲剛日，乙丁己辛癸爲柔日。今直言丁己者，鄭云取其令名，自丁寧自變改，皆爲謹敬之義故也。云必先諏此日明日乃筮者，以其舉事尚朝旦，不可今日謀日卽筮，是以此文云日用丁己，乃云筮旬有一日，是別於後日乃筮也。

筮旬有一日。【注】旬十日也。以先月下旬之己筮來月上旬之己。【疏】【注】釋曰：知旬爲十日者，此云旬有一日，以先月下旬之己筮來月上旬之己者，除後己之前通前己爲十日，十日爲齊，後己日則祭。若然，筮日卽齋乃可，故下文筮日卽云乃官戒，不云厥明也。鄭直云下旬己上旬己，據用己一日而言，若用丁，言先月下旬丁。

筮來月上旬丁。若丁巳之外。辛乙之等皆然。鄭必言來月上旬。不用中旬下旬者。亦是先近日故也。筮於廟門之外。主人朝服西面于門東。史朝服左執筮右抽上韇兼與筮執之東面受命于主人。注史家臣主筮事者。音義朝直遥反。後朝服皆放此。韇徒木反。疏釋曰。云主人朝服西面于門東者。此爲將筮。故西面。案下文爲期于廟門外。主人門東南面。注云主人不西面者。大夫尊。於諸臣有君道也。彼不爲卜筮之事。故主人南面也。又主人朝服者。爲祭而筮。還服祭服。是以上篇特牲筮亦服祭服玄端。以此而言。天子諸侯爲祭卜筮。亦服祭服。案司服云。享先王則衮冕。祭義云。易抱龜南面。天子袞冕北面。雖有明知之心。必進斷其志焉。是爲祭而卜。還服祭服。則諸侯爲祭卜筮服祭服可知。若爲他事卜筮。則異於此。孝經注云。卜筮冠皮弁衣素積。百王同之不改易。士冠主人朝服。注云尊蓍龜之道。是也。注釋曰。云史家臣主筮事者。案雜記。大夫士筮。亦云史練冠長衣。是史主筮事也。主人曰。孝孫某來日丁亥用薦歲事于皇祖伯某以某妃配某氏尚饗【注】丁未必亥也直舉一日以言之耳禘于大廟禮曰日用丁亥不得丁亥則己亥辛亥亦用之無則苟有亥焉可也薦進也進歲時之祭事也皇君也伯某且字也大夫或因字爲謚春秋傳曰魯無駭卒請謚與族公命以字爲展氏是也其仲叔季亦曰仲某叔某季某某妃某妻也合食曰配某氏若言姜氏子氏也尚庶幾饗歆也【音義】大廟音泰下大羹大祝皆同【疏】

【注】釋曰云丁未必亥也直舉一日以言之耳者以日有十辰有十二以五剛日配六陽辰以五柔日配六陰辰若云甲子乙丑之等以日配辰丁日不定故云丁未必亥經云丁亥者不能具載直舉一日以丁當亥而言餘或以己當亥或以丁當丑此等皆得用之也云禘于大廟禮曰日用丁亥者大戴禮文引之證祭用丁亥之義

也。云不得丁亥則己亥辛亥亦用之者。鄭云此吉事先近日。唯用上旬。若上旬之內或不得丁己以配亥。或上旬之內。無亥以配日。則餘陰辰亦用之。故春秋宣八年經書辛巳有事於大廟。文二年。經書八月丁卯大事于太廟。昭十五年。經書二月癸酉有事于武宮。桓十四年。己亥嘗。此等皆不獨用丁己之日與亥辰也。云無則苟有亥焉可也者。此即乙亥是也。必須亥者。案月令云。乃擇元辰。天子乃耕。注云。元辰蓋郊後之吉亥也。陰陽式灋。亥爲天倉。祭祀所以求福。宜稼于田。故先取亥。上旬無亥。乃用餘辰也。云伯某且字也者。以某在伯下。若某在于上者。某是伯仲叔季。以某且字不得在于上故也。云大夫或因字爲諡者。謂因二十冠而字爲諡。知者。以某且字者。觀德明功。若五十字以伯仲。人人皆有。非功德之事。故知取二十冠而字爲諡也。春秋者。案隱八年左氏傳云。無駭卒。羽父請諡與族。公問族於衆仲。衆仲對曰。天子建德。因生以賜姓。胙之土而命之氏。諸侯以字爲諡。因以爲族。公命以字爲展氏。彼無駭之祖公子展。以展爲字。在春秋前。其孫無駭取以爲族。故公命爲展氏。若然。無駭賜族不賜諡。引之者。大夫有因字爲諡。諡伯某某或且字。有諡者即某爲諡也。此經云伯某是正祭之稱也。若時有告請而非常祭祀。則去伯直云且字言某甫。則聘禮賜饔。唯羹飪筮一尸。若昭若穆。僕爲祝。祝曰孝孫某薦嘉禮于皇祖某甫。是也。若卿大夫無謚。正祭與非常祭一。皆言五十字在子上。與士正祭禮同。則云某子。故聘禮記云皇考某子。是也。特牲士禮無謚。正祭稱皇考某子。若士告請之祭。則稱且字。故士虞記云適爾皇祖某甫。是也。

史曰諾。西面于門西。抽下韇。左執筮。右兼執韇以擊筮。【注】將問吉凶焉。故擊之以動其神。易曰。蓍之德圓而神。【疏】釋曰。云史曰諾西面于門西者。謂既云諾。乃之于門西閾外西面述命乃筮也。云左執筮及下云擊筮。筮者皆是蓍。以其用蓍爲筮。因名蓍爲筮。云兼執韇者。上文已用右手抽上韇。此經又用右手抽下韇。是二韇兼執之也。【注】釋曰。云易曰蓍之德圓而神者。鄭彼注云。蓍形圓而可以立變化之數。故謂之神也。引之者。證蓍有神。故擊而動之也。

遂述命曰。假爾大筮有常。孝孫某。來日丁亥。用薦歲事于皇祖伯某。以某妃配某氏。尚饗【注】述循也重以主人辭告筮也假借也言因蓍之靈以問之常吉凶之占繇【音義】重直用反繇直又反【疏】釋曰云遂述命者史既受主人命乃右還向閾外西面遂述上主人之辭謂之述命訖乃連言曰假爾大筮有常此是卽席西面命筮與述命同爲一辭者對士喪禮卜葬日云不述命若述命卽與卽席西面命龜異鄭注云述命命龜異龜重威儀多也對此大夫少牢述命命筮同筮輕威儀少爲文也【注】釋曰云常吉凶之占繇者謂應因告吉應吉告凶則不常此吉凶之占依龜之繇繇辭繇辭則占龜之常若易之爻辭則以占筮也乃釋韇立筮【注】卿大夫之蓍長五尺立筮由便【疏】【注】釋曰云卿大夫之著長五尺者大戴禮三正記皆有此文立筮由便以其著長立筮爲便對士之著三尺坐筮爲便若諸侯著七尺天子著九尺立筮可知

卦者在左坐卦以木卒筮乃書卦于木示主人乃退占【注】卦者史之屬也卦以木者每一爻畫地以識之六爻

備書於板。史受以示主人。退占。東面旅占之。[疏][注]釋曰。云卦者史之屬也者。以其筮是史。故知卦者是史之屬也。云書於板者。釋經書卦于木。木即板也。云史受以示主人者。以經書卦是畫卦者。恐是卦者以示主人。以卦者卑。宜還使筮史以示主人也。吉則史韇筮。史兼執筮與卦以告于主人。占曰從。[注]從者求吉得吉之言。[疏][注]釋曰。以主人之祭。本以求吉。今以疑而問筮。筮而得吉。是從主人本心。故曰從者是求吉得吉之言也。乃官戒。宗人命滌。宰命爲酒。乃退。[注]官戒戒諸官也。當共祭祀事者。使之具其物且齊也。滌。溉濯祭器。埽除宗廟。[音義]滌。大歷反。共音恭。齊側皆反。下同。溉古愛反。一本作濯。[疏][注]釋曰。云官戒戒諸官也。當共祭祀事者。使之具其物且齊也。滌溉濯祭器。埽除宗廟者。此其筮祭日得吉。當以崇祭事。故知官戒戒諸官有此數事。此等事皆見於下文。故鄭總而言也。若不吉。則及遠日。又筮日如初【注】及至也遠日後丁若後己【疏】注釋曰云遠日後丁若後己者案上曲禮云喪事先遠日吉事先近日近日即上旬丁己不吉則至上旬又筮中旬丁己不吉至中旬又筮下旬丁己不吉則止不祭以其卜筮不過三也是以鄭云後丁若後己也〇宿【注】宿讀爲肅肅進也大夫尊儀益多筮日既戒諸官以齊戒也至前祭一日又戒以進之使知祭日當來古文宿皆作羞【疏】釋曰自此盡改筮尸論筮尸宿尸及宿諸官之事【注】釋曰云大夫尊儀益多者其大夫宿戒兩有士有宿而無戒是儀畧故云大夫儀多也此直是儀多而云益多者據士尸一宿下文大夫尸再宿是儀益多益多猶云彌多也此云前祭一日又戒以進之使知祭日當來并下文明日朝服筮尸並是前祭一日唯下文前宿一日宿戒尸者是前祭二日以言前宿一日明祭前二日可知也前宿一日宿戒尸【注】皆肅諸官之日又先肅尸者重所用爲尸者又爲將筮【音義】又爲

于僞反。【疏】注釋曰：云皆肅諸官之日者，解經宿是肅諸官之日。云又先肅尸者，總解經前宿一日宿戒尸。謂是肅諸官之日前，又先肅尸，校一日，當祭前二日也。云宜所用爲尸者，肅諸官唯一肅，尸有再肅，是重所用爲尸者故也。云又爲將筮者，亦是肅之使知祭日當來故也。若然，宿與戒前後名不同，今合言之者，以前有十日之戒，後有一日之宿，若單言戒，嫌同十日，若單言宿，嫌同一日，故宿戒並言，明其別也。或可此是初戒尸。云宿戒尸者，故加宿字於戒上也。

明日朝筮尸，如筮日之儀。命曰：孝孫某來日丁亥，用薦歲事于皇祖伯某，以某妃配某氏，以某之某爲尸。尚饗。筮卦占如初。【注】某之某者，字尸父而名尸也。字尸父，尊鬼神也。不前期三日筮尸者，大夫下人君。祭之朝乃視濯，與士異。【疏】注釋曰：云某之某者字尸父而名尸也者，案曲禮云：父在不爲尸。注云：爲其失子道。然則尸卜筮無父者。若然，凡爲人尸者，父皆死矣。死者當諱其名，今對尸，故知

石經朝下有服字誤

不稱尸父之名。故上某是尸之父字。下某爲尸名。是生者可稱名。是以云字尸父而名尸也。云字尸父尊鬼神也者。以不稱名是尊鬼神也。云不前期三日筮尸者大夫下人君者。決上篇特牲士禮云。前期三日筮尸。此祭前一日筮尸吉遂宿尸。不同之事。但天子諸侯前期十日卜。得吉則戒諸官散齊。至前祭三日。卜尸得吉。又戒宿諸官使之致齊。士卑不嫌。故得與人君同三日筮尸。但下人君不得散齊七日耳。大夫尊。不敢與人君同直散齊九日前祭一日筮宿尸。並宿諸官致齊也。云前一日之朝乃視濯與士異者。亦是士卑得與人君同祭前一日視濯。大夫尊不敢與人君同。故與士異也。云與士異亦是下人君。下人君亦是與士異。互換省文爲義也。

吉。則乃遂宿尸。祝擯。【注】筮吉又遂肅尸。重尸也。既肅尸。乃肅諸官及執事者。祝爲擯者。尸神象。【疏】【注】釋曰。云筮吉又遂肅尸重尸也者。以其諸官一肅。其尸已宿訖。今筮吉又肅。再肅者。是重尸也。云既肅尸乃肅諸官及執事者。此重解上文宿是此宿尸後事。置於上文者。彼爲前宿一日宿戒尸之事。故云。其實當在此重肅尸之後也。云祝爲

乾隆四年校刊

擯者尸神像者決前筮尸時皆主人出命至此使祝擯以尸是神象故使祝擯也案特牲使宗人擯主人辭又有祝共傳命者士卑不嫌兩有與人君同此大夫尊下人君故闕之唯有祝擯而已又此尸不言出門面位案特牲主人宿尸時尸如主人服出門左西面鄭注云不敢南面當尊則大夫之尸尊尸出門徑南面故主人與尸皆不在門東門西也

主人再拜稽首祝告曰孝孫某來日丁亥用薦歲事于皇祖伯某以某妃配某氏敢宿注告尸以主人爲此事來

尸拜許諾主人又再拜稽首主人退尸送揖不拜注尸不拜者尸尊疏注釋曰凡賓主之禮賓去主人皆拜送今云尸送揖不拜者以大夫尸尊故也

若不吉則遂改筮尸注即改筮之不及遠日疏注釋曰此決上文筮日不吉筮遠日者以日爲祭祀之本須取丁己之類故須取遠日後旬丁己此筮尸不吉不須退至後旬故筮不待遠日也

○既宿尸反爲期于廟門之

外〔注〕爲期肅諸官而皆至定祭早晏之期爲期亦夕時也言既肅尸反爲期明大夫尊肅尸而已其爲賓及執事者使人肅之〔疏〕釋曰自此盡曰諾乃退論宗人請祭期之事〔注〕釋曰云爲期肅諸官而皆至者此即上文宿同時之事以其後宿尸及宿諸官以爲期皆於祭前之日也知期亦夕時也者案特牲云厥明夕陳鼎于門外又下文同日夕時而云請期曰羹飪是夕時則此大夫禮爲期亦夕時可知也知大夫尊直肅尸餘使人肅之者以經直宿尸反即云爲期明大夫不自肅賓以下可知故云使人肅之也主人門東南面宗人朝服北面曰請祭期主人曰比於子〔注〕比次早晏在於子也主人不西面者大夫尊於諸官有君道也爲期亦唯尸不來也〔音義〕比毗志反次也注同〔疏〕釋曰言比次早晏者一日一夜辰有十二冬日夏夜長短不同是以推量此次日辰之早晏也云主人不西面者大夫尊於諸官

乾隆四年校刊

有君道也者。決特牲主人門外西面。士卑。於屬吏無君道故也。云爲期亦唯尸不來也者。言亦。特牲爲期賓及衆賓卽位于門西時無尸。此大夫禮。餘賓之等竝來。亦唯尸不來。是以主人南面。亦爲無尸也。

宗人曰旦明行事。主人曰諾。乃退。注 旦明。旦日質明。○明日。主人朝服卽位于廟門之外。東方南面。宰宗人西面北上。牲北首東上。司馬刲羊。司士擊豕。宗人告備。乃退。注 刲擊皆謂殺之。此實既省告備乃殺之。文互者。省文也。尚書傳。羊屬火。豕屬水。音義 刲，苦圭反。疏 釋曰。自此盡東榮論視殺視濯之事。案特牲視牲與視殺別日。今少牢不言視牲。直言刲擊告備乃退者。省文。此大夫禮。視牲告充。卽刲擊殺之。下人君。士卑不嫌。故異日矣。必知人君視殺別日者。大宰職云。及執事眡滌濯。及納亨贊王牲事。注云。納亨。納牲將告殺。謂鄉祭之晨。既殺。以授亨人。又云。及祀之日贊玉幣爵之事。注云。日。旦明也。是其視牲與殺別日。案祭義云。君牽牲。穆荅君。卿大夫序從。既入門。麗于碑。卿大夫袒而毛牛尚耳。諸侯禮殺于門內。此大夫與特牲士。皆殺于門外者。辟人君也。注釋曰。云封擊皆謂殺之者。豕言擊。動之使鳴。是視牲也。羊言封。謂殺之。是視殺也。大夫視牲視殺同日。故互見。皆有。故鄭云封擊皆謂殺之。又云此實既省告備乃殺之。文互者。省文也者。亦是視牲。訖。即視殺。如鄉所解。下言告備欲見兼有也。云尚書傳曰羊屬火豕屬水者。此尚書大傳文。引之者。解司馬封羊。以其司馬火官。還使封羊。屬火故也。案周禮。鄭注。司空奉豕。司士乃司馬之屬官。今不使司空者。諸侯猶兼官。大夫職職相兼。況士無官。僕隸爲司馬。司士兼其職。可知。故司士擊豕也。○雍人摡鼎匕俎于雍爨。雍爨在門東南。北上。注雍人。掌割亨之事者。爨。竈也。在門東南。統於主人。北上。羊豕魚腊皆有竈。竈西有鑊。凡摡者。皆陳之而後告絜。音義摡。古愛反。疏注釋曰。云雍人掌割亨之事者。周禮饔人職文。云凡摡者皆陳之而後告絜者。案特牲視濯時皆陳之。視訖告絜。此亦當然。廩人概甑甗匕與敦于廩爨，廩爨在雍爨之北。【注】廩人掌米入之藏者。甗如甑，一孔。匕所以匕黍稷者也。古文甑爲烝。【音義】甑，子孕反。甗，魚展反，又音言，劉音彥，又魚變反。敦音對，劉都愛反。後皆放此。烝，之膺反。【疏】【注】釋曰：云「廩人掌米入之藏者」，周禮地官廩人職文。以其穀入倉人，米入廩人故也。云「甗如甑一孔者」，案冬官陶人職云：甗實二鬴，厚半寸，脣寸。甑實二鬴，厚半寸，脣寸，七穿。鄭司農云：甗無底甑。以其無底，故以一孔解之。云「匕所以匕黍稷者也」者，上雍人云「匕者所以匕肉」，此廩人所掌米，故云「匕黍稷也」。

司宮概豆籩勺爵觚觶几洗篚于東堂下，勺爵觚觶實于篚。卒概，饌豆籩與篚于房中，放于西方。設洗于阼階東南，當東榮。【注】放猶依也。大夫攝官，司宮兼掌祭器也。【音義】放，方往反。【疏】釋曰：案特牲云：「宗人升自西階，視壺濯及豆籩。」降，東北面告濯具。鄭注云：不言絜，以有几席。

若然，彼几席不概，則几洗篚三者亦不概，而幷言之者，以其同降于東堂下，故繼觚觶連言之，其實不概也。注釋曰：云「大夫攝官，司宮兼掌祭器」者，下文司宮筵席於奧，此又掌豆籩之等，故鄭云攝官。案內則鄭注云「諸侯兼官」者，彼對天子。天子六卿，諸侯三卿兼六卿。此則大夫對諸侯，諸侯具官，大夫攝官也。○羹定。○

雍人陳鼎五，三鼎在羊鑊之西，二鼎在豕鑊之西。注魚腊從羊，膚從豕，統於牲。音義定，多佞反。疏釋曰：自此盡「簞巾于西階東」，論鼎及豆籩盤匜等之事。注釋曰：云「魚腊從羊，膚從豕，統於牲」者，案公食大夫云「甸人陳鼎」，鄭注云「甸人，冢宰之屬，兼亨人者」。此大夫雍人陳鼎者，周禮甸人掌供薪蒸，與亨爨聯職相通，是以諸侯無亨人，故甸人陳鼎。此大夫又無甸人，故使雍人與亨人聯職，故亨人云「職外內饔之爨亨」，故使饔也。云「魚腊從羊，膚從豕」者，上文概鼎時，鄭云「羊豕魚腊皆有竈」，合陳鼎宜各當其鑊，此三鼎在羊鑊之西，二鼎在豕鑊之西，故云魚腊從羊，膚從豕也。其實羊豕魚腊各有鑊也。此直有羊豕，前注言皆有竈，可知魚腊皆有竈。案士虞禮云「側亨於廟門外之右，東面」。

乾隆四年校刊　　儀禮注疏卷十六　少牢饋食禮　九

魚腊爨亞之北上上之魚腊皆有爨則大夫司馬升羊魚腊皆有鑊可知故羊豕魚腊皆有竈也

右胖髀不升肩臂臑膊骼正脊一脡脊一横脊一短脅一正脅一代脅一皆二骨以並腸三胃三舉肺一祭肺三實于一鼎【注】升猶上也上右胖周所貴也髀不升近竅賤也肩臂臑肱骨膊骼股骨脊從前爲正脅旁中爲正脊先前脅先後屈而反猶器之綼也並併也脊脅骨多六體各取二骨併之以多爲貴舉肺一尸食所先舉也祭肺三爲尸主人主婦古文胖皆作辯髀皆作脾今文並皆爲併【音義】胖音判髀步禮反又方爾反臑奴到反又人于反膊劉音純說文之允反骼音格又音各下同脡他頂反綼側耕反後同併必步頂反辯音遍一皮莧反脾必爾反又婢支反【疏】釋曰

上十一體言一者見其體也下言皆二骨以竝見一體皆有二骨也【注】釋曰云脊從前爲正脅旁中爲正脊先前脅先後屈而反猶器之紳也者先前者正脊是也先後者短脅是也故特牲記云尸俎正脊二骨橫脊長脅二骨短脅鄭注云脊無中脅無前貶也明代脅最在前也脊先前脅先後者取紳屈之義若然脊以前爲正其次名脡後名橫脡者取脡脡然直後言橫者取闊於脡凡名骨皆隨形名之唯言正者以義取稱號此言紳者指解脊脅不取肩臂臑膊胳也若尸舉牲體則脊脅胳肩爲紳故鄭注特牲云舉先正脊後肩自上而卻下紳而前終始之次也故尸舉牲體如紳也案下注云升之以尊卑此注云猶紳之紳也若紳則不得見尊卑若以尊卑升復不得見紳兩注似乖者凡牲體四支爲貴故先序肩臂臑膊胳爲上是尊然後序脊脅於下是卑次應先言二脅而先言短者又取紳之義但所序骨體各有殳不可准定也若然既以尊卑升之而祭肺貴序在下者腸胃及肺在內不得與外體爲尊卑之次當以腹內自爲先後之次也云脊脅骨多六體各取二骨併之以多爲貴者此經肩臂已下皆言一至十一體之下總言皆二骨知二骨據脊脅骨多六體各取二骨者案

特牲記云有脊膉脡骼不言二骨至序脊脅卽言二骨以竝故知此言皆二骨亦據脊脅可知也司士升豕右胖髀不升肩臂臑膊骼正脊一脡脊一橫脊一短脅一正脅一代脅一皆二骨以竝舉肺一祭肺三實于一鼎注豕無腸胃君子不食溷腴音義溷音患腴羊朱反疏注釋曰云君子不食溷腴禮記少儀文彼注云腴有似於人穢故樂記注云以穀食犬豕曰豢是似人也雍人倫膚九實于一鼎注倫擇也膚脅革肉擇之取美者疏注釋曰知脅革肉者下文云膚九而俎亦橫載革順故知膚是脅革肉也司士又升魚腊魚十有五而鼎腊一純而鼎腊用麋注司士又升副倅者合升左右胖曰純純猶全也疏注釋曰云司士又升副倅者謂是第三組其司士與前文司士升豕者別知者以下經文司士三人升魚腊膚則此豕魚腊竝各一人又此升鼎竝俱時明是

副倅者。非升豕者可知。云倅者，案諸子職云掌國子之倅。鄭云是公卿大夫之副貳，則此云倅亦副之別名。以其副牲鼎，故云副倅也。

卒脀皆設扃鼏，乃舉，陳鼎于廟門之外東方，北面北上。【注】北面北上，鄉內相隨。古文鼏皆爲密。【音】脀，之承反。

【義】司宮尊兩甒于房戶之閒，同棜，皆有冪，甒有玄酒。【注】房戶之閒，房西室戶東也。棜無足禁者，酒戒也。大夫去足改名，優尊者，若不爲之戒然。古文甒皆作廡，今文冪作鼏。【音義】甒，亡甫反。棜，於據反。【疏】注釋曰：云棜無足禁者，酒戒也，大夫去足改名，優尊者，若不爲之戒然者，此決特牲用棜仍云禁，此改名曰棜，是優尊者，若不爲神戒然。鄉飲酒雖是大夫禮，猶名斯禁者，尋常飲酒異於祭祀也。

司宮設罍水于洗東，有枓，設篚于洗西，南肆。【注】枓，剩水器也。凡設水用罍，沃盥用枓，禮在此也。

【音義】枓，音主。斞，九于反，劉苦侯反。【疏】【注】釋曰：云「凡設水用罍，沃盥用枓，禮在此也」者，言凡，總儀禮一部內用水者，皆須罍盛之，沃盥水者，皆用枓爲之。鄭言禮在此者，以士冠禮直言水在洗東，士昏禮亦直言水在洗東，鄉飲酒、特牲記亦云然，皆不言罍器，亦不云有枓。其燕禮、大射雖云罍水，又不言有枓，故鄭云凡此等設水用罍，沃盥用枓，其禮具在此，故餘文不具，省文之義也。

改饌豆籩于房中，南面。如饋之設，實豆籩之實。【注】改，更也。爲實之，更之威儀多也。如饋之設，如其陳之左右也。饋設東面。【疏】【注】釋曰：前司宮概豆籩訖，饌豆籩於西方。今欲實之，乃更設豆籩於房中南面，如饋之禮東面設。然者，此大夫禮，威儀多，決特牲士禮視濯時豆籩鉶在東房，至實豆籩時，直云豆籩鉶陳於房中如初。鄭云「如初者，取而實之，既而反之」，是其不改豆籩之處，因而實之，是士禮威儀畧也。

小祝設槃匜與簞巾于西階東。【注】爲尸將盥。【音義】匜，以支反。簞，音丹。【疏】釋曰：案特牲直云尸盥匜水實于槃中，簞巾在

門內之右。不言其人。未聞也。知非祝者。彼下文始言祝筵几于室中。注云至此使祝接神。明前非祝也。○

主人朝服。即位于阼階東西面。注 爲將祭也。疏 釋曰。自此盡革順。論祭時將至布設舉鼎匕載之事。○司宮筵于奧。祝設几于筵上。右之。注 布陳神坐也。室中西南隅謂之奧。席東面近南爲右。疏 釋曰。案特牲云。祝筵几。鄭云。使祝接神。此使司宮者。此大夫禮異於士。故司宮設席。祝設几。大夫官多。故使兩官共其事。亦是接神。故祝設几也。○主人出迎鼎。除鼏。士盥。舉鼎。主人先入。注 道之也。主人不盥不舉。疏 注 釋曰。此決特牲主人降及賓盥。士禮自舉鼎。此大夫尊不舉。故不盥也。司宮取二勺于篚。洗之。兼執以升。乃啓二尊之蓋冪。奠于棜上。加二勺于二尊。覆之。南柄。注 二尊。兩甒也。今文柄爲枋。音義 枋彼命反。疏 注 釋曰。云二尊兩甒者。卽上司宮尊兩甒于房戶之閒是也知二勺兩尊用之者玄酒雖有不酌重古如酌者然也鼎序入雍正執一匕以從雍府執四匕以從司士合執二俎以從司士贊者二人皆合執二俎以相從入【注】相助【音義】相息亮反陳鼎于東方當序南于洗西皆西面北上膚爲下匕皆加于鼎東枋【注】膚爲下以其加也南于洗西陳於洗西南【疏】釋曰此云膚爲下門外陳鼎時不言至此言之者以膚者豕之實前陳鼎在門外時未有俎據鼎所陳則膚在魚上今將載於俎設之最在後故須分別之也【注】釋曰云膚爲下以其加者以羊無別俎而豕有膚俎故謂之加以加爲下也云南于洗西陳于洗西南者洗當東榮近東也其陳鼎鼎當東序則近西也而言南于洗西則鼎陳于洗西稍近南東西不得與洗相當也俎皆設于鼎西西肆肵俎在羊俎之北亦西肆【注】肵俎在北將先載也異其設文

不當鼎。【音義】朏，音新。【疏】注釋曰：云「異其設文，不當鼎」者，羊俎在羊鼎西，今云朏俎在羊俎北，不繼鼎，明不當鼎也。若繼鼎言者，即在鼎西也。宗人遣賓就主人，皆盥于洗，長枇。【注】長枇者，長賓先，次賓後也。主人不枇，言就主人者，明親臨之。古文枇作匕。【音義】長，丁丈反。注同。佐食上利升牢心舌，載于朏俎。心皆安下切上，午割勿沒，其載于朏俎，末在上。舌皆切本末，亦午割勿沒，其載于朏，横之。皆如初爲之于爨也。【注】牢，羊豕也。安，平也。平割其下，於載便也。凡割本末，食必正也。午割，使可絶，勿沒，爲其分散也。朏之爲言敬也，所以敬尸也。周禮祭尚肺，事尸尚心舌。心舌知滋味。今文切皆爲刌。【音義】刌，七本反。【疏】釋曰：言「皆如初爲之于爨也」者，經言此者以前實鼎時不見心舌嫌不在爨故明之云皆如初爲之于爨皆者羊豕皆有心舌也案特牲記云肵俎心舌皆去本末午割之實于牲鼎載心立舌縮俎鄭是未入鼎時則制此心舌然也既未入鼎時先制之是以雖出爨亦得爲皆如初爨也注釋曰云凡割本末食必正也者鄉黨孔子云割不正不食故割本末爲食正也云肵之爲言敬也者郊特牲文彼云肵之爲言敬也言所以敬尸也云周禮祭尚肺者禮記明堂位云有虞氏祭首夏后氏祭心殷祭肝周祭肺是周之禮濃祭肺而此肵俎不取肺而用心者以其事尸尚心舌心舌知滋味者故特牲記鄭注亦云心舌知食味者欲尸之饗此祭是以進之若然舌之所嘗五味乃是心之所知酸苦也故心舌併言之

佐食遷肵俎于阼階西西縮乃反佐食二人上利升羊載右胖髀不升肩臂臑膊骼正脊一脡脊一横脊一短脅一正脅一代脅一皆二骨以並腸三胃三長皆及俎拒舉肺一長終肺祭肺三皆切肩臂臑膊

髂在兩端，脊脅肺肩在上。【注】升之以尊卑，載之以體次，各有宜也。拒讀爲介距之距。俎距，脛中當橫節也。凡牲體之數及載，備於此。【疏】釋曰：升羊載右胖者，準例實鼎曰升，實俎曰載。今實俎而言升者，以其升者上也。是以載俎升載兩言之也。但此經所載牲體多少，一依上文升鼎不異，而重序之者，以其載俎之時，恐與入鼎時多少有異，故重序之。舉肺祭肺已言，今又言之者，以其上升鼎時直言舉肺一、祭肺三，不言長短。上所以不言長短者，以其入鼎時二者未制，故不辯長短。至此載俎，乃制長短及刌之，故具辯之也。若然，上升鼎時不制者，若升鼎制之，恐二肺雜亂，是以升俎乃制之。若然，心舌未升鼎時已午割勿沒，不言至載俎乃言午割者，彼二者其體殊異，不雜亂，故俎乃一辯而已。云肩臂臑膊骼在兩端，脊脅肺肩在上者，此是在俎之次。俎有上下，猶牲體有前後，故肩臑在上端，膊骼在下端，脊脅肺在中。其載之次序，肩、臂、臑、正脊、脡脊、橫脊、代脊、長脅、短脅、肺、腸、胃、膊、胳也。【注】釋曰：云升之以尊卑者，即上文上利升羊以下，序其在鼎也。云載之以體次者。俎瀍四體尊於脅。即經四體在兩端。脊脅肺在中者。故云各有宜也。云距讀爲介距之距者。按左氏傳昭二十五年云。季郈之雞鬬。季氏介其雞。服氏云。擣芥子播其雞羽。鄭氏云。介。甲。爲雞著甲。又云郈氏爲之金距。注云。金距以金踏距。今鄭君合取季氏之介。又取郈氏之距。而云介距之距也。引之者。彼距在雞足爲距。此俎距在俎爲橫距是也。云俎距脛中當橫節也者。案明堂位云。俎。有虞氏以梡。夏后氏以嶡。殷以椇。周以房俎。注云。梡斷木爲四足而已。嶡之言蹷也。謂中足爲橫距之象。周禮謂之距。彼注云周禮謂之距。即皆此俎距而言。是距爲俎足中央橫者也。此言俎距脛中當橫節者。案明堂位。夏后氏以嶡。謂中足之橫。殷之椇。謂橫下仍有曲橈之足。周之房俎。謂四足下更有跗。鄭云。上下兩間有似於堂房。是橫下更有二事。故言脛中當橫節也。云凡牲體之數及載備於此者。案此經節折前體肩臂臑兩相爲六。後體膊胳。兩相爲四。短脅正脅代脅。兩相爲六。脊有三。總爲十九體。唯不數觳二。通之爲二十一體。二觳。正祭不薦於神尸。故不言。是牲體之數備於此。言及載備於此者。上經文升於鼎。此經文載於俎。是其及載備於此也。

下利升豕。其載如

羊無腸胃，體其載于俎，皆進下。【注】進下，變於食生也。所以交於神明，不敢以食道，敬之至也。鄉飲酒禮進腠，羊次其體，豕言進下，互相見。【音義】見，賢遍反。【疏】注釋曰：云進下，變於食生也者，決公食大夫、鄉飲酒牲體皆進腠，腠是本，是食生人之灋。此言進末，末爲終，謂骨之終，食鬼神灋，故云變於食生也。云所以交於神明者，郊特牲文。云不敢以食道，檀弓文。云羊次其體，豕言進下，互相見者，羊次其體，即上經上利升羊以下是次其體，言互相見者，羊言體亦進下，豕言進下亦次其體也。司士三人升魚、臘、膚。魚用鮒，十有五而俎，縮載，右首，進腴。【注】右首進腴，亦變於食生也。有司載魚橫之。少儀曰：羞濡魚者進尾。【音義】鮒音附。【疏】注釋曰：云右首進腴，亦變於食生也者，凡載魚爲生人，首皆向右，進鰭；其祭祀亦首皆在右，進腴。生人、死人皆右首，陳設在地，地道尊右故也。鬼神進腴者，腴是氣之所聚，故祭祀進腴也。生人進鰭者，鰭是脊。生人尚味，故公食大夫云「魚七，縮俎，寢右」。鄭注云「右首也。寢右，進鰭也。乾魚近腴多骨鯁」是也。云「有司載魚橫之」，少儀曰「羞濡魚者進尾」，引之者，欲見正祭與儐尸載魚橫，魚禮異，又與生人食禮不同。以賓尸之禮，上大夫載魚橫之，於人爲縮，於俎爲橫。既見乾魚則進首可知，復取少儀者，濡魚進尾，見與乾魚異。有司徹進首是上大夫繹祭儐尸之禮，有乾魚橫於俎，宜進其首，則少儀羞濡魚者是天子諸侯繹祭可知。以其天子諸侯繹祭乾濡皆有，乾魚則進首，鮮魚則進尾。必知是天子諸侯繹祭者，以其大夫儐尸云加膴祭，少儀云祭膴，又與儐尸加膴祭於上同，故知義然也。

腊一純而俎，亦進下，肩在上。【注】如羊豕。凡腊之體，載禮在此。【疏】【注】釋曰：以其諸經唯有腊文，無升載之事，唯有此經所載之次，故云載禮在此也。

膚九而俎，亦橫載，革順。【注】列載於俎，令其皮相順。亦者，亦其骨體。【音義】令，力呈反。【疏】【注】釋曰：云「列載於俎，令其皮相順」者，解經革順也。載革順，謂以此膚之體相次而作行列，以膚革相順而載也。云「亦者，亦其骨體」者，上牲體橫載文不明，故舉

膚亦橫載以吻之此膚言橫則上羊豕胥體亦橫載可知也○卒脀祝盥于洗升自西階主人盥升自阼階祝先入南面主人從戶內西面

注將納祭也疏釋曰自此盡主人又再拜稽首論先設置爲陰厭之事也

主婦被錫衣侈袂薦自東房韭菹醓醢坐奠于筵前主婦贊者一人亦被錫衣侈袂執葵菹蠃醢以授主婦主婦不興遂受陪設于東韭菹在南葵菹在北主婦興入于房

注被錫讀爲髲鬄古者或剔賤者刑者之髮以被婦人之紒爲飾因名髲鬄焉此周禮所謂次也不纚笄者大夫妻尊亦衣綃衣而侈其袂耳侈者蓋半士妻之袂以益之衣三尺三寸袪尺八寸韭菹醓醢朝事之豆也而饋食

用之。豐大夫禮。萎菹在北。縟。今文錫爲緆。嬴爲蝸。【音義】被錫。依注讀爲髲鬄。上皮義反。下大計反。侈本又作移。昌爾反。醢他感反。嬴力禾反。菹側魚反。剔他計反。紒音計。纚所買反。又所綺反。亦衣於既反。緆音羊。蝸力禾反。又工華反。【疏】釋曰。云主婦贊者一人亦被錫者。此被錫侈袂與主婦同。既一人與主婦同。則其餘不得如主婦。當與士妻同纚笄綃衣。若士妻與婦人助祭一皆纚笄綃衣。以綃衣下更無服。服窮則同。故特牲云凡婦人助祭者同服是也。【注】釋曰。云被錫讀爲髲鬄者。欲見髲鬄取人髮爲之之義也。云古者或剔賤者刑者之髮以被婦人紒爲飾。因名髲鬄焉者。此解名髲鬄之意。按哀公十七年左傳。衛莊公登城。望戎州。見己氏之妻髮美。使髡之以爲呂姜髢。是其取賤者髮爲髲鬄之事也。云此周禮所謂次也者。案周禮追師云。掌王后以下副編次。三翟者首服副。鞠衣襢衣首服編。褖衣首服次。鄭彼注副。首飾。若今步搖。編。編列髮爲之。若今假紒。次。次第髮長短爲之。所謂髲鬄。鄭云所謂髲鬄者。指此文也。是彼此相曉也。云不纚笄者。大夫妻尊者。此決特牲主婦纚笄。士妻卑故也。云亦衣綃衣者。亦如特牲士妻主婦綃衣也。綃衣者，六服外之下者。云「而侈其袂耳，侈者蓋半士妻之袂以益之，衣三尺三寸，袪尺八寸」者，士妻之袂二尺二寸，袪尺二寸，三分益一，故衣三尺三寸，袪尺八寸也。故內司服注亦爲此解也。或云衣三尺三寸，或云袂，俱合義。是以喪服記亦名袂爲衣也。云「韭菹醓醢，朝事之豆也」者，案周禮醢人職朝事之豆，韭菹醓醢，昌本麋臡，菁菹鹿臡，茆菹麋臡。彼天子八豆，今大夫取二豆爲饋食用之，豐大夫禮故也。若然，葵菹蠃醢亦天子饋食之豆，今大夫用之，鄭不言者，彼饋食當其節，天子八豆，此大夫取二而已，故不須言之。云「葵菹在北緷」者，以其韭菹在南，醓醢在北，今於葵東菹在北，蠃醢在南，是其緷之次也。

佐食上利執羊俎，下利執豕俎，司士三人執魚、腊、膚俎，序升自西階，相從入，設俎，羊在豆東，豕亞其北，魚在羊東，腊在豕東，特膚當俎北端。【注】相，助也。【音義】相，悉亮反。

主婦自東房執一金敦黍，有蓋，坐設于羊俎之南。婦贊者執敦稷以授主婦，主婦興受坐設于魚俎南又興受贊者敦黍坐設于稷南又興受贊者敦稷坐設于黍南敦皆南首主婦興入于房【注】敦有首者尊者器飾也飾蓋象龜周之禮飾器各以其類龜有上下甲今文曰主婦入于房【疏】注釋曰敦有首者尊者器飾也飾蓋象龜知有此義者以其經曰敦南首明象龜獸之形故云首知象龜者以其蓋形龜象故也云周之禮飾器各以其類者案周禮梓人云外骨內骨以脰鳴者以胷鳴者之類鄭云刻畫祭器博庶物也又周禮司尊彝有雞彝之等是周之禮飾器各以其類也云龜有上下甲者欲言此敦蓋取象之意以龜有上下甲故敦蓋象之是亦取其類也敦蓋既象龜明簠亦象龜為之故禮器云管仲鏤簋朱紘注云謂刻而飾之大夫刻為龜耳諸侯飾以象天子飾以玉言以玉飾之還依六夫象形為飾也天子則簋敦兼有九嬪職云凡祭祀贊玉齍注云玉齍玉敦受黍稷器是天子八簋之外兼用敦也特牲云佐食分簋鉶注云為將餕敦有虞氏之

器也。周制士用之，變敦言簠，容同姓之士得從周制耳。則同姓大夫亦用簠。特牲、少牢用敦者，異姓大夫士也。明堂位云：有虞氏之兩敦，夏后氏之四璉，殷之六瑚，周之八簋。鄭注云：皆黍稷器，制之異同未聞。案周禮舍人注：圓曰簋。孝經注直云外方曰簠者，據外而言。若然，云未聞者，據殷已上。未聞周之簠則聞矣，故易損卦云：二簋可用享。注云：離爲日，日圓。巽爲木，木器象。是其周器有聞也。孝經緯鉤命決云：敦規首，上下圓相連。簠簋上圓下方，法陰陽。是有聞。而鄭云未聞者，鄭不信之故也。

祝酌奠，遂命佐食啓會，佐食啓會蓋二，以重，設于敦南。注 酌奠，酌酒爲神奠之。後酌者，酒尊要成也。特牲饋食禮曰：祝洗，酌奠，奠于鉶南，重，累之。音義 會，古外反。重，直容反，下及注同。疏 注釋曰：酌奠酌酒爲神奠之者，以其迎尸之前將爲陰厭，爲神不爲尸，故云爲神奠之也。云後酌者酒尊要成也者，上經先設餘饌，此經乃酌者，酒尊物，設饌要由尊者成，故後設之也。引特牲者，酌奠之處當在鉶南。此經不言，故引爲證也。云重累之者，以黍稷各二，二者各自當重累於敦南欲合之也。主人西面，祝在左，主人再拜稽首。祝祝曰：「孝孫某，敢用柔毛、剛鬣、嘉薦、普淖，用薦歲事于皇祖伯某，以某妃配某氏。尚饗。」主人又再拜稽首。【注】羊曰柔毛，豕曰剛鬣。嘉薦，菹醢也。普淖，黍稷也。普，大也。淖，和也。德能大和，乃有黍稷。春秋傳曰：「奉粢以告曰：『潔粢豐盛。』謂其三時不害而民和年豐也。」【音義】祝祝，下之又反。鬣，力輒反。淖，女孝反。【疏】【注】釋曰：云「羊曰柔毛，豕曰剛鬣」，下曲禮文。羊肥則毛柔，豕肥則鬣剛也。彼注云「號牲物者，異於人用也」。引春秋傳者，證黍稷大和之義。案彼左氏桓六年傳文：楚武王侵隨，使薳章求成焉，軍於瑕以待之。隨人使少師董成。楚以羸師而納少師。少師還，請追楚師。季梁止之曰：「天方授楚，楚之羸，其誘我也。臣聞小之能敵大也，小道大淫。所謂道，忠於民而信於神也。上思利民，忠也；祝史正辭，信也。今民餒而君逞欲，祝史矯舉以祭。臣不知其可也。公曰：吾牲牷肥腯，粢盛豐備，何則不信？對曰：夫民，神之主也。是以聖王先成民而後致力於神。故奉牲以告曰：博碩肥腯，謂民力之普存也。奉盛以告曰：潔粢豐盛，謂其三時不害而民和年豐也。則此之所言，隨季梁辭也。○祝出迎尸于廟門之外，主人降立于阼階東，西面。祝先入門右，尸入門左。注 主人不出迎尸，伸尊也。特牲饋食禮曰：尸入，主人及賓皆辟位，出亦如之。祝入門右者，辟尸盥也。既則後尸。音義 辟，音避，又房益反，下同。疏 釋曰：自此盡牢肺正脊加于肵，論尸入正祭之事。注 釋曰：云主人不出迎尸伸尊也者，禮記云：君迎牲而不迎尸，別嫌也。尸在廟門外則疑於臣，在廟中則全於君，故主人皆不出迎尸。尸在廟門外為臣道，故主人不出迎尸，伸尊也。引特牲者，尸出入時，主人與賓在位上，皆逡巡辟位，敬尸也。云既則後尸者，下經云祝延尸，尸升自西階，入，祝從。注云：由後詔相之曰延，是後尸也。宗人奉槃東面于庭南，一宗人奉匜水西面于槃東一宗人奉簞巾南面于槃北乃沃尸盥于槃上卒盥坐奠簞取巾興振之三以授尸坐取簞興以受尸巾【注】庭南沒霤【音義】奉芳勇反【疏】【注】釋曰庭南者於庭近南是沒霤近門而盥也是以特牲亦云尸入門北面盥繼門而言即亦沒霤者也祝延尸尸升自西階入祝從【注】由後詔相之曰延延進也周禮曰大祝相尸禮祝從從尸升自西階【疏】【注】釋曰周禮曰大祝相尸禮者案職云相尸禮注云延其出入詔其坐作是也主人升自阼階祝先入主人從【注】祝接神先入宜也〇尸升筵祝主人西面立于戶內祝在左【注】主人由祝後而居右尊也祝從尸尸即席乃卻居主人左【疏】【注】釋曰祝先入至主人入而居祝之右者以祝從尸後詔侑之故在尸後主人前及尸即

筵。主人與祝西面，則主人尊故也。云祝從尸，尸即席乃卻居主人左者，解祝在先居左之意也。祝主人皆拜妥尸，尸不言，尸答拜，遂坐。【注】拜妥尸，拜之使安坐也。尸自此答拜，遂坐而卒食，其閒有不啐奠，不嘗鉶，不告旨。大夫之禮，尸彌尊也。不告旨者，爲初亦不饗，所謂曲而殺。【音義】妥，他果反。【疏】【注】釋曰：案爾雅，妥，安坐也。故云拜妥尸，拜之使安坐也。案特牲云：尸啐酒告旨，主人拜，尸答拜，祭鉶，嘗之，告旨，不得遂坐。此經云答拜遂坐，鄭解其遂坐而卒食之意，以其閒有不啐奠，不嘗鉶，不告旨也。大夫之禮，尸彌尊，故無數事。特牲所云嘗鉶，謂嘗豕鉶。此不嘗鉶，亦謂不嘗豕鉶也。知此不嘗豕鉶者，案下云嘗羊鉶，故知不嘗豕鉶也。不告旨者，既不啐奠，故無告也。言彌尊者，既不啐奠，已尊，又不嘗鉶，不告旨，是彌尊也。云不告旨者爲初亦不饗者，案特牲迎尸，即席坐，主人拜妥尸，尸答拜，執奠，祝饗，主人拜如初。注云：饗，勸強之也。其辭取於士虞記，則宜云孝孫某圭爲而孝薦之饗。是士賤，不嫌得與人君同。大

乾隆四年校刊

夫尊嫌與人君同故初不饗後亦不告旨故云不告旨者爲初亦不饗也云所謂曲而殺者禮器文彼注云謂若父在爲母期不得申大夫不得者亦不得申故引爲證若然曲而殺爲初不饗而言也祝反南面注未有事也墮祭爾敦官各肅其職不命音義墮許規反劉相規反下同疏注釋曰云未有事也者釋祝反南面也云墮祭爾敦文在下經官各肅其職不命者言祝無事之義案宿諸官各肅其事不須命故祝得反南面尸取韭菹辯擩于三豆祭于豆間上佐食取黍稷于四敦下佐食取牢一切肺于俎以授上佐食上佐食兼與黍以授尸尸受同祭于豆祭注牢羊豕也同合也合祭於菹豆之祭也黍稷之祭爲墮祭將食神餘尊之而祭之今文辯爲徧音義辯音遍擩如悅反劉而誰反疏注釋曰云黍稷之祭爲墮祭者肺與黍稷俱得爲墮故周禮守祧職既祭則藏其墮墮中

松厓云主婦執一金敦黍設于羊俎南所謂上敦也其敦稷贊者執之以授主婦設于魚俎南

豈不能兼肺。肺與黍稷俱祭于菹上。既藏之。明肺與黍稷器不動。人就器減取之。故特得墮名。舉肺則全取。因上絕之。不得墮稱。及其藏之。并有墮名也。云將食神餘尊之而祭之者。謂陰厭是神食。後尸來卽席食。尸餕鬼神之餘。故尸亦尊神而祭之。以其凡祭者皆不是盛主人之饌。故以祭之爲尊也。

上佐食舉尸牢肺正脊以授尸。上佐食爾上敦黍于筵上。右之。注 爾近也。或曰移也。右之。便尸食也。重言上佐食。明更起不相因。音義 重直用反。疏 注釋曰。曲禮云飯黍毋以箸。是古者飯食不用匙箸。若然。器卽不動。器中取之。故移之於席上。便尸食也。云重言上佐食。明更起不相因者。前舉尸牢肺時。坐而取之。興以授尸。不因此坐取肺。卽爾敦黍。明更坐爾黍而起。不因前坐也。案特牲黍稷。此及虞皆不云稷者。此後皆黍稷連言。明并黍稷食之。不虛陳而不食。不言爾之者。文不具。其實亦爾之也。

主人羞肵俎。升自阼階。置于膚北。注 羞。進也。肵。敬也。親進之。主人敬尸之加。疏注釋曰：郊特牲訓脈爲敬。今此主人親進之，故鄭云敬尸之加。以其爲尸特加，故云加也。若然，特牲三俎，魚從豕俎，故脈在腊北。此五俎有膚俎，故脈在膚北。上佐食羞兩鉶，取一羊鉶于房中，坐設于韭菹之南。下佐食又取一豕鉶于房中以從，上佐食受，坐設于羊鉶之南，皆芼，皆有柶。尸扱以柶祭羊鉶，遂以祭豕鉶，嘗羊鉶。注芼，菜也。羊用苦，豕用薇，皆有滑。音義芼，亡報反。柶，音四。扱，初洽反。疏注釋曰：芼菜者，菜是地之毛。知羊用苦、豕用薇，皆有滑者，案公食大夫記云：鉶芼，牛藿，羊苦，豕薇，皆有滑。是也。食舉。注舉，牢肺正脊也。先食啗之，以爲道也。音義先食作飲飯者皆非。啗，大敢反。疏釋曰：此食舉在羞脈之下，特牲食舉在羞脈之上，不同者，彼特牲食舉下乃云羞脈俎者，是其正，以食舉後尸卽齊幹之屬卽加於脈俎，設食舉後卽進脈是正也。此食舉不在羞脈之上，上佐食羞鉶羹，尸祭鉶訖乃得食舉，故退食舉在祭鉶之下。

又不退羞胾所在食舉下者。由主人敬尸。故不退在下也。特牲爾敦下設大羹。此不云者。大羹不爲神。直是爲尸者。故此不言。儐尸乃有也〔注〕釋曰。云舉牢肺正脊也者。上文云上佐食舉尸牢肺正脊以授尸。尸受祭肺。今食先云食舉。是上牢肺正脊也。云先食啗之以爲道也者。案特牲舉肺脊以授尸。尸受振祭嚌之。左執之。注。肺氣之主也。脊體之貴也。先食啗之。所以道食通氣。是也。

三飯。〔注〕食以黍。〔疏〕〔注〕釋曰。知先食黍者。以前文先言爾黍。故知先食黍也。

上佐食舉尸牢幹。尸受振祭嚌之。佐食受加于肵。〔注〕幹正脊也。古文幹爲肝。〔音義〕嚌。才計反。〔疏〕〔注〕釋曰。上文序體先言短脅。次言正脅。則正脅在中。上食舉是正脊。故此知食幹亦先取正脊也。特牲云食幹。鄭注爲長脅也。彼記序九體有長脅。無代脅者。案鄭注云脊無中。脅無前。貶於尊者。故與此異也。

上佐食羞胾兩瓦豆有醓。亦用瓦豆。設于薦豆之北。〔注〕設于薦豆之北。以其加也。四豆亦綪。羊胾在南。豕胾在北。無臐膮者尚牲不尚味。【音義】胾，莊吏反。膴，許云反。膮，許堯反。【疏】【注】釋曰：特牲略於少牢，故有豕膮；此少牢二牲，故不尚味而無膷膮也。

尸又食，食胾。上佐食舉尸一魚。尸受，振祭，嚌之。佐食受，加于肵，橫之。【注】又，復也。或言食，或言飯，食大名，小數曰飯。魚橫之者，異於肉。【音義】數，所角反。

【疏】【注】釋曰：云「食大名」者，以其論語文多言食，故云食大名也。云「小數曰飯」者，此少牢特言三飯五飯九飯之等，據一口謂之一飯，五口謂之五飯等，據小數而言，故云小數曰飯也。云「魚橫之者，異於肉」者，魚在俎縮，肉在俎則橫，其同在肵俎，仍橫之。魚本縮，今則橫之矣，與牲體異，故云魚橫異於肉也。必知肉在肵仍橫者，但言加于肵，不云縮，則與本俎同橫可知也。大夫不儐尸者，於此時亦當設大羹，此主爲大夫儐尸者，故無大羹之文也。

又食。上佐食舉尸腊肩。尸受，振祭，嚌之。上佐食受，加于肵。【注】腊魚皆一舉者，少牢二牲，略之。腊必舉肩，以肩爲終也。別舉魚腊，崇威儀。[疏][注]釋曰：云腊魚皆一舉者，少牢二牲略之者，以特牲三舉獸魚，以其牲少故也。此少牢二牲，略之者，禮足可舉。故腊魚一舉以略之。云腊必舉肩以肩爲終也者，以腊如牲骨，但舉一肩，肩尊，以爲終。取其成義。牲體舉肩爲終。云別舉魚腊崇威儀者，特牲云：尸三飯，佐食舉獸幹魚一，亦如之。尸又三飯，舉胳及獸魚如初。尸又三飯，舉肩及獸魚如初。獸魚常一時同舉，而此獸魚別舉，大夫之禮，故云崇威儀。案特牲先舉腊後魚，此少牢後舉腊者，彼特牲三俎，腊皆三舉，故後舉魚。此少牢腊魚皆一舉，故使腊在後。肩取其終義故也。又食。上佐食舉尸牢骼，如初。[注]如舉幹也。又食。[注]不舉者，卿大夫之禮不過五舉，須侑尸。[疏][注]釋曰：云五舉者，舉牢肺脊一也，又舉牢幹二也，又舉一魚三也，又舉腊肩四也，又舉牢骼五也。是卿大夫之禮五舉也。尸告飽。祝西面于主人之南，獨侑，不拜。侑曰：皇尸未實，侑。[注]侑，勸也。祝獨勸者，更則尸飽。實，猶飽也。祝既

松厓云四舉者一正脊二牢幹三牢骼四牢肩

侑復反南面【疏】【注】釋曰云侑勸也祝獨勸者更則尸飽者此決特牲九飯三侑皆祝主人共侑不更以侑者欲使尸飽若其重侑則嫌相褻特牲重侑不更者以士禮九飯從更亦不飽故不更此大夫禮十一飯更則飽故有更是以使祝獨侑與主人更之也云祝既侑復反南面者戶內主人及祝有事之位尸席北祝無事之位今侑訖亦復尸北南面位也此與特牲皆有尸飯法天子諸侯當亦有之故大祝九拜之下云以享侑祭祀注云侑勸尸食而拜若然士三飯即告飽而侑大夫七飯告飽而侑諸侯九飯告飽而侑天子十飯而侑也尸又食上佐食舉尸牢肩尸受振祭嚌之佐食受加于脀【注】四舉牢體始於正脊終於肩尊於終始【疏】【注】釋曰正脊及肩皆此體之貴者故先舉正脊為食之始後舉肩為食之終故云尊於終始尸不飯告飽祝西面于主人之南【注】祝當贊主人辭【疏】釋曰以其西面是祝之有事之位故從南向西面位也主人不言拜侑【注】祝言而不拜主人不

松厓云尸食舉舉者牢肺正脊也不言加于肵者實于菹豆也至此尸授上佐食上佐食受而加于肵

言而拜親疏之宜。疏注釋曰。云親疏之宜者。云親言而不拜者疏也。云主人不言而拜者親也。事相成。故云親疏之宜也。尸又三飯。注為祝一飯。為主人三飯。尊卑之差。尸十一飯。下人君也。上佐食受尸牢肺正脊加于肵。注言受者。尸授之也。尸受牢幹而實舉于菹豆。食畢。操以受佐食焉。音義操七刀反。疏釋曰。此案上文初食舉。謂正脊與牢肺。不言置舉之所。下文卽言三飯。上佐食舉尸牢幹。尸受振祭嚌之。佐食受加于肵。至此尸十一飯後。乃言上佐食受尸牢肺正脊加于肵。肵者。是卻本初食。約特牲舉肺脊其時尸實舉于菹豆。今尸食畢。尸乃於菹豆上取而授上佐食。上佐食受而加于肵。故言受尸牢肺正脊加于肵也。○主人降洗爵升北面酌酒。乃酳尸。尸拜受。主人拜送。注酳猶羨也。既食之而又飲之。所以樂之。古文酳作酌。音義酳音引。又士刃反。食音寺。飲於鴆反。樂音畧。【疏】釋曰：自此盡「折一膚」，論主人酳尸之事。【注】釋曰：尸云酳猶羨也者，取饒羨之義，故以爲樂之也。

祭酒，啐酒，賓長羞牢肝，用俎，縮執俎，肝亦縮，進末，鹽在右。【注】羞，進也。縮，從也。鹽在肝右，便尸擩之。古文縮爲蹙。【音義】從，子容反。蹙，子六反。【疏】【注】釋曰：云鹽在肝右，便尸擩之者，鹽在肝右，據賓長西面手執而言。尸東面，若至尸前，鹽在尸之左，尸以右手取肝，鄉左擩之，是其便也。

尸左執爵，右兼取肝，擩于俎鹽，振祭，嚌之，加于菹豆，卒爵。主人拜。祝受尸爵。尸答拜。【注】兼，兼羊豕。（　）祝酌授尸，尸醋主人。主人拜受爵。尸答拜。主人西面奠爵，又拜。【注】主人受酢酒，俠爵拜，彌尊尸。【音義】醋，才各反。【疏】【注】釋曰：云彌尊尸者，此少牢與特牲，尸酢主人，使祝代尸酌，已是尊尸，今主人拜受訖，又拜，爲俠拜，是彌尊尸也。

上佐食取四敦黍稷，下佐食取牢

一切肺以授上佐食上佐食以綏祭【注】綏或作挼挼讀為墮將受嘏亦尊尸餘而祭之古文墮為肵【音義】綏許規反劉相規反并注挼及墮亦放此下皆同【疏】注釋曰注中綏是事綏或有禮本作挼者故亦讀從周禮守祧既葬則藏其墮減之義也云將受嘏者下文主人受嘏之時先墮祭是以佐食授黍稷與主人為墮禮主人左執爵右受佐食坐祭之又祭酒不興遂啐酒【注】右受佐食右手受墮於佐食也至此言坐祭之者明尸與主人為禮也尸恆坐有事則起主人恆立有事則坐【疏】注釋曰云尸常坐有事則起主人常立有事則坐者案禮器云周坐尸曲禮云立如齊鄭云齊謂祭祀時則是尸常坐主人祭時則常立禮云坐祭之謂墮祭尸餕是尸與主人為禮是主人有事乃坐也尸答主人拜乃立是尸有事則起也祝與二佐食皆出盥于洗入二佐食各取黍

乾隆四年校刊

松厓云來古釐字來釐之來即此來賜也

于一敦上佐食兼受摶之以授尸尸執以命祝[注]命祝以嘏辭[音義]摶大官反[疏][注]釋曰謂命祝使出嘏辭以嘏於主人下文是也卒命祝祝受以東北面于戶西以嘏于主人曰皇尸命工祝承致多福無疆于女孝孫來女孝孫使女受祿于天宜稼于田眉壽萬年勿替引之[注]嘏大也予主人以大福工官也承猶傳也來讀曰釐釐賜也耕種曰稼勿猶無也替廢也引長也言無廢止時長如是也古文嘏爲格祿爲福眉爲微替爲袂袂或爲載載替聲相近[音義]嘏古雅反女音汝袂音泆秩大結反劉士結反[疏][注]釋曰云嘏大也者郊特牲云嘏長也大也鄭云予主人以大福案特牲尸親嘏主人此尸使祝嘏主人者大[illegible]

室人坐奠

爵興再拜稽首興受黍坐振祭嚌之詩懷之實于左袂挂于季指執爵以興坐卒爵執爵以興坐奠爵拜尸答拜執爵以興出宰夫以籩受嗇黍主人嘗之納諸內【注】詩猶承也實於左袂便右手也季猶小也出出戶也宰夫掌飲食之事者收斂曰嗇明豐年乃有黍稷也復嘗之者重之至也納猶入也古文挂作卦【音義】挂俱賣反又音卦

【疏】【注】釋曰云出出戶也者以主人位在戶內西面今云出故知是出戶也此宰夫以籩受嗇大夫之禮特牲云主人出寫嗇于房祝以籩受彼士禮與大夫異也案春官鬱人云大祭祀與量人受舉斝之卒爵而飲之鄭云斝受福之嘏聲之誤也王酳尸尸嘏王此其卒爵也少牢饋食禮主人受嘏詩懷之卒爵執爵以興出宰夫以籩受嗇黍主人嘗之乃還獻祝此鬱人受王之卒爵亦王出房時也是王受嘏與大夫同也案楚茨詩既齊既稷

乾隆四年校刊

既匡既勑。注云。嘏之禮。祝編取黍稷牢肉魚擩於醢以授尸。孝孫前就尸受之。天子使宰夫受之以筐。祝則釋嘏辭以勑之。天子嘏辭與大夫同也。云復嘗之者重之至也者。前已嚌之。是已嘗。今復言嘗。是重受福之至也。特牲不言復嘗者。文不具也。

○主人獻祝。設席南面。祝拜于席上坐受。【注】室中迫狹。【疏】【注】釋曰。言迫狹者。大夫士廟室。皆兩下。五架正中曰棟。棟南兩架。北亦兩架。棟南一架名曰楣。前承簷以前名曰庪。室南壁而開戶。即是一架之開廣爲室。故云迫狹也。必知棟北一架後乃爲室者。昏禮。主人延賓。升自西階。當阿東面致命。鄭云。阿棟也。入堂深。明不入室。是棟北乃有室也。

主人西面答拜。【注】不言拜送。下尸。【疏】【注】釋曰。上主人酳尸。尸拜受。主人拜送。今主人獻祝。祝拜受。主人答拜。拜送禮重。答拜禮輕。今言答拜。故云不言拜送。下尸也。

薦兩豆菹醢。【注】葵菹蠃醢。【疏】【注】釋曰。知者。上云北菹醢醢。鄭云、朝事之豆也。而饋食用之。豐大夫禮。上亦云葵菹蠃醢。是饋食之豆。當饋食之節。是其常事。故不言豐大夫之禮。今祝用之。亦其常事。故知用葵菹蠃醢也。佐食設俎，牢髀，橫脊一，短脅一，腸一，胃一，膚三，魚一，橫之，腊兩髀屬于尻。【注】皆升下體，祝賤也。魚橫者，四物共俎，殊之也。腊兩髀屬于尻，尤賤，不殊。【音義】屬音燭。尻苦刀反。【疏】【注】釋曰：言升下體者，髀與正脅、橫脊，皆羊豕之下體。屬于尻，又腊之下體，爲祝賤故也。云魚橫者，四物共俎，殊之也者，以其魚獨在俎縮載，今橫者，爲四物共俎，橫而殊之也。縮有七物而云四物者，據羊豕魚腊，故云四物也。云尤賤者，羊豕體不屬於尻，以腊用左右胖，故有兩髀，言髀屬于尻，尻在中，謂髀與尻相連屬，不殊，是尤賤也。腊髀賤，常連之也。

祝取菹擩于醢，祭于豆閒。祝祭俎。【注】大夫祝俎無肺，祭用膚，遠下尸，不嚌之，膚不盛。【疏】【注】釋曰：云大夫祝俎無肺，祭用膚，遠下尸者，案特牲尸俎有祭肺、離肺，祝俎有離肺，無祭肺，是下尸。今大夫尸俎亦皆有，祝則離肺、祭肺俱無，是遠下尸也。云不嚌之，膚不盛者，決離肺、祭肺嚌之，加于俎，今以無肺祭，不盛故也。凡膚

乾隆四年校刊

皆不嚌。獨於此言之者。以其以膚替胏。胏則嚌。此則不嚌。故須言之也。

祭酒。啐酒。肝牢從。祝取肝擩于鹽。振祭。嚌之。不興。加于俎。卒爵。興。【注】亦如佐食授爵乃興。不拜既爵。大夫祝賤也。【疏】【注】釋曰。亦如佐食授爵乃興者。此經直云卒爵興。不云授爵。故特明之。案下文主婦獻祝。祝卒爵。坐授主婦爵。主婦又獻二佐食。二佐食坐授主婦爵。主婦獻祝與獻二佐食同。明主人獻祝。祝授主人爵。亦與二佐食同可知。云不拜既爵。大夫祝賤也者。此決特牲祝卒角拜。主人答拜。以上卑故祝不賤。此大夫尊。故祝賤。不拜既爵也。

○主人酌獻上佐食。上佐食戶內牖東北面拜。坐受爵。主人西面答拜。佐食祭酒。卒爵。拜。坐授爵。興。【注】不啐而卒爵者。大夫之佐食賤。禮略。【疏】【注】釋曰。特牲士之佐食亦啐。大夫佐食賤。禮略。天子諸侯禮雖亡。或可對天子諸侯佐食啐乃卒爵。貴故也。

俎設于兩階之間。其俎折一膚。【注】

佐食不得成禮於室中。折者，擇取牢正體餘骨，折分用之。有脀而無薦，亦遠下尸。【音義】折，之設反，後同。【疏】【注】釋曰：云「有脀而無薦，亦遠下尸」者，有脀即經俎實是也。無薦謂無菹醢也。既無肺，已是下尸，又無薦，是遠下尸也。

主人又獻下佐食，亦如之。其脀亦設于階間，西上，亦折，一膚。【注】上佐食既獻，則出就其俎。《特牲記》曰：「佐食無事，則中庭北面。」謂此時。

○有司贊者取爵于篚以升，授主婦贊者于房戶。【注】男女不相因。《特牲饋食禮》曰：「佐食卒角，主人受角，降反于篚。」【疏】釋曰：自此盡「入于房」，論主婦亞獻，獻尸與祝佐食之事。此直云有司授婦贊者于房，案《禮記·內則》云：「非祭非喪，不相授器。其相授則女受以篚，其無篚則皆坐奠之，而后取之。」此經雖不言受以篚及奠於地之事，亦當然也。【注】釋曰：云「男女不相因」者，案《特牲》，佐食卒角，主人受角，降反于篚，升入復位訖，

乾隆四年校刊

主婦乃洗爵于房酌亞獻尸是不相因爵也引特牲者證男女不相因爵主婦不取此爵也

婦贊者受以授主婦主婦洗于房中出酌入戶西面拜獻尸【注】入戶西面拜由便也不北面者辟人君夫人也拜而後獻者當俠拜也婚禮曰婦洗在北堂直室東隅【音義】辟音避【疏】【注】釋曰云入戶西面拜由便也者下注云此拜於北則上拜於南矣由便也云不北面者辟人君夫人也者案特牲主婦北面拜注云北面拜者辟內子也則是士妻與不嫌得北面與人君夫人同也

尸拜受主婦主人之北西面拜送爵【注】拜於主人之北西面婦人位在內也拜於北則上拜於南由便也

尸祭酒卒爵主婦拜祝受尸爵尸答拜易爵洗酌授尸【注】祝出易爵男女不同爵

主婦拜受爵尸答拜上佐食綏祭主婦

西面于主人之北受祭祭之其綏祭如主人之禮不嘏卒爵拜尸答拜【注】不嘏夫婦一體綏亦當作挼古文爲肵主婦以爵出贊者受易爵于篚以授主婦于房中【注】贊者有司贊者也易爵亦以授婦贊者婦贊者受房戶外入授主婦【疏】【注】釋曰知贊者有司贊者也者上文云有司贊者取爵于篚此還是上有司贊者也○主婦洗酌獻祝祝拜坐受爵主婦答拜于主人之北卒爵不興坐授主婦【注】不俠拜下尸也今文曰祝拜受主婦受酌獻上佐食于戶內佐食北面拜坐受爵主婦西面答拜祭酒卒爵坐授主婦主婦獻下佐食亦如之主婦受爵以入于房【注】不言拜於主人之北可知也

松厓云不獻佐食者以佐食將餕也

爵奠于內篚。○賔長洗爵，獻于尸。尸拜受爵，賔戶西北面拜送爵。尸祭酒，卒爵，賔拜。祝受尸爵，尸答拜。祝酌授尸，賔拜受爵。尸拜送爵。賔坐奠爵，遂拜，執爵以興，坐祭，遂飲，卒爵，執爵以興，坐奠爵，拜。尸答拜。○賔酌獻祝，祝拜，坐受爵。賔北面答拜。祝祭酒，啐酒，奠爵于其筵前。【注】啐酒而不卒爵，祭事畢，示醉也。不獻佐食，將儐尸，禮殺。

【疏】釋曰：云「尸祭酒，卒爵」者，案特牲賔長獻尸，爵止。注云欲神惠之均於室中，待夫婦致爵，此大夫禮或有儐尸者，致爵在儐尸之時，故不致爵，爵不止也。若然，有司徹尸作止爵，三獻致爵於主人，主人不酢，又不致爵于主婦，下大夫不儐尸，賔獻尸，爵止，主婦致爵于主人，酢主婦，主人不致爵於主婦，特牲主人與主婦交相致爵，參差不同者，此以尊卑爲差降之數，故有異也。上大夫儐尸，故不致爵。上辟人君，下大夫不儐尸，故增酢主婦而已。士卑不嫌與君同，故致爵具也。[注]釋曰：云不獻佐食，猶賓尸禮殺焉，以其祝與佐食俱是事神及尸，是以獻尸并及之。故主人主婦獻祝與佐食。今賓獻祝不及佐食者，但爲待賓尸，故於賓長獻。是祭末禮殺，故不及佐食闕之也。○主人出立于阼階上西面，祝出立于西階上東面。祝告曰：利成。[注]利猶養也。成，畢也。孝子之養禮畢。[音義]養，于亮反，下同。[疏][注]釋曰：自此盡廟門，論祭祀畢，尸出廟之事。祝入，尸謖。主人降立于阼階東，西面。[注]謖，起也。謖或作休。[音義]謖，所六反。祝先，尸從，遂出于廟門。[注]事尸之禮，訖於廟門外。[疏][注]釋曰：事尸之禮訖於廟門者，上祝迎尸於廟門，畢，又送尸於廟門。案禮記，尸在廟門外則疑於臣，是以據廟門爲斷。○祝反，復位于室中。主人亦入于室，復位。祝命佐食徹肵俎，降設于堂下阼階南。[注]徹肵俎不出門，將儐尸也。

亦俎而以儐尸者其本爲不反魚肉耳不云尸俎未歸尸【疏】釋曰自此盡篇末論徹肵俎行餕之事。【注】釋曰云徹肵俎不出門將儐尸也者決特牲饋食徹尸俎出廟門者送尸者也云肵俎而以儐尸者其本爲不反魚肉耳者案曲禮云毋反魚肉謂食將魚肉不反俎故尸食亦加肵俎本爲尸不反魚肉今儐尸將更食魚肉當加於肵俎未得即送尸家故云本爲不反魚肉也故賓尸訖并後加者得歸之也。○司宮設對席乃四人養【注】大夫禮四人養明惠大也【音義】養音餕【疏】【注】釋曰案祭統云凡餕之道每變以眾所以別貴賤之等而興施惠之象也是故上有大澤則惠必及下是[illegible]特牲二人餕惠之小者大夫四人餕明惠之大者也。上佐食盥升下佐食對之賓長二人備【注】備四人餕也。三餕亦盥升【疏】釋曰下佐食對之者不謂東西相對直取上佐食東面下佐食西面爲對以其下佐食西面近北故不得東西相當也云賓長二人備者亦不東西相當以其一賓長在上佐食之北一賓長在下佐食之南。是亦不東西相當也。故云備不言對也。司士進一敦黍于上佐食，又進一敦黍于下佐食，皆右之于席上。【注】右之者，東面在南，西面在北。【疏】【注】釋曰：東面在南，據上佐食；西面在北，據下佐食。右之者，飯用手，右之便故也。資黍于羊俎兩端，兩下是餕。【注】資猶減也。減置於羊俎兩端，則一賓長在上佐食之北，一賓長在下佐食之南。今文資作齋。【疏】【注】釋曰：云兩下是餕者，據二賓長於二佐食爲下，故云。一賓長在上佐食之北，一賓長在下佐食之南，以地道尊右故也。二佐食皆在右，若然，羊俎兩閒南北面置之，故二賓長於俎兩端取黍也。必知上佐食東面近南，下佐食西面近北者，以其尸東面近南，今尸起，上佐食居尸坐處，明知位如此。司士乃辯舉，養者皆祭黍，祭舉。【注】舉，舉膚。今文辯爲徧。【音義】辯音遍，下同。【疏】【注】釋曰：知舉是舉膚者，以其上舉肺，餕者下尸，明不舉肺，當舉膚，是以特牲云佐食授餕者各一膚明此大夫禮亦舉膚也。主人西面三拜餕者。餕者奠舉于俎，皆答拜，皆反取舉。注三拜，旅之，示徧也。言反者，拜時或去其席。在東面席者東面拜，在西面席者皆南面拜。疏注釋曰：知面位如此者，以主人在戶內西面三拜餕者，餕者在東面而答主人拜可知。在西面位者，以主人在南西面，不得與主人同面而拜，明司士過身南面，向主人而拜，故鄭以義解之如此也。

進一鉶于上餕，又進一鉶于次餕，又進二豆湇于兩下，乃皆食，食舉。注湇，肉汁也。音義湇，去及反。疏釋曰：云「又進二豆湇于兩下」者，以其神坐之上止有羊豕二鉶，一進與上佐食，一進與下佐食，故更羞二豆湇于兩下。湇者從門外鑊中來，以兩下無鉶，故進湇也。

卒食，主人洗一爵，升酌，以授上餕。贊者洗三爵，酌，主人受于戶內，以授次餕，若是以辯，皆不拜受爵。

主人西面三拜餕者餕者奠爵皆荅拜皆祭酒卒爵奠爵皆拜主人荅一拜【注】不拜受爵者大夫餕者賤也荅一拜略也古文壹爲一也【疏】【注】釋曰云不拜受爵者大夫餕者賤也者決特牲使嗣子與兄弟餕爲貴故拜受爵也云荅一拜略也者特牲亦無再拜濾此云略者以其四餕皆拜主人總荅拜故云略也餕者三人興出【注】出降實爵于篚反賓位上餕止主人受上餕爵酌以醋于戶內西面坐奠爵拜上餕荅拜坐祭酒啐酒【注】主人自酢者上餕獨止當尸位尊不酌也【疏】【注】釋曰特牲上餕親自酌酢主人此上餕不酌者上餕將嘏主人故在尸位不可親酌特牲上餕酌者以上餕不嘏主人既卒爵三餕俱出上餕酢主人少牢禮備又嘏主人故不酌也上餕親嘏曰主人受祭之福胡壽保建家室【注】親嘏不使祝授

之亦以黍。疏注釋曰：言亦者，以上皇尸命工祝嘏主人以黍，此亦以黍。上文司士進敦，乃分黍于羊俎兩端，下不言稷，故知亦黍也。主人興，坐奠爵，拜，執爵以興，坐卒爵，拜。上餕答拜。上餕興出，主人送，乃退。注送佐食不拜，賤。疏注釋曰：賓主之禮，賓出，主人皆拜送。此佐食送之而不拜，故云賤也。

經二千九百七十九字
注二千七百八十七字

儀禮注疏卷十六

儀禮注疏卷十六考證

主人曰孝孫某來日丁亥注不得丁亥則己亥辛亥亦用之無則苟有亥焉可也○臣紱按經言日用丁己則或丁或己皆可不必亥也此舉丁亥以見例似當云不得丁亥則丁丑丁卯亦用之無則苟有丁焉可也如此方與經義相合

明日朝筮尸如筮日之儀○儀字石經及敖本俱作禮○

羹定疏魚腊爨亞之北上○監本作魚腊爨在廟門外東南魚腊爨在其南○臣學健按士虞爨在西不在東也疏語複沓難通今考士虞禮經文改正

司馬升羊右胖髀不升肩臂臑膊骼○臣紱按膊字從專音純與膊字從專音博者迥異舊刻多混今悉正之士昏及特牲作肫與膊同

疏此言綷者指解脊脅不取肩臂臑膊胳也若尸舉牲體則脊脅胳肩爲綷○監本脫上脅字臂臑膊字又脫下脊字又胳肩二字誤倒臣紱按以經之節次及牲體考之應如此

卒脊皆設扃鼏○鼏監本譌冪今依石經及敖本改正

主婦被錫衣侈袂○侈石經作移下侈字同

注葵菹在北綷○監本脫北字臣紱按以設豆之法

次之應補又特牲疏引此可證

又注今文錫爲緆○監本脱錫爲緆三字敖氏集説卷尾記此繼公云緆當作緣褖通又釋文有緆字之音皆可證之

以挼尸坐取簞興○監本脱此七字今依石經及敖本補正

祝主人皆拜妥尸疏挼下云嘗羊鉶故知不嘗豕鉶也○監本脱不字臣龍官按下經豕鉶但祭不嘗是也補不字方與上句相應

尸受同祭于豆祭○受同二字監本誤倒今依石經及

敖本改正

食舉○敖繼公云特牲禮乃食食舉謂先一飯而後食舉也士昏禮亦然此亦當然不言乃食者文有脫也

祝酌授尸尸醋主人○授字監本譌作受今從敖本改正

佐食設俎牢髀疏腊髀賤常連之也○腊髀監本譌作周祝今據經文改正

祭酒啐酒肝牢從○敖繼公云肝牢當作牢肝石經亦作牢肝今仍監本

佐食祭酒卒爵拜坐授爵興○敖繼公云拜蓋衍文祝

與佐食皆不拜既爵

有司贊者取爵于篚以升授主婦贊者于房戶○敖繼公云戶字誤下篇司宮取爵于篚以授婦贊者于房東北戶亦當爲東與

易爵洗酌授尸○授石經作受

賓戶西北面拜送爵○戶監本譌作尸今依石經及敖本改正

賓酌獻祝疏上大夫得儐尸故不致爵○監本脫不字今據經之節次補之

主人出立于阼階上西面疏釋曰自此盡廟門云云○

監本誤刊在下祝先尸從節之下今改正

祝入尸謖主人降○降字監本譌祭毛本譌出今依石經及敖本改正

司宫設對席疏凡餕之道云云○臣龍官按此引祭統語舊脱數句文氣不貫今考原文補之

丙申五月二十四日閲是日影盧珪来別一年餘矣

儀禮注疏卷十六考證

儀禮注疏卷十七

漢鄭氏注　唐陸德明音義　賈公彥疏

有司徹第十七

有司徹【注】徹室中之饋及祝佐食之俎卿大夫既祭而儐尸禮崇也儐尸則不設饌西北隅以此薦俎之陳有祭象而亦足以厭飫神天子諸侯明日祭於祊而繹春秋傳曰辛巳有事于大廟仲遂卒于垂壬午猶繹是也爾雅曰繹又祭也【音義】徹直列反字又作撤○祊百庚反○大音泰【疏】釋曰自此盡如初論徹室內之饋并更整設及溫尸俎之事○【注】釋曰云徹室中之饋及祝佐食之俎者室內之饋主於尸饌薦俎黍稷皆名饋下大夫不儐尸餕訖云有司官徹饋饌於室中西北隅彼鄭注云官徹饋者司馬司士舉俎宰

乾隆四年校刊

夫取敦及豆。則此饋內兼數物。唯無肵俎。肵俎上篇佐
食徹之。先設於堂下也。又言及祝佐食之俎者。殊其尊
卑爲文。祝亦有薦在室內北墉下。佐食之俎在兩楹之
閒。無薦。此等見於上篇。今徹祝與佐食幷爲文者。賤者
省文之事。其實祝薦俎在室內。佐食俎在階閒。此直云
有司不言官。下大夫不儐尸云官徹者。彼爲更餕西北
隅爲陽厭。故見官也。肵俎亦用儐尸。不使有司同時徹
者。肵俎本爲尸。故設之徹之。皆不與正俎同時。而後設
先徹。案楚茨詩云。諸宰君婦。廢徹不遲。此不言者。彼人
君禮。故不同也。云卿大夫旣祭而儐尸禮崇也者。此對
下大夫不儐尸禮不崇也。云以此薦俎之陳有祭象而
亦足以厭飫神者。對下大夫尸出之後。改餕西北隅爲
厭飫神。今儐尸者。雖不設餕西北隅。以此薦俎之陳有
祭象。亦足以厭飫神。亦下大夫也。云天子諸侯明日祭
於祊而繹者。欲見天子諸侯尊。別日爲之。與卿大夫禮
異。但祊與繹二者俱時爲之。故郊特牲云繹之於庫門
內。祊之於東方。失之矣。鄭注云。祊之禮宜於廟門外之
西室。繹又於其堂。神位在西也。二者同時而大名曰繹。
其祭禮簡而事尸禮大。引春秋傳者。此宣八年左氏傳。
辛巳有事于大廟。仲遂卒于垂。卿佐卒。輕于正祭不合

廢。但繹祭禮輕，宜廢而不廢，故譏之。云「壬午猶繹」，引之者，證人君別日爲繹。又見二者雖同時而大名繹，故孔子書繹不書祊。引爾雅者，爾雅釋天文。彼云：「周曰繹，商曰肜，夏曰復胙。」復胙者，復昨日之胙祭。殷曰肜者，義取肜肜祭不絕。周曰繹者，取尋繹前祭之事。但祊者，禮器云「爲祊乎外」，注「祊祭明日之繹祭也。謂之祊者，於廟門之旁，因名焉。其祭之禮，既設祭於室，而事尸於堂，孝子求神非一處」是也。此祊是明日又祭，故於廟門外，若正祭，祊即於廟門內，故楚茨詩云「祝祭于祊，祀事孔明」，毛傳云：「祊，門內也。」鄭云：「孝子不知神之所在，故使祝博求之于廟門內之旁，待賓客之處，祀禮於是甚明。」是正祭祊在門內也。郊特牲云：「索祭祝于祊，不知神之所在，於彼乎？於此乎？或諸遠人乎？祭于祊，尚曰求諸遠者與？」亦是祭之明日祊，故云求諸遠者。但此大夫賓尸同用正祭之牲，天子諸侯禮大，別日又別牲，故牛人云「享牛求牛」，鄭云：「享，獻也。獻神之牛，謂所以祭者也。求，終也。終事之牛，謂所以繹者也。」是其別牲也。

埽堂。注 爲儐尸新之。少儀曰：「氾埽曰埽，埽席前曰拚。」音義 爲，于僞反，下同。氾，芳劍反。埽，索到反。拚，方問反。疏 注釋曰：爲儐尸新之者。正祭於室之時，堂亦埽訖。今將儐尸，又埽之，故云爲儐尸新之。引少儀者，若直埽席前，止可云拚。今云埽不云拚，明于堂廟汎埽，引之見汎埽爲義也。

司宮攝酒。【注】更洗益整頓之。今文攝爲聶。【音義】聶，女輒反。【疏】【注】釋曰：鄭云更洗益整頓之者，案士冠禮再醮攝酒，注云：攝猶整也。整酒，謂撓之。此更添益整頓，則此洗當作撓。此謂儐尸唯徹室中之饌，因前正祭之酒，更撓擾添益整新之也。

乃燅尸俎。【注】燅，溫也。溫尸俎於爨，肵亦溫焉。獨言溫尸俎，則祝與佐食不與儐尸之禮。古文燅皆作尋，記或作燖。春秋傳曰：若可燖也，亦可寒也。【音義】燅，音尋，劉徐鹽反。注燖同。與，音預。【疏】【注】釋曰：知溫尸俎於爨者，見下文云：卒燅，乃升羊豕魚三鼎，故知先溫於爨之鑊，乃後升之於鼎也。肵亦溫焉，知者，案下文載俎所舉，在肵有脅脊皆在，載於俎，明亦溫可知。又云獨言溫尸俎，則祝與佐食不與儐尸之禮者，但正祭時，尸祝及佐食皆有俎，今獨言溫尸俎，欲見儐尸時，祝與佐食不與，而別立侑也。

云古文褻皆作尋者，論語及左傳與此古文皆作尋。論語不破，至此疊古文不從者，彼尋者論語古文通用，至此見有人作褻有火義，故從今文也。云記或作燖者，案郊特牲云有虞氏之祭也尚用氣，血腥爓祭用氣也，注云爓或爲燖，今此義指彼記或讀之，故云記或作燖也。引春秋傳者，案哀十二年左傳夏公會吳于槖臯，吳子使大宰嚭請尋盟，公不欲，使子貢對曰：盟所以周信也，故心以制之，玉帛以奉之，言以結之，明神以要之，寡君以爲苟有盟焉，弗可改也已，若猶可改，日盟何益。今吾子曰必尋盟，若可尋也，亦可寒也。服注云：尋之言重也，溫也；寒，歇也。亦可寒而歇之。鄭引之者，證褻尸俎是重溫之義。

卒褻，乃升羊豕魚三鼎，無腊與膚，乃設扃鼏，陳鼎于門外，如初。【注】腊爲庶羞，膚從豕，去其鼎者，儐尸之禮殺於初。如初者，如廟門之外東方北面北上。今文扃爲鉉，古文鼏爲密。【音義】扃，古熒反，注同。鼏，亡狄反。去，起呂反。殺，所界反，劉色例反，下皆同。【疏】【注】釋曰：云腊爲庶羞者，鄭解不褻腊之義。案上褻尸俎則皆在其內今升鼎言無腊下載又不見腊體明從庶羞可知云膚從豕去其鼎知者下載體時膚猶在豕鼎不爲庶羞可知但正祭時五鼎今二者皆去其鼎故云儐尸之禮殺於初也○乃議侑于賓以異姓【注】議猶擇也擇賓之賢者可以侑尸必用異姓廣敬也是時主人及賓有司已復內位古文侑皆作宥【音義】侑音又【疏】釋曰自此盡侑答拜論選侑幷迎尸及侑之事【注】釋曰云是時主人及賓有司已復內位者下文侑出俟于廟門之外又云主人出迎尸侑言侑卽賓之賢者上篇云四餕者二佐食二賓長餕訖皆出未見入主人送餕言退皆有出事今議侑在內故云是時賓主人已復內位也宗人戒侑【注】戒猶告也南面告於其位戒曰請子爲侑【疏】【注】釋曰知南面告於其位者以賓位在門東北面請以爲侑明面鄉其位可知賓位在門東北面者下文將獻賓時云主人降南面拜衆賓門東二拜衆賓門東北面皆答一拜是也云戒曰請子爲侑者案燕禮公曰命某爲賓射人傳公命當

云請子爲賓，此處命侑當先云主人曰命某爲侑，宗人傳主人辭戒曰請子爲侑，鄭以互文約之，故云然也。

侑出，俟于廟門之外。注俟，待也。待於外，當與尸更入。主人與禮事尸，極敬心也。疏注釋曰：云主人與禮事尸極敬心也者，正謂立侑以輔尸，使出更迎之，是極其敬心也。○司宮筵于戶西，南面。注爲尸席也。又筵于西序，東面。注爲侑席也。尸與侑北面于廟門之外，西上。注言與，殊尊卑。北面者，賓尸而尸益卑。西上，統於賓客。疏注釋曰：云尸益卑者，儐尸之禮，以尸爲賓客，當在門西東面北上，今執臣道，門外北面，故云益卑也。主人出迎尸，宗人擯。注賓客尸而迎之，主人益尊。擯，贊。疏釋曰：案少牢宿尸，祝擯，此宗人擯者，以祝不與擯尸，故使宗人爲擯也。注釋曰：云賓客尸而迎之主人益尊者，上篇正祭時，主人不迎尸，以申尸之尊，至此賓客尸而迎之，以尸同賓客，是主人益尊故也。主人拜。尸答拜。主人又拜侑，侑答拜。主人揖，先入門右。【注】道尸。【音義】道音導。尸入門左，侑從，亦左。揖，乃讓。【注】沒霤相揖，至階又讓。【疏】【注】釋曰：經直云揖乃讓，鄭知沒霤相揖至階又讓者，案上篇鄉飲酒之等，入門三揖，至階又讓，故知也。主人先升自阼階，尸、侑升自西階，西楹西北面東上。【注】東上，統於其席。【疏】【注】釋曰：尸在門外北面西上，統於賓客，至此升堂，亦應西上，故決之云東上統於共席，以其賓席以東爲上故也。○主人東楹東北面拜至。尸答拜。主人又拜侑，侑答拜。【注】拜至，喜之。○乃舉。【注】舉，舉鼎也。舉者不盥，殺也。【疏】釋曰：自此盡西枋，論門外舉鼎匕俎入陳于廟門之事。【注】釋曰：云舉者不盥殺也者，決正祭時皆盥訖乃舉鼎，此儐尸禮殺，舉者不盥，故云殺也。司馬舉羊鼎，司士舉豕鼎、舉魚鼎以入，陳鼎如初。【注】如初，如阼階下西面北上。【疏】【注】釋曰：云「如初」者，此如上經正祭時陳鼎之事也。雍正執一匕以從，雍府執二匕以從，司士合執二俎以從，司士贊者亦合執二俎以從。匕皆加于鼎，東枋。二俎設于羊鼎西，西縮；二俎皆設于二鼎西，亦西縮。【注】雍正，羣吏掌辨體名肉物者。府，其屬。凡三匕，鼎一匕。四俎爲尸、侑、主人、主婦。其二俎設于豕鼎、魚鼎之西，陳之宜具也。古文縮皆爲蹙。【疏】【注】釋曰：云「雍正，羣吏掌辨體名肉物者」，案周禮內饔職云「掌割亨煎和之事，辨體名肉物」，注云「體名，脊、脅、肩、臂、臑之屬；肉物，胾、燔之屬」。此大夫之雍正所掌亦依之也。知「四俎」據尸、侑、主人、主婦者，據下文四者皆有俎知之也。云「陳之宜具」者，此四俎當俱陳于羊鼎之西，分二俎陳豕鼎、魚鼎之西者，欲使三鼎之西並有俎，故云陳之宜具也。

雍人合執二俎，陳于羊俎西，並皆西

縮覆二疏匕于其上皆縮俎西枋【注】並幷也其南俎司馬以羞羊匕湇羊肉湇其北俎司士以羞豕匕湇豕脀湇魚疏匕匕柄有刻飾者古文並皆作併【音義】湇去及反脀之承反【疏】【注】釋曰云其南俎司馬以羞羊匕湇羊肉湇者上湇謂無肉直汁以其在匕湇也即下文司馬在羊鼎之東二手執挑匕枋以挹湇注于疏匕是也云肉湇者直是肉從湇中來實無汁下文云羊肉湇膴折正脊一正脊一腸一胃一是也案下文次賓羞羊匕湇司馬羞羊肉湇此注并云司馬不云次賓者案上經正祭時云司馬封羊據此正文次賓不言其實羞羊匕湇者是次賓也又云其北俎司士以羞豕匕湇豕脀湇魚者此經陳二俎以為益送之俎南俎已是司馬所胙於主人賓羞豕匕湇司士羞豕脀此并云司士者亦據上經正文司士擊豕而言實次賓羞豕匕湇也云疏匕匕柄有刻飾者以其言疏是疏通刻飾之名若禮記云疏屏之類故知柄有刻飾亦通柄刻雲氣以飾也○士

人降受宰几尸侑降主人辭尸對注几所以坐安體周禮大宰掌贊玉几玉爵疏注釋曰引大宰者證宰授主人几之義宰授几主人受二手橫執几揖尸注獨揖尸几禮主於尸主人升尸侑升復位注位阼階賓階上位疏注釋曰鄭言此者主人位常在阼階上其尸位在戶西及在西階上今恐尸復位在戶西以其未得在戶西故言賓階上位也主人西面左手執几縮之以右袂推拂几三二手橫執几進授尸于筵前注衣袖謂之袂拂者外拂之也推拂去塵示新尸進二手受于手間注受從手間謙也主人退尸還几縮之右手執外廉北面奠于筵上左之南縮不坐注左之者異於鬼神生人陽長左鬼神陰長右不坐奠之

乾隆四年校刊　　儀禮注疏卷十七　有司徹

者。几輕。【音義】長丁丈反。後皆同。【疏】釋曰。云主人退尸還几縮之者。以主人橫執几進授尸時。尸二手受于主人手間時。亦橫受之。將欲縱設於席。故還之使縮。以右手執几外廉。故鄉北面縮設於席也。【注】釋曰。云左之者異於鬼神者。謂若上一篇以來。設神几皆在右。爲生人皆左几之等。是其生人陽故尚左。鬼神陰故尚右也。云不坐奠之者几輕者。此決下文啐酒坐奠之。彼言坐。是重之。此不坐。輕之故也。主人東楹東北面拜。【注】拜送几也。尸復位。尸與侑皆北面答拜。【注】侑拜者從於尸。【疏】【注】釋曰。以主人授几。止爲尸。故主人拜送。其尸獨答拜。今侑亦拜。故云從於尸。以其立侑以輔尸。故侑從尸拜也。○主人降洗。尸侑降。尸辭洗。主人對。卒洗。揖。主人升。尸侑升。尸西楹西北面拜洗。主人東楹東北面奠爵答拜。降盥。尸侑降。主人辭。尸對。卒盥。主人揖升。尸侑升。主人坐取爵。酌獻尸。尸北面拜受爵。

主人東楹東北面拜送爵注降盥者爲土汚手不可酌

疏釋曰自此盡興退論主人獻于尸主婦薦豆籩之事云主人降洗尸侑降尸辭洗者案鄉飲酒主人降洗賓降主人辭降賓對此中亦應主人降洗賓降主人辭降○主婦自東房薦韭菹醢坐奠于筵前菹在西方婦贊者執昌菹醢以授主婦主婦不興受陪設于南昌在東方興取籩于房麷蕡坐設于豆西當外列麷在東方婦贊者執白黑以授主婦主婦不興受設于初籩之南白在西方興退注昌昌本也韭菹醓醢昌本麋臡麷熬麥也蕡熬枲實也白熬稻黑熬黍此皆朝事之豆籩大夫無朝事而用之儐尸亦豐大夫之禮主婦取籩興者以饌異親之當外列辟鉶也

乾隆四年校刊　　　　有司徹

退。退入房也。【音義】籩芳中反。蕢扶云反。醢他感反。鬻乃兮反。又人兮反。枲思治反。辟音避。

【疏】釋曰。案此經主人先獻。主婦乃後薦者。若正祭則先薦後獻。若繹祭則先獻後薦。故祭義云。君獻尸。夫人薦豆。鄭注云。謂繹日也。則此儐尸禮與天子諸侯繹祭同。故亦先獻後薦也。【注】釋曰。云昌本已下等物至此皆朝事之豆籩者。案周禮籩人云。朝事之籩。䵚。蕡。白。黑。形鹽。膴。鮑魚。鱐。醢人云。朝事之豆。韭菹。醓醢。昌本。麋臡。菁菹。鹿臡。茆菹。麇臡。故鄭注此皆據彼而言。又案彼注。昌本。昌蒲根。有骨爲臡。無骨爲醢。云蕡熬枲實也者。案喪服傳云。苴者。麻之有蕡者也。牡麻者。枲麻也。若然。蕡麻有實。枲麻無實。鄭云蕡枲實者。舉其類耳。其實枲是雄麻無實。若竹器圓曰簞。方曰笥。鄭注論語亦云簞笥。亦是舉其類也。白黑之等無正文。鄭以形色而言之。云大夫無朝事而用之儐尸。亦豐大夫之禮者。案禮記。坐尸於堂。子北面而事之。注云。天子諸侯之祭。朝事延尸於戶外。是以有北面事尸之禮。是特牲少牢正祭無朝事於堂。直有室中之事。若然。大夫雖用天子諸侯朝事之籩豆。以其禮殺。故八籩八豆之中。各取其四耳。其韭菹醓者。則無骨之醢。昌菹醓醢者。即周禮麋臡。臡散文亦名醯。又案周禮鄭注云。齏菹之稱菜肉通。全物若腜爲菹。細切爲齏。彼昌本不言菹。是細切爲齏。此云昌菹。則大夫以昌本爲菹。異於天子諸侯所用也。云主婦取籩興者以饌異親之者。鄭意以籩豆俱時設。而籩不使婦贊者取籩以授主婦者。以籩與豆不同所。實又別。故主婦宜親就房親取之也。○乃升。注升牲體於俎也。疏釋曰。自乃升盡于其上。論司馬載俎。因歷說十一俎之事。

司馬朼羊。亦司馬載。載右體肩臂肫骼臑正脊一脡脊一橫脊一短脅一正脅一代脅一腸一胃一祭肺一載于一俎。注言㪇尸俎復序體者。明所舉肩骼存焉。亦著脊脅皆一骨也。臑在下者。折分之以爲肉湆俎也。一俎。謂司士所設羊鼎西第一俎。音義肫音純。疏注釋曰。云言㪇尸俎復序體者。明所舉肩骼存焉者。上篇少牢載牲體十一。脊脅皆加竝骨二。尸食特舉脊脅肩骼在於肵俎。上文直言㪇尸俎。嫌所舉在肵者不在故復序其體所舉肩髂則存焉所舉未知在此正俎爲在下羊肉湆俎以本脊脅皆二骨以竝今皆一骨故鄭云明所舉肩髂存焉以肩髂一骨前尸所舉今復序之明在可知脊脅雖舉以其二以竝今脊脅載一骨在正俎一骨在湆俎故鄭云亦著脊脅皆一骨也以其前所舉者未知在何俎故直注云著脊脅皆一骨不云存耳云一俎謂司士所設羊鼎西第一俎者此俎在侑俎之南故下文注侑俎云羊鼎西之北俎也鄭君知尸俎在南見羊肉湆俎在豕俎之南羊尊豕卑明尸俎在侑俎之南或解云言第一者最在北故侑俎下注云司士所設羊鼎西之北俎也明北俎則餘俎在南已下所注俎之次第皆據司士雍人所陳爲次義可知也

羊肉湆臑折正脊一正脅一腸一胃一嚌肺一載于南俎

【注】肉湆肉在汁中者以增俎實爲尸加也必爲臑折上所折分者嚌肺離肺也南俎雍人所設在南者此以下十一俎俟時而載於此歷說之爾今文湆爲汁【音義】湆才

計反。【疏】【注】釋曰：云肉湆肉在汁中者，以增俎爲尸加祀者，以決正祭之鼎直升牲體無湆者，以正祭之俎非加。今儐尸增俎實爲尸加，故有湆也。凡牲體皆出汁，不言湆。又下豕脀亦出于汁，皆不言湆。此特得湆名者，特牲少牢正祭升牲體於鼎時，皆無匕湆，故直云升體於俎，設於尸前。鼎內亦無匕湆升文。今此升牲體於尸前，匕湆亦升焉，故得湆名。以在俎實無汁，故進羊肉湆，必先進羊匕湆焉，然後進羊肉湆，見此湆爲肉而有，故在羊肉湆前進之，使尸嘗之。故鄭下注云：嚌湆者，明湆肉加耳，嘗之以其汁尚味，是也。若然，豕亦有匕湆，不名肉湆而名豕脀者，互見爲文。言脀者見在俎無汁，言肉湆者見在鼎內時有汁也。若然，羊豕互見爲文，魚何以不言魚湆而云湆魚者？羊先言肉，後言湆，使肉前進匕湆，明是湆從肉來可知。魚前無進匕湆，故先言湆以明魚在湆可知。魚無匕湆者，鄭下注云：不羞魚匕湆，略小味也。羊有正俎，羞匕湆肉湆；豕無正俎，無匕湆，隆汙之殺。云必爲臑折上所折分者，上經退臑在下者，以折分，故退之。今此經云臑折，即上經所退臑在下者也。左右體之臑，而必取右體之臑折分用之，貴神俎故也。若然，脊脅二骨亦分一骨爲肉湆者，亦是貴神俎故也。云此以下十有一俎。侯時而載於此歷說之爾者。案下文卒升。賓長設羊俎於豆南。賓降。尸升筵。唯設此一俎。餘十一俎皆未。又主人主婦俎升席時乃設之。是其侯時而載。今於此已下雖未載。因前俎遂歷陳說之耳。十一俎者。卽尸之羊肉湆一也。豕脀俎二也。侑之羊俎三也。豕俎四也。主人羊俎五也。羊肉湆俎六也。豕脀七也。主婦羊俎八也。尸侑主人三者皆有魚俎。是其十一。通尸羊正俎爲十二俎。其四俎。尸侑主人主婦載羊體俎皆爲正俎。其餘八俎。雍人所執二俎。益送往還。故有八。其實止二俎也。

司士朼豕。亦司士載。亦右體。肩。臂。肫。骼。臑。正脊一。脡脊一。橫脊一。短脅一。正脅一。代脅一。膚五。嚌肺一。載于一俎。【注】臑在下者。順羊也。俎。謂雍人所設在北者。【疏】注釋曰。云臑在下者順羊也者。以其豕脀不折。臑臑亦在下。順上文羊臑在下。由折分。此雖不折。順羊故亦在下也。豕肉湆所以不折者。由豕無正俎。皆是肉湆。故不順所折也。

侑俎。羊左肩。左肫。正脊一。脅一。腸一。胃一。切肺一。

載于一俎。侑俎，豕左肩折，正脊一，脅一，膚三，切肺一，載于一俎。【注】侑俎用左體，侑賤。其羊俎過三體，有胑，尊之加也。豕左肩折，折分爲長兄弟俎也。切肺亦祭肺，互言之爾。無羊湆，下尸也。豕又祭肺，不嚌肺，不備禮。俎，司士所設羊鼎西之北俎也。豕俎與尸同。【音義】下，戶嫁反。下同。【疏】【注】釋曰：侑俎用左體者，案《少牢》云：載尸俎，皆右體，脊二骨，舉肺一，切肺三。尸、主人、主婦盡用腸三，胃三。尸正俎用一，湆俎用一，唯有一在此，是以自侑已下及主人主婦皆用左體，脊脅。若然，載尸俎時，左體亦同升於鼎，上不云者，文不具。是以前陳俎時，皆設于鼎西。若不同升鼎，則侑、主人、主婦俎如特牲執事之俎，陳在階閒，不應在鼎側也。若然，特牲執事與主人主婦之俎亦不升鼎，彼爲自異於神。少牢祝與佐食俎亦不升鼎，亦自異於神。此自侑已下悉與尸同鼎者，以儐尸禮益卑，唯尸尊禮詳，侑已下禮略故也。云其羊俎過三體，有胑，尊之加也者。鼎俎數奇。今體數四。故云加。若禮緯云禮六十已上籩豆有加。是以少牢視羊豕體各三。又下文主人羊肉湆俎體亦三。今儐尸之有侑。猶正祭之有祝。侑四體必知以肫爲加者。侑豕俎無肫。主人羊肉湆俎亦無肫故知有肫爲加。以立侑以輔尸。尊之。故以肫爲加體也。云豕左肩折折分爲長兄弟俎也者。以下文設薦俎。而注云衆兄弟儀禮文薦脀皆不云折。唯兄弟云先生之脀折。鄭云先生長兄弟。折豕左肩之折。是以知義然也。云無羊湆下尸也者。直云無羊湆。不云肉者。以匕湆肉湆皆無。故直云無羊湆。以包二者皆無。此二湆尸皆有。侑皆無。故云下尸也。云豕又祭肺不嚌肺不備禮者。上尸羊俎有祭肺。豕俎有嚌肺。是備禮。侑羊俎豕俎皆切肺。故曰不備禮也。

阼俎羊肺一。祭肺一。載于一俎。羊肉湆臂一。脊一。脅一。腸一。胃一。嚌肺一。載于一俎。豕脀臂一。脊一。脅一。膚三。嚌肺一。載于一俎。【注】阼俎主人俎。無體遠下尸也。以肺代之。肺尊也。加羊肉湆而有體。崇尸惠亦尊主人臂。左臂也。侑用肩，主人用臂，下之也。不言左臂者，大夫尊，空其文也。降於侑羊體一，而增豕膚三，有所屈，有所申，亦所謂順而摭也。作俎，司士所設豕鼎西俎也。其湆俎與尸俎同，豕俎又與尸豕俎同。【音義】摭，之石反。【疏】注「釋曰：無體遠下尸」者，尸用右體，主人用左體，是其相下之義。今主人正俎全無牲體，故云遠下尸也。云「以肺代之肺尊也」者，尸侑一肺，今主人一俎有兩肺，故以一肺代體。肺者氣之主，食所先祭，尊於腸胃，故以肺代體。云「加羊肉湆而有體，崇尸惠，亦尊主人」者，以俎物雖有尸不同者，羊肉湆與尸同，至尸酢主人而設之，故曰崇尸惠。正俎所以不崇尸惠者，遠下尸，故無正體。無正體，遠下尸，則無肉湆者，近下尸，故侑無羊肉湆。注但云下尸，此非直崇尸惠，亦見尊主人者，侑無羊匕湆，無豕匕湆，而主人盡有，是其尊主人。所有尊主人者，見下文受酢致爵。云「不言左臂者，大夫尊，空其文」者，牲右體貴，左體賤，侑用左體，皆言左肩、左肫。今主人用左臂，直云臂，不云

乾隆四年校刊

左者。大夫尊。故荅其文。似若得用左體然。必知是左臂者。以右臂在尸俎故也。云降於侑羊體一而增豕膚三有所屈有所申亦所謂順而摭也者。案禮器注云。謂若君沐粱。大夫沐稷。士沐粱。大夫不沐粱屈於君。士則申與君同。是亦屈申之義。故引爲證也。云其湆俎與尸俎同豕俎又與尸豕俎同者。以其共用益送之俎。故知同也。

主婦俎羊左臑脊一脅一腸一胃一膚一嚌羊肺一載于一俎。注 無豕體而有膚以主人無羊體不敢備也。無祭肺有嚌肺亦下侑也。祭肺尊言嚌羊肺者文承膚下嫌也。膚在羊肺上則羊豕之體名同相亞也。其俎司士所設在魚鼎西者。疏 注釋曰。云無豕體而有膚以主人無羊體不敢備也者。以主人俎無羊體。故主婦俎亦無豕體。以主人遠下尸。主婦亦遠下尸也。云無祭肺有嚌肺亦下侑也。祭肺尊者。言亦者。亦主人下侑也。侑用肩。主人用臂。祭肺尊。嚌肺卑。侑俎祭肺。主人主婦皆嚌肺。故云下侑也。云嚌羊肺者文承膚下嫌也者。胏文承膚下。有豕胏之嫌。故須辨之云脅羊胏者以別之也。云膚在羊胏上則羊豕體名同相亞也者。羊豕雖異。脅之等體名則同。今豕之雖直言膚不言體。以豕膚在羊胏之上。使繼羊之體。故云相亞若然。下文主人獻賓之時。司士設俎。羊骼一。腸一。胃一。切肺一。膚一。所以膚又在肺下者。彼取用之先後。故退膚在下。

司士枇魚。亦司士載。尸俎五魚。橫載之。侑主人皆一魚。亦橫載之。皆加膴祭于其上。

【注】橫載之者。異於牲體。彌變於神。膴讀如殷冔之冔。刳魚時。割其腹以為大臠也。可祭也。其俎又與尸豕俎同。

【音義】膴。火吳反。依注音冔。況甫反。劉呼孤反。後同。刳。空吳反。又卩侯反。臠。力轉反。

【疏】釋曰。案上歷說十一俎。尸侑主人之下。皆亦言豕俎。獨不陳魚俎於豕俎之下。而并陳於此者。欲見魚水物。別於正牲。又欲見魚獨副賓長獻三。故并於此序之。【注】釋曰。云橫載之者異於牲體。彌變於神者。以其牲體皆橫載於俎。於人為縮。鬼神進下。生人進腠。上篇少牢正祭

乾隆四年校刊

升體時云下利升豕其載如羊無腸胃體其載于俎皆進下鄭注進下變於食生也所以交於神明不敢以食道敬之至也引鄉飲酒禮進腠羊次其體豕言進下互相見明正祭之時牲體皆橫載進下可知至此儐尸事神禮簡儐尸禮隆以尸爲賓客故從生人禮牲體皆自進腠橫載於俎異於載魚於正祭之時縮載故少牢云司士升魚十有五而俎縮載右首進腴於俎爲縮於尸爲橫首向右腹腴向尸鄭注云右首進腴亦變於食生也若生人則亦縮載於人爲橫首亦向右進鰭脊向人腹腴向外今儐尸之禮載魚亦同生人縮載進鰭今橫載於人爲縮不與正祭同又與生人異欲見儐尸之禮異於正祭又不得全與生人同鄭云彌變於神者牲體既進腠是已變於神至於魚載又橫於俎是彌變於神也云膴讀如殷冔之冔者讀從士冠禮郊特牲周弁殷冔冔覆也可以覆首此亦取魚腹反覆於上以擬祭云其俎又與尸豕俎同者謂上司士所設於豕鼎之西者也

○卒升

【注】卒已也已載尸羊俎

【疏】釋曰自此盡立于篚末論薦獻於尸之事

【注】釋曰云卒升者案上有主人酌獻尸主婦薦籩豆又升羊俎進於尸前因歷說十一俎之事今言卒升

還許上升羊俎。故云卒。是以鄭亦云已載尸羊俎而言之。此事從上文獻尸。下盡乃卒爵。有五節。五節者。從主人獻酒於尸并主婦設籩豆。是其一也。賓長設羊俎。二也。次賓羞羊匕湇。三也。司馬羞肉湇。四也。次賓羞羊燔。尸乃卒爵。五也。賓長設羊俎于豆南賓降尸升筵自西方坐左執爵右取韭菹擩于三豆祭于豆閒尸取麷蕡宰夫贊者取白黑以授尸尸受兼祭于豆祭【注】賓長上賓【疏】釋曰。上文載羊俎。退卒升於十一俎下者。欲就此賓長設羊俎之事。故此言賓長設羊俎于豆南。賓乃降【注】釋曰。云賓長上賓者。案下三獻時。云上賓洗爵。注云上賓賓長也。是以鄭上下交相曉爲一人者也。雍人授次賓疏匕與俎受于鼎西左手執俎左廉縮之卻右手執匕枋縮于俎上以東面受于羊鼎之西司馬在羊鼎之東二手執挑匕枋以挹湇注于疏匕若是者三【注】挑

松崖云抌與挑同

謂之歃。讀如或春或抌之抌。字或作挑者，秦人語也。此二匕者皆有淺升，狀如飯橾。挑長枋，可以抒物於器中者。【注】猶瀉也。今文挑作抌，挹皆爲扱。【音義】挑，湯堯反，劉湯姚反，又他羔反。一音由，又食汝反。挹，一入反。歃，初洽反，劉初輒反。下扱同。橾，七消反。抒，食汝反。【疏】【注】釋曰：云讀如或春或抌之抌者，讀從詩或春或抌，彼注：抌，抒臼也。云此二匕者皆有淺升，狀如飯橾，此以漢法況之。言淺升，對詩常勺升深，此淺耳。

尸興，左執爵，右取肺，坐祭之，祭酒，興，左執爵。【注】肺，羊祭肺。【疏】【注】釋曰：知羊祭肺者，見上載尸羊正俎，而云祭肺一，故知此羊俎上祭肺。其羊肉湇雖有嚌肺一，此下經乃升，此時未升，故知非嚌肺也。

次賓縮執匕俎以升，若是以授尸，尸卻手受匕枋，坐祭嚌之，興，覆手以授賓，賓亦覆手以受，縮匕于俎上以降。【注】嚌湇者，明湇肉加耳。嘗之以其汁尚味。【音義】覆芳伏反下同【疏】【注】釋曰云嚌湆者明湆肉加耳嘗之以其汁尚嚌者此匕湆似大羹案特牲大羹不祭不嚌以不爲神非盛此嚌之者明肉湆加先進其汁而嘗之尚味故也以肉湆加在鼎有汁在俎無汁故以匕進汁是以上注云肉湆肉在汁中者以增俎實爲尸加是也特牲大羹自門入本不在鼎不調之此肉湆在鼎已調之故云尚味也

尸席末坐啐酒興坐奠爵拜告旨執爵以興主人北面于東楹東答拜【注】旨美也拜告酒美答主人意古文曰東楹之東【音義】啐七內反【疏】釋曰案上篇少牢尸不啐奠不告旨大夫之禮尸彌尊至於儐尸啐酒告旨者異於神奠具尸禮彌儐故也

司馬羞羊肉湆縮執俎尸坐奠爵興取肺坐絕祭嚌之興反加于俎司馬縮奠俎于羊湆俎南乃載于羊俎卒載俎縮執俎以降【注】絕祭絕肺末以祭周禮曰絕祭湆

乾隆四年校刊　儀禮注疏卷十七　有司徹

使次賓肉使司馬大夫禮多崇敬也【疏】【注】釋曰引周禮者案大祝職辨九祭七曰絕祭注云絕末以祭引之證絕祭與此同也云湆使次賓肉使司馬大夫禮多崇敬也者司馬火官羊又火畜則羊湆與肉皆當司馬載之案上文次賓載湆此經司馬羞肉者以大夫官多各使載其一是以云大夫禮多崇敬也

尸坐執爵以興次賓羞羊燔縮執俎縮一燔于俎上鹽在右尸左執爵受燔換于鹽坐振祭嚌之興加于羊俎賓縮執俎以降【注】燔炙【疏】【注】釋曰案詩云載燔載烈注云傅火曰燔貫之加于火曰烈烈則炙也彼以燔相對則異此云燔炙者燔之傅火亦是炙類故曰燔炙

尸降筵北面于西楹西坐卒爵執爵以興坐奠爵拜執爵以興主人北面于東楹東答拜主人受爵尸升筵立于筵末○主人酌獻侑侑西楹西北面拜受爵主人在其右

北面答拜。【注】不洗者，俱獻閒無事也。主人就右者，賤，不專階。【疏】釋曰：自此盡主人答拜，論主人獻侑，并薦俎從獻之事也。此節內從獻有三事：主人獻尸，主婦薦籩豆，一也；司馬羞羊俎，二也；次賓羞羊燔，三也。侑降於尸二等，無羊匕湆，又無肉湆。【注】釋曰：云不洗者，俱獻閒無事也者，此則以其獻尸訖，即獻侑，中閒無別酢酬之事，故不洗。凡爵行，爵從尊者來向卑者，俱獻閒無事，則不洗爵，從卑者來向尊，雖獻閒無事，亦洗。是以此文獻尸訖，俱獻侑不洗，是爵從尊者來，故特牲賓致爵於主人洗爵者，鄭云：洗乃致爵，爲異事新之，以其承佐食賤，雖就獻閒，以其爵從卑者來，故洗之，故不儐尸。鄭注云：洗致爵者，以承佐食賤新之，是爵從卑者來，故洗也。云主人就右者，賤不專階者，對主人不就尸階者，尸尊得專階故也。

主婦薦韭菹醢，坐奠于筵前，醢在南方。婦贊者執二籩：麷、蕡，以授主婦。主婦不興，受之，奠麷于醢南，蕡在麷東。主婦入于房。【注】醢在南方者，立侑爲尸，使正饌統焉。【疏】【注】釋曰：凡設菹常在右，便其擩，今菹在醢北者，以其二俎以輔尸，故菹在北，統於尸也。侑升筵自北方，司馬橫執羊俎以升，設于豆東。侑坐，左執爵，右取菹擩于醢，祭于豆閒，又取麷蕡同祭于豆，祭。興，左執爵，右取肺，坐祭之，祭酒，興，左執爵。次賓羞羊燔，如尸禮。侑降筵自北方，北面于西楹西，坐卒爵，執爵以興，坐奠爵，拜，主人答拜。【注】答拜，拜於侑之右。【疏】【注】釋曰：知拜於侑之右者，以其前拜爵時，主人在侑之右。○尸受侑爵，降洗。侑降，立于西階西，東面。主人降自阼階，辭洗。尸坐奠爵于篚，興，對。卒洗，主人升，尸升自西階。主人拜洗。尸北面于西楹西，坐奠爵，答拜。降盥，主人降。尸辭，主人對。卒盥，主人升，尸升，坐取

松厓云但古袒字漢前皆作袒不作但但乃後世方言故古文轉語不用但

爵酌。【注】酌者將酢主人。【疏】釋曰：自此盡就筵，論主人受尸酢并薦籩豆及俎之事。就此事中亦有五節行事，尊主人，故與尸同也。尸酢主人時，主婦亦設豆籩，一也；賓長設羊俎，二也；次賓羞羊匕湆，三也；司馬羞肉湆，四也；次賓羞羊燔，主人乃卒爵，五也。但特牲、少牢主人獻尸，尸酢主人，主人乃獻祝及佐食。此尸待主人獻侑乃酢主人不同者，此尸舉達主人之意，欲得先進酒於侑，侑自飲。彼尸尊，不達主人欲自達己意，故先酢主人，乃使主人獻祝與佐食，故不同。是以下文賓長獻尸，致爵主人，尸乃酢之，遂賓意，亦此類也。

司宮設席于東序，西面。主人東楹東，北面拜受爵。尸西楹西，北面荅拜。主婦薦韭菹、醓，坐奠于筵前，菹在北方。婦贊者執二籩麷、蕡，主婦不興，受，設麷于菹西北，蕡在麷西。主人升筵自北方，主婦入于房。【注】設籩于菹西北，亦辟鉶。【疏】釋曰：此乃陳主人受酢設席之位。案特牲士、少牢下大夫皆致爵乃設席，此儐尸受酢卽設席者以其儐尸尸益卑主人益尊故上一等受酢卽設席案上設尸籩云與取籩于房𥫩蕡注云以儐異親之與此婦贊者執二籩𥫩蕡主婦不與受文不同者凡執籩豆之法皆兩雙執之此侑與主人皆二籩故主婦與婦贊者各執其二於事便故主婦不與受設之上尸籩豆各四故主婦與取籩豆于房亦見異饌親之義也【注】釋曰云設籩于菹西北亦辟鉶者上設侑籩正當豆此在西北明辟鉶云亦亦尸籩當豆西外列以辟鉶故也

長賓設羊俎于豆西主人坐左執爵祭豆籩如侑之祭興左執爵右取肺坐祭之祭酒興次賓羞匕湆如尸禮席末坐啐酒執爵以興司馬羞羊肉湆縮執俎主人坐奠爵于左興受肺坐絕祭嚌之興反加于湆俎司馬縮奠湆俎于羊俎西乃載之卒載縮執虛俎以降【注】奠爵于左者神惠變於常也言受肺者明有授言虛俎

者。羊湆俎訖於此虛不復用。【疏】【注】釋曰：云言虛俎者，羊湆俎訖於此虛不復用者，此俎雍人所執，陳奠於羊俎西在南者，自次賓羞匕湆，司馬羞羊肉湆於尸，次賓又羞匕湆於主人，同用此俎。二降皆不言虛，欲見後將更用。至於此言虛俎，明其不復用此俎。又見下次賓羞羊燔於主人，則用北之豕俎，而得羞羊燔者，以其禮殺故也。

主人坐取爵以興，次賓羞燔，主人受，如尸禮。主人降筵自北方，北面于阼階上，坐卒爵，執爵以興，坐奠爵，拜，執爵以興。尸西楹西答拜。主人坐奠爵于東序南。【注】不降奠爵於篚，急崇酒。【疏】釋曰：直云次賓羞燔者，燔即羊燔。知者，以其主人與尸侑皆用羊體，主婦獻尸以後悉用豕體，賓長獻尸後悉用魚，從是以知主人之燔羊燔也。【注】釋曰：云不降奠爵于篚急崇酒者，此下唯有崇酒之文，更無餘事，故云急崇酒。案鄉飲酒，介答拜，主人卒爵，坐奠於西楹南，介右再拜崇酒，注云：奠爵西楹南，以當獻衆賓。此不同者，彼賓有獻衆賓之事，故云當獻衆

乾隆四年校刊

賓亦得見急崇酒兩見之也。侑升尸侑皆北面于西楹西。注見主人不反位知將與己爲禮。主人北面于東楹東再拜崇酒。注崇充也拜謝尸侑以酒薄充滿。尸侑皆答再拜。主人及尸侑皆升就筵。○司宮取爵于篚以授婦贊者于房東以授主婦。注房東房戸外之東。疏釋曰自此盡主婦亞獻尸并見從獻之事上文主人獻節凡有三爵有主人獻尸獻侑尸受酢此主婦獻內凡有四爵卽分爲四節解之四者主婦獻尸一也獻侑二也致爵於主人三也受尸酢四也下文賓長爲三獻爵止故與主婦亞獻同此主婦亞獻尸一節之內從獻有五五者主婦亞獻主婦設兩鉶一也主婦又設糗與脩二也次賓羞豕匕湆三也司士羞豕脀四也次賓羞豕燔尸乃卒爵五也。主婦洗爵於房中出實爵尊南西面拜獻尸尸拜于筵上受。注尊南西面拜由便也。

疏 釋曰：賓主獻酢無在筵上受法。今尸於筵上受者，以

婦人所獻故尸不與行賓主之禮故不得各就其階

若然，少牢主人親拜，於席上坐受者，注云：室內迫狹，故拜筵上，與此禮異。注 釋曰：云尊南西面拜由便也者，此決下文西面於主人之北拜送爵。今酌尊，因在尊南西面拜獻尸者，更也。言便者，便其西面授尸，故不退主人之北。主婦西面于主人之席北拜送爵，入于房，取一羊鉶，坐奠于韭菹西。主婦贊者執豕鉶以從，主婦不興，受設于羊鉶之西，興，入于房，取糗與腶脩，執以出，坐設之糗在蕡西，脩在白西，興，立于主人席北，西面。注 飲酒而有鉶者，祭之，餘鉶無黍稷殽也。糗，糗餌也。腶脩，擣肉之脯。今文腶爲斷。音義 糗，去九反。腶，丁亂反，本又作段，音同。餌音二。擣，丁老反。斷，丁亂反。疏 注 釋曰：云無黍稷殽也者，決正祭時有黍稷故也。尸坐，左執爵，祭糗脩，同祭于

豆祭以羊鉶之柶扱羊鉶遂以扱豕鉶祭于豆祭祭酒次賓羞豕匕湆如羊匕湆之禮尸坐啐酒左執爵嘗上鉶執爵以興坐奠爵拜主婦荅拜執爵以興司士羞豕脀尸坐奠爵興受如羊肉湆之禮坐取爵興次賓羞豕燔尸左執爵受燔如羊燔之禮坐卒爵拜主婦荅拜受爵○酌獻侑侑拜受爵主婦主人之北西面荅拜【注】酌獻者主婦今文無西面【疏】釋曰同有三等降於尸二等無鉶羹與豕匕湆同三等者主婦酌獻侑主婦羞糗脩一也司士羞豕脀二也次賓羞燔侑乃卒爵三也主婦羞糗脩坐奠糗于麷南脩在蕡南侑坐左執爵取糗脩兼祭于豆祭司士縮執豕脀以升侑興取肺坐祭之司士縮奠豕脀

于羊俎之東。載于羊俎。卒乃縮執俎以降。侑興。注 豕脀無湆。於侑禮殺。疏 釋曰。按上下文。尸與侑及主人主婦。俱是正俎。皆横執俎以升。又横設於席前。若益送之俎。皆縮執之。又縮於席前。今司士所羞豕脀。是益送之俎。縮執是其常。而言縮執者。以其文承上主人獻侑時無羊肉湆。故主婦獻侑。司士羞豕脀。不得相如。是以經特著縮執俎。見異於正俎。諸文特云横執縮執者。皆此類。

次賓羞豕燔。侑受如尸禮。坐卒爵。拜。主婦答拜。受爵。○酌以致于主人。主人筵上拜受爵。主婦北面于阼階上答拜。注 主婦易位。拜于阼階上。辟併敬。疏 釋曰。自此盡答拜受爵。論主婦致爵于主人之事。此科亦有五節行事。主婦致爵于主人時。主婦設二鉶。一也。又設糗脩。二也。豕匕湆。三也。豕脀。四也。豕燔。主人卒爵。五也。注 釋曰。云主婦易位拜於阼階上辟併敬者。前主婦獻尸侑。拜送於主人北。今致爵於主人。拜於阼階上者。辟併敬主人與尸侑。故易位也。若然。按特牲三獻爵止。乃致爵。此未三獻已致爵者，以上篇備已有獻於尸，故此不待三獻。又見儐尸禮殺，故早致。主婦設二鉶與糗脩，如尸禮。主人其祭糗脩、祭鉶、祭酒、受豕匕湆、拜啐酒，皆如尸禮。嘗鉶不拜。注主人如尸禮，尊也。其異者，不告旨。疏釋曰：云「主人拜啐酒，嘗鉶不拜」，若然，則啐酒有拜，嘗鉶無拜。按前主婦獻尸，尸坐啐酒，左執爵，嘗上鉶，執爵以興，坐奠爵拜，拜在嘗鉶之下，則嘗鉶有拜，坐啐酒不拜。與此違者，彼拜雖在嘗鉶之下，其拜仍爲啐酒拜，在嘗鉶下者，以因坐啐酒，不興，即嘗鉶。嘗鉶訖，執爵興，坐奠爵拜，拜仍爲啐酒。是以特牲、少牢尸嘗鉶皆不拜。或此經啐酒之上無拜文，有者衍字也。其受豕脀、受豕燔，亦如尸禮。坐卒爵，拜。主婦北面答拜，受爵。○尸降筵，受主婦爵以降。注將酢主婦。疏釋曰：自此盡「皆就筵」，論尸酢主婦之事。此科內從酢有三：主婦受酢之時，婦贊者設豆籩，一也；司馬設羊俎，二也；次賓羞羊燔，主婦卒爵，三也。以其主婦受從與侑同三，主人受與尸同五。尊卑差也。主人降。侑降。主婦入于房。主人立于洗東北。西面。侑東面于西階西南。【注】俟尸洗。尸易爵于篚。盥洗爵。【注】易爵者，男女不相襲爵。主人揖尸侑。【注】將升。主人升。尸升自西階。侑從。主人北面立于東楹東。侑西楹西。北面立。【注】俟尸酌。尸酌。主婦出于房。西面拜受爵。尸北面于侑東答拜。主婦入于房。司宮設席于房中。南面。主婦立于席西。【注】設席者，主婦尊。今文曰南面立於席西。

【疏】【注】釋曰：以賓長以下，皆無設席之文。唯主婦與主人同設席，故云主婦尊。特牲及下大夫主婦設席亦是主婦尊。

婦贊者薦韭菹醓。坐奠于筵前。菹在西方。婦人贊者執麷蕡以授婦贊者。婦贊者不興。受。設麷于菹西。蕡在籩南【注】婦人贊者宗婦之少者【疏】【注】釋曰按特牲記云宗婦北堂東面北上注云宗婦族人之婦其夫屬于所祭爲子孫者是也彼直云宗婦是特牲宗婦一人而已不言贊或少未可定此大夫禮隆贊非一人而稱贊贊主婦及長婦故云宗婦之少者　主婦升筵司馬設羊俎于豆南主婦坐左執爵右取菹擩于醢祭于豆閒又取籩蕡兼祭于豆祭主婦奠爵興取肺坐絕祭嚌之興加于俎坐挩手祭酒啐酒【注】挩手者于帨帨佩巾內則曰婦人亦左佩紛帨古文帨作說【音義】挩由銳反注紛帨音同　次賓羞羊燔主婦興受燔如主人之禮主婦執爵以出于房西面于主人席北立卒爵執爵拜尸西楹西北面荅拜主婦入立于房尸主人及侑皆就筵【注】出房立卒

爵立鄉尊。不坐者，變於主人也。執爵拜，變於男子也。【音】鄉，許亮反。【疏】【注】釋曰：云不坐者變於主人也者，上主人受酢坐卒爵，故云變於主人也。執爵拜變於男子者，上下經凡男子拜卒爵，皆奠爵乃拜，故云變於男子也。○上賓洗爵以升，酌獻尸。尸拜受爵，賓西楹西北面拜送爵，尸奠爵于薦左。賓降。【注】上賓，賓長也。謂之上賓，以將獻異之，或謂之長賓。奠爵，爵止也。【疏】釋曰：此一經論賓長備三獻獻尸。其尸奠於薦左未舉之事。尸不舉者，以三獻訖，正禮終，欲使神惠均於庭，徧得獻乃舉之，故下文主人獻及衆賓以下訖，乃作止爵。若然，特牲及下大夫，尸在室內，始行三獻，未行致爵，尸奠爵，欲得神惠均於室。此儐尸之禮，室內已行三獻，至此儐尸，夫婦又已行致爵訖，儐尸又在堂，故爵止者，欲得神惠均於庭，與正祭者異。【注】釋曰：云上賓，賓長者，上文云賓長設羊俎是也。此與上文賓長互見，爲一人。云謂之上賓，以將獻異之者，言長賓，賓中長，尊稱輕；若言上賓，賓中上，尊稱重，故以將獻變言上賓。云或謂之長賓者。或少牢文。案彼云長賓洗爵獻于尸。此異之稱上賓者。少牢尸有父尊。屈之。故但云長賓耳。若然。不儐尸亦云長賓。特牲云賓三獻如初。又不言長賓者。士賓卑。又屈之。云奠爵止者。特牲云。賓三獻如初。燔從如初。爵止。不儐尸者亦然。是其爵止之事。按下經爵止者。多非爲賓神惠之事。故此特解之。

○主人降洗爵。尸侑降。主人奠爵于篚。辭。尸對。卒洗。揖。尸升。侑不升。【注】侑不升。尸禮益殺。不從。【疏】釋曰。自此盡皆左之。論主人酬尸設羞之事。【注】釋曰。云侑不升尸禮益殺者。儐尸之禮殺於初。今侑不升。又殺。故云益殺也。

主人實爵。酬尸。東楹東北面坐奠爵。拜。尸西楹西北面答拜。坐祭。遂飲。卒爵。拜。尸答拜。降洗。尸降。辭。主人奠爵于篚。對。卒洗。主人升。尸升。主人實爵。尸拜受爵。主人反位。答拜。尸北面坐奠爵于薦左。【注】降洗者。主人。【疏】釋曰。此主人酬尸，尸奠於薦左者不舉。按下經二人舉觶于尸侑，侑奠觶于右。注云：「奠于右者，不舉也。神惠右不舉，變於飲酒。」與此不同者，特牲及下不儐尸皆無酬尸之事，此特有之，由儐尸加與賓客飲酒，故有酬，異於神惠。神惠右不舉，侑奠於右是也。侑一名加者，少牢無侑，及此乃有，故無加稱。是以主人酬賓，賓奠於左，亦是神惠，故卽舉之。特牲及不儐尸皆有酬賓，同是神惠，故皆奠於左也。

尸侑主人皆升筵。○乃羞，宰夫羞房中之羞于尸侑主人主婦，皆右之；司士羞庶羞于尸侑主人主婦，皆左之。【注】二羞所以盡歡心。房中之羞，其籩則糗餌粉餈，其豆則酏食糝食；庶羞，羊臐豕膮，皆有胾醢。房中之羞，內羞也，內羞在右，陰也；庶羞在左，陽也。【音義】餈，在私反。酏，以支反，劉書支反。食音寺，下同。糝，素感反。【疏】注釋曰：以二羞是庶羞、房中之羞，以賓尸用之，故云盡歡心。云「房中之羞，其籩則糗餌粉餈」者，是周禮籩人職羞籩之實。按彼鄭注云。此二物皆粉稻米黍米所爲也。合蒸曰餌。餅之曰餈。糗者擣粉熬大豆。爲餌餈之粘著。以粉之耳。餌言糗。餈言粉。互相足。是也。云其豆則酏食糝食者。周禮醢人職羞豆之實。按彼鄭注云。酏。餈也。內則曰。取稻米。舉糔溲之。小切狼臅膏。以與稻米爲餈。又曰。糝。取牛羊豕之肉。三如一。小切之。與稻米。稻米二。肉一。合以爲餌。煎之。是也。若然。按王制云庶羞不踰牲。注云。祭以羊。則不以牛肉爲羞。依內則。羞用三牲者。據得用大牢者。若大夫已下不用大牢者。則無牛炙。而此引之者。舉其成文以曉人耳。云庶羞羊臐豕膮皆有胾。知者。按公食大夫。牲皆臛及炙胾。今此鄭直云臐胾不言炙者。公食大夫是食禮。故庶羞並陳。此儐尸飲酒之禮。故主人獻尸皆羊燔從。主婦獻皆豕燔從。酬賓之後。乃言司士羞庶羞。則知止有羊臐豕膮羊胾豕胾。以其燔炙前已從獻訖。故知止有臐胾而已。云房中之羞內羞也者。按下大夫不儐尸云。乃羞。宰夫羞房中之羞。司工羞庶羞于尸祝主人主婦。內羞在右。庶羞在左。是也。云內羞在右陰也者。以其是穀物。故云陰也。云庶羞在左陽也者。以其是牲物。故云陽也。大宗伯亦云天産作陰德。地産作陽德。鄭亦云天産六牲之屬。地産九穀之屬。是其穀物陰牲物陽者。

也○主人降南面拜衆賓于門東三拜衆賓門東北面皆荅壹拜【注】拜于門東明少南就之也言三拜者衆賓賤旅之也衆賓一拜賤也卿大夫尊賓賤純臣也位在門東今文壹爲一【疏】釋曰自此盡賓降論主人獻長賓已下并主人受酢之事【注】釋曰云拜于門東明少南就之也者以其繼門言之明少南就之云言三拜也者衆賓賤旅之也者按周禮司士職孤卿特揖大夫以其等旅揖注云特揖一一揖之旅衆也大夫爵同者衆揖之此云旅之者旅衆也衆人共得一拜云衆賓一拜賤也者以賤不得備禮故云賤也云純臣也位在門東者此對特牲記云公有司門西北面東上獻次衆賓私臣門東北面西上獻次兄弟此賓皆在門東故云純臣者指北面時也得獻訖在西階下即不純臣故下經云獻私人于阼階上注云私人家臣己所自謁除也大夫言私人明不純臣也若然大夫云私人見不純臣士言私臣不言人者大夫尊近君若言私臣則臣與君不異故名私人士卑無辟君臣之名不嫌故

松厓云東成謂脯籩實而成階人之豆脯爲羞脯似非宰夫自東房薦脯醢豈脯在籩醢在豆乎醢在脯西司士設俎于豆北而不言籩則脯醢皆豆實矣

名私臣。主人洗爵長賓辭主人奠爵于篚興對卒洗升酌獻賓于西階上長賓升拜受爵主人在其右北面答拜宰夫自東房薦脯醢醢在西司士設俎于豆北羊骼一腸一胃一切肺一膚一【注】羊骼羊左骼上賓一體賤也薦與設俎者既則俟于西序端古文骼爲胳【疏】【注】釋曰。云設俎者既則俟于西序端者。按鄉飲酒。司正升相旅。受酬者降席。司正退立于序端。然則先事既設。後事未至。其退立之位。當在于序端。知此不降者。下文賓執祭以降。宰夫執薦以從。司士執俎以從。無升文。明此不降。退立于序端可知。賓坐左執爵右取脯擩于醢祭之執爵興取肺坐祭之祭酒遂飲卒爵執以興坐奠爵拜執爵以興主人答拜受爵賓坐取祭以降西面坐委于西階西南【注】成祭於上尊賓也取祭以降反下位也反下位而在西階西南已獻尊之祭脯肺【疏】注釋曰云取祭以降反下位也反下位而在西階西南已獻尊之者凡言反位者或反初位或上下位異亦爲反此則初位在門東今得獻反在西階南與主人相對已獻尊之故也若燕禮士得獻位于東方亦是尊之者也云祭脯肺者按經云取脯取肺祭之明祭是脯肺宰夫執薦以從設于祭東司士執俎以從設于薦東○衆賓長升拜受爵主人荅拜坐祭立飲卒爵不拜既爵【注】既盡也長賓升者以次第升受獻言衆賓長拜則其餘不拜【疏】注釋曰云長賓升者以次第升受獻者知不直次上賓後一人爲衆賓長時受獻必以長幼次第受獻者以其下文云宰夫贊主人酌若是以辯鄭云每獻一人奠空爵于棜宰夫酌授於尊南是以長幼次第受獻也宰夫贊主人酌若是以辯【注】主人每獻一人奠空

爵于枋。宰夫酌授於尊南。今文若爲如，辯皆作徧。辯受爵。其薦脯醢與脀設于其位。其位繼上賓而南，皆東面。其脀體儀也。注 徧獻乃薦，略之。亦宰夫薦，司士脀。儀者，尊體盡，儀度餘骨可用而用之。尊者用尊體，卑者用卑體而已。亦有切肺膚。今文儀皆爲臟，或爲議。音義 度，大各反。臟，劉音儀。疏 注釋曰：云「徧獻乃薦，略之」者，謂若燕禮三卿已上得獻即薦，大夫徧獻乃薦，亦其類。云「亦宰夫薦，司士脀」者，此約上賓，此衆賓亦同此二人爲之。云「儀者，尊體盡，儀度餘骨可用而用之。尊者用尊體，卑者用卑體而已」者，以其言儀，取尊卑得其儀。但尊體既盡，就卑體之中度尊卑之儀而用之，不可辯其尊體，故鄭以意解之。尊者用尊體，卑者用卑體而已也。云「亦有切肺膚」者，按特牲用離肺，知此衆賓用切肺膚者，以其侑用切肺，不敢殊於尸，明衆賓亦不敢殊於侑。若然，不儐尸者亦是不敢變於儐尸禮也。○乃升長賓。

主人酌酢于長賓西階上北面賓在左注言升長賓則
有贊者爲之主人酌自酢序賓意賓卑不敢酢疏注釋曰特
牲主人獻長賓訖即酢此辯獻乃酢者主人益尊先自
達其意特牲主人獻內賓辯乃自酢注云爵辯乃自酢
以初不殊其長也則此大夫尊初則殊其長故也主人坐奠爵拜執爵以興賓
答拜坐祭遂飲卒爵執爵以興坐奠爵拜賓答拜賓降
注降反位○宰夫洗觶以升主人受酌降酬長賓于西
階南北面賓在左主人坐奠爵拜賓答拜坐祭遂飲卒
爵拜賓答拜注宰夫授主人觶則受其虛爵奠于篚疏
釋曰自此盡于薦左論主人酬長賓于堂下之事也注
釋曰云宰夫授主人觶則受其虛爵奠于篚者謂上主
人受賓之酢爵今宰夫既授觶訖因受取酢之虛爵降
奠於篚也知然者上文主人受爵訖賓降主人無降文

乾隆四年校刊

卿云宰夫授觶主人受之明主人手中虛爵宰夫受之奠於篚可知若然知不待酬賓虛觶受之奠於篚者以其下文賓之虛觶奠於薦左故知非賓虛觶其賓奠薦左者後舉之以為無筭爵也

主人洗賓辭主人坐奠爵于篚對卒洗升酌降復位賓拜受爵主人拜送爵賓西面坐奠爵于薦左〇主人洗升酌獻兄弟于阼階上兄弟之長升拜受爵主人在其右荅拜坐祭立飲不拜既爵皆若是以辯

注兄弟長幼立飲賤不別大夫之賓尊於兄弟宰夫不贊酌者兄弟以親暱來不以官待之

音義別彼列反暱女乙反

疏釋曰自此盡其衆儀也論主人獻兄弟於阼階之事

注釋曰云兄弟長幼立飲賤不別者按特牲云獻長兄弟于阼階上如賓儀士卑長兄弟為貴殊貴賤故云如賓儀長賓坐飲也此大夫禮長賓坐飲衆賓立飲至於大夫貴兄弟賤兄弟長幼皆立飲不得如賓儀故立飲

賤不別也。云大夫之賓尊於兄弟宰夫不贊酌者兄弟以親昵來不以官待之者。決上文大夫賓貴使宰夫贊酌。今兄弟酌。不使宰夫贊酌者。爲兄弟是親昵。不以官待之。故兄弟雖賤於賓。不得使人贊酌而親之也辯

受爵。其位在洗東西面北上。升受爵。其薦脀設于其位。

注 亦辯獻乃薦。既云辯矣。復言升受爵者。爲衆兄弟言也。衆兄弟升不拜受爵。先著其位於上。乃後云薦脀設於其位。明位初在是也。位不繼於主人。而云洗東。卑不統於尊。此薦脀皆使私人。疏 注 釋曰。云既云辯矣復言升受爵者爲衆兄弟言也者。以上經云兄弟之長升拜受爵。嫌衆兄弟亦升拜受爵。是以此更云升受爵。直爲衆兄弟不拜受爵而言。鄭即云衆兄弟升不拜受爵也。若然。上賓拜受爵。又拜既爵。衆賓拜受爵。不拜既爵。長兄弟得與衆賓同。衆兄弟又不拜受爵。是其差也。云先著其位於上乃後云薦脀設於其位明位初在是者。初位。謂經云其位在洗東西

面北上。是先著其位於上。乃云升受爵者。謂發此位升堂受爵。又云薦脀設於其位者。謂受爵時設薦脀於洗東西面位。是先著其位於上。乃後云薦脀設於其位。明位初在是也。故先云洗東位。以此而言。則衆賓亦先有位在門東北面。繼上賓後。獻訖亦薦脀於位。皆是先有位。不繼於門東而在西階西南者。彼謂已獻薦之故也。云位不繼於主人而云洗東卑不統於尊者。按特牲主人卑。故兄弟助祭之位。得繼主人於阼階下南陳。又得辟大夫不敢自尊也。此以大夫尊。故兄弟之位在洗東不繼主人。卑不統於尊故也。云此薦脀皆使私人者。上獻賓長及衆賓使宰夫設薦。司士設俎。又使宰夫贊酌至於此獻兄弟。爲親昵。不以官待之。主人親詔明亦不以官。使私人薦脀可知。其先生之脀折脅一膚一。注先生長兄弟折豕左肩之折。疏注釋曰。知先生是長兄弟者。以其文承長兄弟之下。故知先生非老人教學者。折是豕左肩之折者。以上初升牲體。明脩俎豕左肩折。注云折分爲長兄弟俎是也。其衆儀也。

○主人洗。獻內賓于房中。南面拜受爵。主人南面于其右荅拜。【注】內賓姑姊妹及宗婦獻于主婦之席東主人不西面尊不與爲賓主禮也南面於其右主人之位恒左人。【疏】釋曰自此盡亦有薦脀論主人獻姑姊之等於房中之事。【注】釋曰知內賓是姑姊妹及宗婦者約特牲記而知也。云獻於主婦之席東主人不西面尊不與爲賓主禮也者按特牲獻內兄弟於房中如獻衆兄弟之儀主人西面荅拜此大夫禮主人南面拜故決之不與爲賓主之禮也。云南面於其右主人之位恒左人者謂人在主人左若鄉飲酒鄉射之等於西階上北面主人在東賓在西此南面則主在西賓在東故云恒左人也。坐祭立飲不拜既爵若是以辯亦有薦脀【注】亦設薦脀於其位特牲饋食禮記曰內賓立于房中西墉下東面南上宗婦北堂東面北上。【疏】【注】釋曰。云亦設薦脀於其位者。言亦者亦上先生之等。引特牲記者。欲見內賓設薦之位處。○主人降洗升獻私人于阼階上拜于下升受主人答其長拜乃降坐祭立飲不拜既爵若是以辯宰夫贊主人酌主人於其羣私人不答拜其位繼兄弟之南亦北上亦有薦脀【注】私人家臣已所自謁除也大夫言私人明不純臣也士言私臣明有君之道北上不敢專其位亦有薦脀初亦北面在衆賓之後爾言繼者以爵旣獻爲文凡獻位定【疏】釋曰自此盡主人就筵論主人獻私人之事【注】釋曰云私人家臣己所自謁除也者此對公士得君所命者此乃大夫自謁請於君除其課役以補任爲之云大夫言私人明不純臣也者大夫尊近於君故屈己之臣名爲私人云士言私臣明有君之道者士卑不嫌近君故得名屬吏爲私臣也云亦北上不敢專其位者以其兄弟北上今繼兄弟之南亦北上與兄弟位同故云不敢專其位云凡獻位定者上衆兄弟云其位在洗東西面北上升受爵其薦脀設于

其位。注云先著其位於上。明位初在是。此不先著位于上。俱言繼兄弟者。是據獻位爲言。則未獻時在衆賓後矣。按特牲記云。私臣位在門東北面。是衆賓後也。云凡獻位定。則是未獻以前非定位也。主人就筵。

注 古文曰升就筵。○尸作三獻之爵。注 上賓所獻爵。不言三獻作之者。賓尸而尸益卑。可以自舉。疏 釋曰。自此盡降實于篚。論舉三獻之爵。賓長又獻侑并致爵之事。注 釋曰。云上賓所獻爵者。若然。三獻是上賓。不言上賓而言三獻者。以其主人主婦并此賓長備三獻。因號上賓爲三獻。是以事名官者也。云不言三獻作之者。對特牲云二獻作止爵。故決之。下大夫不儐尸。自作爵者。順上大夫爲文。作其爵者。以神惠均於庭訖。欲使尸飲此酒。但此一節之內。有四爵行事。四者。尸作三獻之爵。一也。獻侑。二也。致爵於主人。三也。受尸酢。四也。司士羞湆魚。縮執俎以升。尸取膴祭祭之。祭酒。卒爵。注 不羞魚匕湆。略小味也。羊有正俎。羞匕湆。肉湆。豕無正俎。魚無匕湆隆汚之殺【音義】汚音烏【疏】【注】釋曰云不羞魚匕湆略小味也者對羊豕牲之大有匕湆之等魚無以魚爲小味故略之也云隆汚之殺者以有者爲隆盛無者爲殺少也司士縮奠俎于羊俎南橫載于羊俎卒乃縮執俎以降尸奠爵拜三獻北面答拜受爵〇酌獻侑侑拜受三獻北面答拜司馬羞湆魚一如尸禮卒爵拜三獻答拜受爵【注】司馬羞湆魚變於尸【疏】【注】釋曰上文尸使司士羞魚此侑使司馬羞魚故云變於尸也〇酌致主人主人拜受爵三獻東楹東北面答拜【注】賓拜於東楹東以主人拜受於席就之【疏】【注】釋曰就之者賓於禮當在西階上今在東楹之東以主人席在於阼階是以賓拜於東楹東就之也司士羞一湆魚如尸禮卒爵拜三獻答拜受爵〇尸降筵受三獻爵酌以酢之【注】既

致主人。尸乃酢之。遂賓意。【疏】【注】釋曰。遂賓意者。賓雖不言。其意欲得與主人抗獻酢之禮。今乃見致爵於主人訖。卽酌以酢賓。是遂達賓之意。三獻西楹西北面拜受爵。尸在其右以授之。尸升筵南面答拜。坐祭。遂飲。卒爵拜。尸答拜。執爵以降。實于篚。○二人洗觶。升實爵。西楹西北面東上。坐奠爵。拜。執爵以興。尸侑答拜。坐祭。遂飲。卒爵。執爵以興。坐奠爵。拜。尸侑答拜。皆降。【注】三獻而禮小成。使二人舉爵。序殷勤於尸侑。【疏】釋曰。自此盡及私人。論旅酬從尸及上下無不徧之事。【注】釋曰。云三獻而禮小成者。以此獻爲正。後仍有舉奠加爵之等。終備乃是禮之大成。故云小成也。云使二人舉爵序殷勤於尸侑者。飲酒之禮。酬與無算爵。乃盡歡心。故以旅酬及無算乃爲殷勤於尸侑也。案鄉飲酒及鄉射特牲等。皆一人舉觶爲旅酬始。二人舉觶爲無算爵始。今儐尸乃以二人爲旅酬始者。

乾隆四年校刊

此儐尸別一禮，與彼不同。以其初時主人酬尸，尸奠之，侑未得酬，故使二人舉觶侑，乃得奠而不舉，侑既奠一爵，尸一爵遂酬於下，是以須二人舉觶。洗升酌，反位，尸侑皆拜受爵，舉觶者皆拜送，侑奠觶于右。注 奠于右者，不舉也，神惠右不舉，變於飲酒。○尸遂執觶以興，北面于阼階上酬主人，主人在右。注 尸拜於阼階上，酬禮殺。疏注 釋曰：決上文尸酢主人，主人東楹東北面拜受爵，尸西楹西北面答拜，是各於其階，今尸酬主人同于阼階，故云禮殺也。坐奠爵，拜，主人答拜，不祭立飲，卒爵不拜，既爵，酌就于阼階上酬主人。注 言就者，主人立待之。疏注 釋曰：言立待之者，以其不言適阼階上酢主人，明主人不去，立待之可知。主人拜受爵，尸拜送。注 酬不奠者，急酬侑也。疏注 釋曰：此決上主人酬賓奠之也。尸就筵，主人以酬侑于西楹西，侑在左。坐奠爵，拜，執爵興。侑答拜。不祭，立飲，卒爵不拜。既爵，酌，復位。侑拜受，主人拜送。【注】言酌復位，明授於西階上。主人復筵，乃升長賓。侑酬之，如主人之禮。【注】遂旅也。言升長賓，則有贊呼之。【疏】【注】釋曰：知者，若不贊呼之，則當如上文衆賓長升、兄弟之長升拜受爵，故知有贊呼之也。至于衆賓，遂及兄弟，亦如之，皆飲于上。【注】上，西階上。遂及私人，拜受者升受，下飲。【注】私人之長拜於下，升受兄弟之爵，下飲之。【疏】【注】釋曰：私人位在兄弟之南。今言下飲之，則私人之長一人在西階下飲之，其餘私人皆飲於其位，故下經云卒爵升酌以之其位相酬辯，是也。卒爵，升酌，以之其位，相酬辯。【注】其位，兄弟南位。亦拜受拜送，升酌由西階。卒飲者實爵于篚。【注】末受酬者

乾隆四年校刊

雖無所旅猶飲。疏注釋曰：凡旅酬之法，皆執觶酒以酬前人，前人領受其意，乃始自飲。此私人未受酬者，彼雖無人可旅，猶自飲之，訖乃實爵於篚。以其酒是前人所酬，不可不飲故也。○乃羞庶羞于賓、兄弟、內賓及私人。注無房中之羞，賤也。此羞同時羞，則酌房中亦旅。其始主婦舉觶於內賓，遂及宗婦。疏釋曰：此經論無筭爵時，羞庶羞於賓及兄弟之等事。注釋曰：云「此羞同時羞，則酌房中亦旅」者，旅酬之下云乃羞庶羞，內賓羞在私人之上。私人得旅酬，則房中內賓亦旅可知。○兄弟之後生者舉觶于其長。注後生，年少也。古文觶皆爲爵，延熹中設校書定作觶。音義熹，許其反。疏釋曰：自此盡爵止，論後生舉觶於長兄弟，主人酬兄弟之事。兄弟之後生者舉觶于其長爲無筭爵，以其長賓所舉奠酬亦爲無筭爵，以此二觶者皆在堂下，故爲無筭爵。尸不與無筭爵，故舉堂下觶爲無筭爵。其爲旅酬，皆從上發，尸爲首，故特牲等使一人舉觶與賓長所舉薦南之觶爲旅酬。此賓不舉旅酬，皆從尸舉。故所奠者爲無算爵。亦是異於特牲。洗，升酌，降，北面立于阼階南，長在左，坐奠爵，拜，執爵以興，長答拜。【注】長在左，辟主人。【疏】【注】釋曰：凡獻酬之法，主人常左人。若北面則主人在東，今長兄弟北面，云長在左。則在西。故辟主人也。坐祭，遂飲，卒爵，執爵以興，坐奠爵，拜，執爵以興，長答拜，洗，升酌，降，長拜受于其位，舉爵者東面答拜，爵止。【注】拜受答拜不北面者，儐尸禮殺。長賓言奠，兄弟言止，互相發明，相待也。【疏】【注】釋曰：云儐尸禮殺者，案特牲，兄弟之弟子舉觶於其長爲旅酬。又賓弟子兄弟子舉觶於其長爲無算爵，拜送皆北面。此云東面，決上儐尸禮殺也。云長賓言奠兄弟言止互相發明者，上文主人酬賓奠爵于薦左，是長賓言奠。此言爵止，是兄弟言止，長賓言奠，明止而未行。此言止，明亦奠薦左。故云互相發明也。云相待也者，酬賓雖在前，及其行之，相待俱時舉行，故下文云賓及兄弟交錯其酬皆遂及私人爵無筭是也若二人舉觶于尸侑作侑奠于右不舉尸卽酬主人主人酬侑侑酬長賓至于衆賓遂及兄弟遂及私人依次第行徧不交錯所謂旅酬也

○賓長獻于尸如初無湆爵不止注賓長者賓之長次上賓者非卽上賓也如初如其獻侑酢致主人受尸酢也無湆爵不止别不如初者不使兄弟不稱加爵大夫尊也不用觚大夫尊者也注釋曰此一經論衆賓長爲加爵數多與上賓異何者上賓獻侑致爵於主人時皆有湆魚從今無湆魚從故經云無湆也云爵不止者上賓獻尸時亦奠爵待獻堂下畢乃舉觶今尸不止爵卽飲故云爵不止注釋曰云賓長者賓之長次上賓者非卽上賓者以其上賓將獻異之言上賓此不異其文明非上文上賓爲賓長者故以爲次上賓者也經云無湆爵不止文在如初之下不蒙如初之文則知與上異故文在如初下也云不使兄弟不稱加爵大夫尊也者此決特牲云長兄弟爲加爵又衆賓長爲加爵不言獻

此言獻者，尊大夫。若三獻之外更容有獻，故云大夫尊也。云不用觚大夫尊者，此亦決特牲云長兄弟洗觚爲加爵，此用爵，爵尊於觚，故云大夫尊者也。○賓一人舉爵于尸，如初，亦遂之於下。注 一人，次賓長者。如初，如二人洗觶之爲也。遂之於下者，遂及賓兄弟，下至于私人，故言亦遂之于下也。上言無湑爵不止，互相發明。疏 釋曰：此一經論次賓舉觚于尸，更爲旅酬，如上旅酬之事。但前二人舉觶於尸侑，尸舉旅酬，從上至下，皆徧飲。今亦從上至下，故云亦遂之於下。注 釋曰：云上言無湑爵不止，互相發明者，上經云爵止，與上賓奠爵云互相發明。今此又與上文無湑爵不止相發明，是以二文皆在如初之下。○賓及兄弟交錯其酬，皆遂及私人，爵無算。注 算，數也。長賓取觶酬兄弟之黨，長兄弟取觶酬賓之黨，唯己所欲，無有次第之數也。疏 釋曰：自此盡有司徹，論堂下行無算爵禮終。尸侑出。主人送於廟門外之事。【注】釋曰：云長賓取觶者，是主人酬賓觶。云長兄弟取觶者，是兄弟之後生者舉觶于其長之觶也。

○尸出，侑從。主人送于廟門之外，拜，尸不顧。【注】拜送之。【疏】釋曰：儐尸之禮，尸侑賓也。故孔子亦云賓不顧矣。拜侑與長賓，亦如之。眾賓從。【注】從者不拜送也。司士歸尸侑之俎。【注】尸侑尊，送其家。主人退。【注】反於寢也。有司徹。【注】徹堂上下之薦俎也。外賓尸，雖堂上婦人不徹。【疏】【注】釋曰：云徹堂上下之薦俎也者，案上文堂上有尸侑之薦俎，堂下有賓及兄弟之薦俎，皆徹之也。云外賓尸，雖堂上婦人不徹者，案特牲云，宗婦徹祝籩豆入于房，徹主婦薦俎。此篇首云有司徹，鄭注云：徹室中之饋及祝佐食之俎，爲將儐尸，故使有司徹之。下大夫不儐尸，改饋饌于室中西北隅，云有司官徹饋，饌於室中西北隅，至篇末禮終，云婦人乃徹，注云：徹祝之薦及房中薦俎，不使有司者，下上大夫之禮，然則此篇首云有司徹，別無婦人也。下大夫有司饌陽厭。婦人徹之。篇末云徹室中之饌。注云有司饌之。婦人徹之。外內相兼。禮殺。此戶外儐尸。亦禮殺。嫌婦人亦徹之。故云雖堂上婦人不徹。婦人必不徹者。異於下大夫也。堂上賓尸。猶如室內之陽厭。故鄭注篇首云。儐尸則不設饌西北隅。以此薦俎之陳。有祭象。而亦足以厭飫神。是也。

若不賓尸【注】不賓尸。謂下大夫也。其牲物則同。不得備其禮耳。舊說云謂大夫有疾病。攝昆弟祭。曾子問曰。攝主不厭祭。不旅。不假。不綏祭。不配。布奠于賓。賓奠而不舉。而此備有似失之矣。【音義】綏。許恚反。本亦作隋同。後皆放此。【疏】釋曰。自此盡牢舉如儐。論下大夫不賓尸之事。【注】釋曰。云不賓尸謂下大夫者。從尸飲七已前。皆與上大夫賓尸者同。已後則以此祝侑續之。是不儐尸之禮。故云不賓尸謂下大夫也。云其牲物則同。不得備其禮耳者。謂不備儐尸禮也。引曾子問者。破舊說。案彼上云。若宗子有罪。居于他國。庶子爲大夫。其祭也。祝曰。孝子某使介子某執其

乾隆四年校刊

常事。攝主不厭祭。不旅。不假。不綏祭。不配。注云。皆辟正主。厭厭飫神也。厭有陰有陽。迎尸之前。祝酌奠。奠之且饗。是陰厭也。尸謖之後。徹薦俎敦設于西北隅。是陽厭也。此不厭者。不陽厭也。不旅。不旅酬也。假讀爲嘏。不嘏不嘏主人也。不綏祭。謂今主人也。又云。布奠於賓。賓奠而不舉。謂主人酬賓奠觶于薦北。賓取觶奠于薦南。是也。云而此備有似失之矣。謂此不儐尸者。不厭已下皆有。則非如舊說使昆弟攝者。故云似失之矣。

則祝侑亦如之。注 謂尸七飯時。音義 七飯。扶晚反。後皆同。疏 注釋曰。案上篇尸食七飯告飽。祝西面于主人之南獨侑不拜。侑曰。皇尸未實。侑是也。

尸食。注 八飯。疏 注釋曰。上已七飯。故知此當八飯也。

乃盛俎臑臂肫脡脊橫脊短脅代脅皆牢。注 盛者盛於肵俎也。此七體羊豕。其脊脅皆取一骨也。與所舉正脊幹骼凡十矣。肩未舉。既舉而俎猶有六體焉。音義 盛音成。注及下同。疏 釋曰。案特牲尸食訖。乃盛。今八飯即盛者。大夫禮與士相變。若然。此先言臑者。見從下起。不言盛肩。肩未舉。舉乃盛。不言骼骼已舉。先在俎。有司徹不盛俎者。賓尸之禮。更無所用全以歸尸故也。【注】釋曰。云盛者盛於肵俎也者。以特牲云。盛肵俎。俎釋三个。故知盛於肵以歸尸故也。云此七體羊豕者。以其五鼎下有魚腊膚。又不升。故唯羊豕也。云其脊脅皆取一骨也與所舉正脊幹骼凡十矣者。案上篇。載時皆二骨以並。今但盛一骨。不云正脊長脅者。先舉一骨。故不序也。凡骨體之數。左右合爲二十一體。案少牢注云。肩臂臑肱骨也。膊骼股骨也。鄉飲酒注。前脛骨三。肩臂臑也。後脛骨二。膊骼也。又後有髀𣪠折。特牲記云。主婦俎𣪠折。注云。𣪠後足也。昏禮不數者。凡體前貴於後。𣪠賤於臑。故數臑不數𣪠。是以不升於鼎。又以髀在肫上。以竅賤。正俎不用。又脊有三分。一分以爲正脊。次中爲脡脊。後分爲横脊。脅亦爲三分。前分爲代脅。次中爲長脅。後分爲短脅。是其二十一體也。云而俎猶有六體焉者。謂三脊三脅。皆取一骨盛於肵。各有一骨體在俎。不取。以備陽厭也。故云而俎猶有六體焉也。

魚七。【注】盛半也。魚十有五而俎。其一已舉。必盛半者。魚無足翼。於牲象脊脅而已。

疏注釋曰：云「魚十有五而俎」者，案少牢載魚鮒云十有五而俎。云「其一已舉」者，謂尸食時已舉其一，唯有十四在。云「必盛半」者，魚無足翼，於牲象脊脅而已者，案中候云「魚者水精，隨流出入，得申朕意」。鄭注引春秋緯璇璣樞曰：「魚無足翼，紂如魚，乃討之是也。紂雖有臣，無益於股肱。若魚雖有翼，不能飛。」若然，此注云魚無翼者，亦從彼文。魚雖有翼不能飛。云「象脊脅」者，六體十二骨盛六，是半。魚無足，象牲脊脅，亦盛半。盛半相似，數則不同，以其牲之脊脅則六，魚之半則七也。

腊辯無髀注亦盛半也。所盛者右體也，脊屬焉。言無髀者，云一純而俎，嫌有之。古文髀作臏。

疏注釋曰：云「亦盛半」者，謂除尸舉，其餘兩半亦似魚十四盛七為半。必知盛半者，以其此腊在魚下，明盛半與魚同。此腊亦盛右體，知者，以其牲用右，故此亦盛右體。知脊屬焉者，案上篇少牢云「腊一純而俎」，脊不折，直為一段，代脅、長脅、短脅各一段，左右三脅，脅骨合為六體，并脊為七，通肩臂等十為十七體，與牲體同。如腊肩尸食既舉而俎，雖有十六在，言盛半，明脊屬。又且凡牲載體者，脊皆屬焉。下經云「乃摭于魚腊俎」，俎釋三个，其餘皆取之。明不盡盛可知。若然。案士虞禮升臘左胖。髀不升。實于下鼎。注云。臘亦七體。牲之類。又特牲記云。臘如牲骨。鄭注云。不但言體。以有一骨二骨者。以此言之。臘與牲體設骨多少盡同。而云臘脊脅皆一段者。以其左右盡升。欲使祝及主婦已下俱取於此臘體。故下云祝主人之魚臘取于是。注云。祝主人主婦組之魚臘取於此者。大夫之禮。文待神餘也。三者各取一魚。其臘主人臂。主婦臑。祝則骼也。今若復分一骨二骨。則數多於特牲。特牲祝以下組無臘體。不升臘左胖。故云臘如牲骨。與牲右胖同。上篇少牢雖祝組有臘。兩髀屬尻。上大夫禮。又異於此。士虞禮祝以下亦無臘體。故鄭注士虞禮。臘亦七體牲之類。鄭注士昏禮云。凡臘用純者。據士上下大夫以上祭祀及士之嘉禮。士祭禮則臘不用純。辟大夫。云言無髀者。云一純而組嫌有之者。案上篇少牢載臘云一純而組。不云髀不升。故此明之。而云臘辯無髀也。案上篇少牢祝組云。臘兩髀在祝組。不升於鼎。不在神組。已自明矣。今此更明之者。以少牢陳鼎。上下大夫皆同。今此下大夫不儐尸。其祝組臘骼。不云無髀。何以明之。

卒盛。乃舉牢肩。尸受。振祭。嚌之。佐食受。加于肵。注卒已佐食取一俎于堂下以入奠于羊俎東注不言魚俎東主於尊疏注釋曰案少牢云設俎羊在豆東豕亞其北魚在羊東腊在豕東特膚當俎北端今擩魚腊宜在魚俎東而繼羊俎言之以羊尊爲主也乃擩于魚腊俎俎釋三个其餘皆取之實于一俎以出注个猶枚也魚擩四枚腊擩五枚其所釋者腊則短脅正脅代脅魚三枚而已今文擩爲牒音義个古賀反牒之石反劉音與擩同疏注釋曰知魚擩四枚腊擩五枚者以魚盛半其俎猶有七个在故擩去四枚釋三个腊盛半而俎猶有八體在擩去五枚釋三个皆爲改饌西北隅也云腊則短脅正脅代脅魚三枚而已者以腊右體已盛脊又屬焉唯有左在下文云主人腊臂主婦腊臑祝則骼所釋者故知脅又牲體所釋者是脅脊此腊脊已在盛半限故知所釋唯有三脅耳祝主人之魚腊取于是注祝主人主婦俎之魚腊取于此者大夫

之禮文待神餘也三者各取一魚其腊主人臂主婦臑祝則骼也與此皆於鼎側更載焉不言主婦未聞【音義】與音余。

【疏】注釋曰：案特牲士禮不待神餘，故主人主婦祝皆無腊。上大夫之祝當有腊俎，至於儐尸腊爲庶羞，又不載於俎，與此異。此下大夫待神餘故祝主人主婦皆有腊體也。云其腊主人臂主婦臑祝則骼也者，主人用臂，主婦用臑，見於下經。祝無文，而知用骼，以其骼無正文，故云與以疑之也。云此皆於鼎側更載焉者，上摭時共在一俎以出，及下設時主人主婦及祝各異俎，又不同時，故知更載俎。云鼎側，則不復升鼎也。云不言主婦未聞者，下有主婦俎腊臑，則主婦用腊可知。此經直云祝主人，不云主婦，未聞其義，或轉寫者脱耳。

尸不飯，告飽，主人拜侑，不言，尸又三飯。【注】凡十一飯，士九飯，大夫十一飯，其餘有十三飯、十五飯。【疏】注釋曰：上篇士禮九飯，少牢上下大夫同十一飯，士大夫既不分命數爲尊卑，則五等諸侯同十三飯，天子十五飯可知。佐食

松崖云羞肝及綏祭與嘏皆賓尸所無而云亦如儐似誤

受牢舉如儐。【注】舉，肺脊。【疏】釋曰：自此盡薦脀皆如儐禮，論主人獻尸祝及佐食之事。此主人獻有五節：主人獻尸，一也；酢主人，二也；獻祝，三也；獻上佐食，四也；獻下佐食，五也。○主人洗，酌酳尸，賓羞肝，皆如儐禮。卒爵，主人拜，祝受尸爵，尸答拜。○祝酌授尸，尸以醋主人，亦如儐。其綏祭，其嘏亦如儐。【注】肝，牢肝也。綏，皆當作挼。挼讀爲藏其隋之隋，古文爲挼。【疏】【注】釋曰：云綏皆當作挼者，案經唯有一綏，而云皆者，鄭并下佐食綏總破之，故云皆也。云讀爲藏其隋之隋者，讀從周禮守祧職云既祭則藏其隋。必讀從之者，義取隋藏之事也。○其獻祝與二佐食，其位，其薦脀皆如儐。○主婦其洗獻于尸亦如儐。【注】自尸侑不飯告飽至此，與儐同者在上篇。【疏】釋曰：自此盡入于房，論主婦亞獻尸及祝并獻二佐食之事。此一節之內，獻數與主人同，唯不受嘏爲異。【注】釋曰：云與儐同者。經既云如儐。而注復云與儐同者。爲事在上篇而發也。主婦反取籩于房中。執棗糗。坐設之。棗在稷南。糗在棗南。婦贊者執栗脯。主婦不興受設之。栗在糗東。脯在棗東。主婦興反位。【注】棗饋食之籩。糗羞籩之實。雜用之。下賓尸也。栗脯加籩之實也。反位反主人之北拜還爵位。【疏】釋曰。此設籩實繼在少牢室內西南隅陰厭神餕也。案周禮籩人職云。饋食之籩。棗㮚桃乾薐榛實。羞籩之實。糗餌粉餈。又加籩之實。菱芡㮚脯。是鄭據籩人職而言也。【注】釋曰。云雜用之下賓尸也者。案上賓尸者。麷蕡白黑糗餌之等。朝事之籩。羞籩之實。各用之而不雜也。案上賓尸。主婦亞獻尸。設籩直有脯脩二籩。下大夫之禮。主婦亞獻有四籩者。賓尸之禮。主人獻尸。主婦設四籩。麷蕡白黑。故至主婦獻時。直設糗餌與脯脩二籩。通前四籩六籩。此主人初獻。如上篇。無籩從。故至主婦亞獻設四籩。猶自少於賓尸兩籩。尸左執爵。取棗糗。祝取栗脯以授尸尸兼祭于豆祭祭酒啐酒次賓羞牢燔用俎鹽在右尸兼取燔抨于鹽振祭嚌之祝受加于肵卒爵主婦拜祝受尸爵尸答拜【注】自主婦反籩至祝受加于肵此異于儐【疏】【注】釋曰上篇主婦但有獻而已無籩燔從之事此篇首儐尸主婦亞獻尸乃有籩餌之事其物又異唯糗同耳故云此異于儐也上注云自尸侑不飯告飽至此與儐同者在上篇下注云自尸卒爵至此亦與儐同者亦在上篇此注云此異于儐者謂自此祝受加于肵已上至主婦反取籩與儐尸異者也鄭所以不在卒爵上注而在尸答拜下注者取終一事故也

○祝易爵洗酌授尸尸以醋主婦主婦主人之北拜受爵尸答拜主婦反位又拜上佐食綏祭如儐卒爵拜尸答拜【注】主婦夾爵拜爲不賓尸降崇敬今文醋曰酌【疏】【注】釋曰案特牲主婦獻尸不夾爵拜上篇上大夫賓尸主

婦獻尸夾爵拜。此下大夫旣不賓尸。主婦宜與士妻同。今夾爵拜者。爲不賓尸降崇敬。故夾爵拜與上大夫同。言降。謂降賓尸之禮也。○主婦獻祝。其酌如儐。拜坐受爵。主婦主人之北答拜。注自尸卒爵至此。亦與儐同者。亦在上篇。疏注釋曰。經無尸卒爵之文。鄭注云尸者。以經有卒爵之文多。故言尸以別之也。宰夫薦棗糗坐設棗于菹西。糗在棗南。祝左執爵。取棗糗。祭于豆祭。祭酒。啐酒。次賓羞燔。如尸禮。卒爵。注內子不薦籩。祝賤。使官可也。自宰夫薦至賓羞燔。亦異於儐。疏注釋曰。案特牲主婦設籩者。士妻卑也。案上尸與主人籩皆主婦設之。至此祝不使主婦。而使宰夫設籩。故云祝賤使官可也。案禮記注。內子。卿妻。引春秋趙姬請逆叔隗以爲內子。證卿妻爲內子。今此下大夫妻得稱內子者。欲見此下大夫妻於祝不薦籩。兼見上大夫妻亦不薦籩。故變言內子也。或可散文。下大夫妻亦得爲內子也。云自宰夫薦至賓羞燔亦異于儐者少牢主婦獻祝亦無籩燔從一事此有籩燔從者亦異于儐也主婦受爵酌獻二佐食亦如儐主婦受爵以入于房○賓長洗爵獻于尸尸拜受賓戶西北面答拜爵止【注】尸止爵者以三獻禮成欲神惠之均於室中是以奠而待之【疏】釋曰自此盡庶羞在左論賓長獻尸祝佐食并致爵之事此一節之內凡有十爵獻尸一也主婦致爵於主人二也主人酢主婦三也尸作止爵飲訖酢賓長四也賓獻祝五也又獻上佐食六也又獻下佐食七也賓致爵於主人八也又致爵于主婦九也賓受主人酢十也云賓戶西北面答拜者案上少牢正祭賓獻與此篇首賓長獻皆云拜送此特言答拜者下大夫故也言拜送者禮重云答拜者禮輕○主婦洗于房中酌致于主人主人拜受主婦戶西北面拜送爵司宮設席【注】拜受乃設席變於士也【疏】釋曰此下大夫夫婦致爵之禮祭統云夫祭有十倫之義

七曰見夫婦之别焉。又曰：尸酢天人執柄，夫人受尸執足。夫婦相授受不相襲處，酢必易爵。彼據夫婦致爵而言。又詩既醉序云：醉酒飽德，謂見十倫之義，志意充滿。是天子諸侯皆有夫婦致爵之事。但少牢上大夫受致不酢，下大夫受致又酢，不致。士受致自酢，又致。是上大夫尊，辟君受致不酢。下大夫與士卑，不嫌，得與人君同夫婦致爵也。注釋曰：云「辟受乃設席，變於士也」者，案特牲禮未致爵已設席，故云異於士。其上大夫正祭未致爵，至賓尸，尸酢主人設席，以有賓尸，故設席在前也。案周禮司几筵云：祀先王昨席亦如之。鄭注云：昨讀如酢，謂祭祀及王受酢之席。彼受酢時已設席，與大夫禮異也。鄭注周禮司几筵又云：后諸臣致爵乃設席，與此禮同者，士卑不嫌，多與君同故也。

主婦薦韭菹醢，坐設于席前，菹在北方。婦贊者執棗糗以從，主婦不興受，設棗于菹北，糗在棗西。佐食設俎：臂、脊、脅、肺，皆牢；膚三，魚一，腊臂。注臂，左臂也。特牲五體，此三者，以其牢與腊臂而七，牢腊俱臂，亦

乾隆四年校刊

所謂腊如牲體。【疏】【注】釋曰：知是左臂者，右臂尸所用，故知左臂也。云特牲五體，此三者以其牢與腊臂而七者，以經云臂脊脅皆牢，牢謂羊豕也。既羊豕臂脊脅俱有，是六也。通腊臂而七，是以牲體唯有三也。云牢腊俱臂，亦所謂腊如牲體者，腊如牲體，特牲記文。案彼云腊如牲骨，骨即體也，故以體言之。以其上腊擴五枚，左肩臂臑肫胳。今主人不用肩而用臂者，以其羊豕皆用臂，故腊亦用臂，是以鄭云腊如牲體。但此腊臂直一骨無並，故須云腊如牲體也。

主人左執爵，右取菹擩于醢，祭于豆閒，遂祭籩，奠爵，興取牢肺，坐絶祭，嚌之，興加于俎，坐挩手，祭酒，執爵以興，坐卒爵，拜。【注】無從者，變於士也。亦所謂順而撫也。【疏】【注】釋曰：云無從者，變於士也者，案特牲主婦致爵於主人，肝燔並從，此無肝燔從，故云變於士也。

主婦答拜，受爵，酌以醋，戶內北面拜。【注】自酢不更爵，殺。【疏】【注】釋曰：此決上主婦受酢時，祝易爵洗酌授尸，尸以酢主婦。今自酢，又不更爵

故云殺也主人答拜卒爵拜主人答拜主婦以爵入于房〇

尸作止爵祭酒卒爵賓拜祝受爵尸答拜【注】作止爵乃祭酒亦變於士自爵止至作止爵亦異於儐【疏】【注】釋曰云作止爵乃祭酒亦變於士者特牲賓三獻如初燔從如初爵止無祭酒之文至三獻作止爵尸卒爵亦無祭酒之文知特牲祭酒訖乃止爵者以經云燔從如初乃云爵止鄭注云初亞獻也亞獻時祭酒訖乃始燔從則三獻燔從如初始云爵止明是祭酒既訖乃始止爵今大夫作止爵乃祭酒故云變於士云自爵止至作止爵亦異於儐者此篇首賓尸禮賓長獻尸奠爵又云尸作三獻之爵不解以為與儐同云異者賓尸止爵在致爵後其作之在獻私人後欲神惠之均於庭此止爵在主婦致爵前作之在致爵後欲神惠均於室中與特牲燔從如初爵止同少牢上篇所以不致爵者為賓尸賓尸止爵者欲室中神惠均於庭故止爵也特牲再止爵者一止爵欲神惠均於室中一止爵者順上大夫之禮也

祝酌授尸賓拜受爵尸拜送坐

祭。遂飲卒爵拜。尸答拜。○獻祝及二佐食。○洗致爵于主人。注洗致爵者，以承佐食賤，新之。主人席上拜受爵。賓北面答拜，坐祭，遂飲卒爵拜。賓答拜受爵。○酌致爵于主婦。主婦北堂。司宮設席東面。注北堂，中房以北。東面者，變於士妻。賓尸不變者，賓尸禮異矣。內子東面，則宗婦南面西上。內賓自若東面南上。疏注釋曰：云東面者變於士妻者，案特牲記，宗婦北堂東面北上。注云：宗婦宜統於主婦，主婦南面。此東面，故云變於士妻。云內子東面則宗婦南面西上者，此無正文，鄭以意解之。何者？宗婦位繼於主婦，今主婦准特牲在宗婦位，易處，則宗婦位亦易處，則主婦位南面西上可知。云內賓自若東面南上者，亦約特牲記文也。主婦席北東面拜受爵。賓西面答拜。注席北東面者，北爲下。疏注釋曰：案特牲宗婦東面北上。今主婦在宗婦之位東面。鄭以北爲下者。若宗婦之衆。則北爲上。今主婦特位立。則依曲禮席東鄉西鄉以南方爲上。因於陰陽。故北爲下。婦贊者薦韭菹醢菹在南方婦人贊者執棗糗授婦贊者婦贊者不興受設棗于菹南糗在棗東【注】婦人贊者宗婦之弟婦也。【音義】弟音娣。佐食設俎于豆東羊臑豕折羊脊脅祭肺一膚一魚一腊臑【注】豕折。豕折骨也。不言所折。略之。特牲主婦觳折。豕無脊脅。下主人羊豕四體。與腊臑而五。【疏】【注】釋曰。云豕折骨也者。謂不全體。就體骨中折之。故云折骨。云不言所折略之者。謂不言所折骨名。是略之。引特牲主婦觳折者。鄭略而不言骨名。其折是觳折也。云豕無脊脅下主人者。主人於上文有脊脅也。云羊豕四體與腊臑而五者。上主人牢與腊臂而七。此五。是其略也。主婦升筵坐左執爵右取菹擩于醢祭之祭

乾隆四年校刊

籩奠爵興取肺坐絕祭嚌之興加于俎坐挩手祭酒執爵興筵北東面立卒爵拜【注】立飲拜既爵者變於丈夫賓答拜賓受爵○易爵于篚洗酌醋于主人户西北面拜主人答拜卒爵拜主人答拜賓以爵降奠于篚【注】自賓獻及二佐食至此亦異於儐【疏】【注】釋曰異者謂賓獻及二佐食以下至此奠于篚異於少牢賓長獻直及祝不及佐食故鄭彼注云不獻佐食將儐尸禮殺是也○乃羞宰夫羞房中之羞司士羞庶羞于尸祝主人主婦内羞在右庶羞在左○主人降拜衆賓洗獻衆賓其薦脀其位其酬醋皆如儐禮○主人洗獻兄弟與内賓與私人皆如儐禮其位其薦脀皆如儐禮○卒乃羞于賓兄弟内

賓及私人辯。注 自乃羞至私人之薦脀，此亦與儐同者在此篇。不儐尸則祝猶侑耳。卒，已也。乃羞者，羞庶羞。疏 釋曰：此一經論主人獻堂下衆賓兄弟下及私人并房中內賓，皆與上大夫禮同之事。○賓長獻于尸，尸酢，獻祝，致，醋，賓以爵降，實于篚。注 致謂致爵于主人主婦。不言如初者，爵不止，又不及佐食。疏 釋曰：此經論次賓長獻尸已下之事。以其上賓長已獻尸訖，明此是次賓長。長為加爵也。注 釋曰：云不言如初者，爵不止，又不及佐食者，謂不言同上文。云賓長獻于尸如初無湑爵不止。注云如初，如其獻侑酌致主人受尸酢也。無湑爵不止，別不如初者。此文不與彼同者，為經不可如一，故鄭注彼此各申經意。○賓兄弟交錯其酬，無算爵。注 此亦與儐同者在此篇。疏 釋曰：此一經論堂下賓及兄弟行無算爵之事。注 釋曰：此堂下兄弟及賓行無算爵，似上大夫無旅酬，故鄭云此亦與儐同者在此篇。若此經兼有旅酬。鄭不得言與儐同案特牲尸在室內，亦不與旅酬之事。而堂下賓及兄弟行旅酬，又使弟子二人舉觶爲無算爵。爵者，下大夫雖無儐尸之禮，堂上亦與神靈共尊，不敢與人君之禮同，既與神靈共尊，故闕旅酬，直行無算爵而已。特牲堂下得獻之後，與神別尊，故旅酬無算爵並皆行之。士賤，不嫌與君同，故得禮備也。○

利洗爵，獻于尸，尸酢。獻祝，祝受，祭酒，啐酒，奠之。注利獻不及主人，殺也。此亦異於儐。疏釋曰：此一經論佐食事尸禮將畢爲加爵獻尸及祝之事。注釋曰：云「利獻不及主人，殺也」者，此對上文賓長爲加爵及主人，此不及主人，是殺也。又云「此亦異於儐」者，案上少牢無利獻，賓三獻尸即止，此篇首（ ）主儐尸之禮，佐食又不與，故無佐食獻，故云異也。

主人出，立于阼階上，西面。祝出，立于西階上，東面。祝告于主人曰：「利成。」祝入，主人降，立于阼階東，西面。尸謖，祝前，尸從，遂出于廟門。祝反，復位于室中。祝命佐食徹尸俎。

佐食乃出尸俎于廟門外有司受歸之徹阼薦俎注自主人出至此與儐雜者也先餕徹主人薦俎者變于士特牲饋食禮曰徹阼俎豆籩設于東序下疏注釋曰云至此與儐雜者也者謂有同有不同故上少牢直云祝告曰利成此云祝告于主人曰利成上少牢云祝入尸謖主人降立于阼階東西面此云祝入主人降立于阼階東西面尸謖彼云祝先此云祝前彼云祝命佐食徹尸俎降設于堂下此云祝反復位于室中祝命佐食徹尸俎佐食乃出尸俎于廟門外有司受歸之故云雜云先餕徹主人薦俎者變於士者特牲既餕祝命佐食徹阼俎豆籩此餕前徹阼薦俎故云變於士引特牲者證徹阼薦俎所置之處也○乃餕如儐注謂上篇自司宮設對席至上餕與出也古文餕作餕○卒餕有司官徹饋饌于室中西北隅南面如饋之設右几厞用席注官徹饋者司

乾隆四年校刊

馬司士舉俎，宰夫取敦及豆，此於尸謖改饌當室之白，孝子不知神之所在，庶其饗之於此，所以爲厭飫。不命婦人改徹饌敦豆，變於始也。尚使官也。佐食不舉羊豕俎，親餕尊也。厞，隱也。古文右作侑，厞作茀。

【疏】下釋曰：自此盡篇末，論餕訖改饌於西北隅爲陽厭之事。

【注】釋曰：云「官徹饋者，司馬司士舉俎」者，經云官徹，則司馬主羊，司士主豕，明還遣此二人舉俎可知，即上經云司馬刲羊，司士擊豕是也。云「宰夫取敦及豆」者，以其宰夫多主主婦之事，此敦及豆本主婦設之，今云官徹，明非婦人，知是宰夫爲之也。是以上文云宰夫羞房中之羞，又上主婦獻祝，則宰夫薦，鄭注云「内子不薦籩，祝賤，使官可也」。以此言之，宰夫代主婦設籩豆及敦可知。云「當室之白，孝子不知神之所在，庶其饗之於此，所以爲厭飫」者，此言雜取曾子問、郊特牲、祭義之文。案曾子問說陽厭之事云「當室之白，尊於東房」，鄭云「得户明者也」。郊特牲云「索祭祝于祊，不知神之所在，於彼乎？於此乎？尚曰求諸遠者與」。

祭義云。勿勿乎其欲其饗之。是鄭所取陽厭及祊祭求神之事。云不令婦人改饌敦豆變於始也。尚使官也者。此決少牢初設饌主婦薦兩豆。宗婦一人贊兩豆。主婦設一敦。宗婦贊三敦。是其始時婦人設之。今使宰夫徹豆敦者。尚使官故也。納一尊于室中。注 陽厭殺。無玄酒。司宮埽祭。注 埽豆閒之祭。舊說云。埋之西階東。疏 注 釋曰。引舊說者。案曾子問几幣帛皮圭爲主命。埋之階閒。此豆閒之祭。案舊說埋之西階東。以神位在西。故近西階。是以鄭亦依用也。○主人出立于阼階上西面。祝執其俎以出。立于西階上東面。司宮闔牖戶。注 閉牖與戶。爲鬼神或者欲幽闇。祝告利成。乃執俎以出于廟門外。有司受歸之。衆賓出。主人拜送于廟門外。乃反。注 拜送賓也者。亦拜送其長。不言長賓者。下大夫無尊賓也。疏 注 釋曰。此決賓尸時。尸出侑從。主人送於廟門之外。拜。尸不顧。拜侑與長賓亦如之。衆賓從。鄭注云。從者不拜送也。言從者不拜送。則此云拜送者拜送其長可知。不言長者。下大夫賤無尊賓。故不别其長也。婦人乃徹。【注】徹祝之薦及房中薦俎。不使有司者。下上大夫之禮。【疏】【注】釋曰。云不使有司者下上大夫之禮者。決上大夫祭畢將儐尸。有司徹。儐尸禮終亦有司徹。今婦人徹。故云下上大夫之禮也。徹室中之餕。【注】有司餕之。婦人徹之。外内相兼。禮殺。【疏】【注】釋曰。云有司餕之婦人徹之外内相兼禮殺者。此徹室中之餕者。於上經。有司徹饋餕於室中西北隅者。今使婦人徹之。故云外内相兼。外者。謂有司官改餕西北隅。内者。謂今婦人徹饋。故云相兼也。

經四千七百九十字

注三千四百五十六字

儀禮注疏卷十七

儀禮注疏卷十七考證

雍人合執二俎陳于羊俎西並注司士以羞豕匕湆豕脀湆魚○豕匕湆下監本衍豕肉湆三字　臣紱按下司士匕豕卽豕脀也絕無豕肉湆之名葢後人妄增者今删疏文並同

主人西面左手執几縮之注拂者外拂之也推拂去塵示新○監本脫拂者外拂之也句　臣紱按士昏禮疏引此注有之今據彼補正

主婦自東房薦韭菹醓疏皆朝事之豆籩者按周禮籩人云朝事之籩○監本脫者字以下十一字今據下

文醯人例依周官原文補之

侑俎豕左肩折正脊一脅一膚三○臣紱按下脏俎注云降於侑羊體一而增豕膚三謂膚三爲增于侑俎似侑俎無膚三也然諸本皆同無可取正存疑於此

注俎司士所設羊鼎西之北俎也○臣紱按上司馬杋羊注云一俎謂司士所設羊鼎西第一俎彼第一則此當第二不應反在其北疑北字是次字之譌然

疏已作北俎釋之今仍之而附識所疑如此

主婦俎疏以豕膚在羊胏之上使綍羊之體○臣學健按此非綍法疑有譌繆

司士朼魚疏其俎又與尸豕俎同者謂上司士所設於豕鼎之西者也○臣紱按據上經鄭注此俎當是雍人所設在北者疏語似繆未敢輕改

二五手執挑匕枋以挹湆○挑石經作桃

注狀如飯操○操監本作摻今據釋文改正○臣紱按操摻經史每有互譌慄幓等字亦然蓋曹魏避諱所改後人相沿以致淆混其實音義迴别不可通用

次賓縮執匕俎以升若是以授尸尸卻手受匕枋○受字監本譌作授石經亦作授而剜其才旁知受字是也今改正

賓亦覆手以受○受字監本譌作授今以石經及敖本改正

司馬縮奠俎于羊湇俎南○臣紱按此羊俎非羊湇俎也湇字衍敖繼公亦云然石經亦有湇字今仍監本而加圈以別之

集釋云

卒載俎○石經載下無俎字

此句　縮

尸侑皆答再拜主人及尸侑皆升就筵○敖繼公云升就二字宜衍其一

後鄭注云古文升就筵則此處不必疑其衍

主婦洗爵於房中○石經及敖本無爵字

尸坐左執爵祭糗脩同祭于豆祭○敖繼公云上祭字

當作取蓋字誤也

主婦設二鉶與糗脩如儐禮主人共祭糗脩○共石經

及敖本作其

受豕匕湇拜啐酒○敖本啐酒上無拜字石經有之疏

亦兩解並存今仍監本

主人降洗爵尸侑降○爵石經及敖本作觶

主人實爵酬尸○爵石經及敖本作觶

尸升主人實爵○爵石經及敖本作觶

疏侑一人而加者○臣學健按此下辭意不明非疏文

譌衍即注有脫文

儀禮注疏卷十七考證

賓坐左執爵右取脯擩于醢祭之○脯監本作脯敖本作脯從之　臣紱按注疏甚明脯字無疑

遂飲卒爵執以興○敖繼公云執下似脫一爵字石經有爵字然則敖氏所据者非石經也今仍監本

宰夫執薦以從○薦監本譌爵今依石經及敖本改

乃升長賓主人酌酢于長賓西階上北面○敖繼公云下長賓二字似衍鄉飲酒禮主人實爵以酢于西階上此宜類之　臣紱按此長賓當酢主人主人達賓之意而自酢即云酢于長賓可也

其先生之脀折○監本脫其字今依石經及敖本補之

酌獻侑侑拜受三獻北面答拜○監本此下衍受爵酌獻侑侑拜受三獻北面答拜十四字石經及他本無之今刪

司馬羞湆魚○敖繼公云司馬當作司士字之誤也臣學健按以設俎之人差次之敖說良是

尸降筵受三獻酌以酢之○石經及敖本三獻下有爵字酢石經作醋

兄弟之後生者注延熹中詔校書定作儺○熹監本譌景今考延熹係漢桓帝年號釋文于此有熹許其反四字亦足證景字之譌

疏兄弟之後生者云云一段○監本誤刊于上二人洗觶疏末今據經文節次移此　臣學健按據此疏則注中似有脫文

若不賓尸○賓石經作儐

疏謂主人酬賓奠觶于薦北賓取觶奠于薦南○監本脫此十七字今據曾子問注文補之

魚七疏按中候云魚者水精隨流出入得中朕意○中朕或作中候或作中候

又疏紂如魚乃討之○討或作紂此引緯書文義不可曉闕之

卒盛注卒巳○卒巳監本譌畢巳今依續通解改正

佐食取一俎于堂下以入奠于羊俎東○敖繼公云羊俎當作魚俎字之誤也

乃摭于魚腊俎注今文摭爲揲○今文二字續通解作古文

祝易爵洗酌授尸○授監本譌作受今依石經及敖本改正

主婦受爵酌獻二佐食○主婦監本譌作主人今依敖本改正

賓長洗爵獻于尸尸拜受賓戸西北面答拜○戸監本

譌作尸今据別本改正觀下節主婦尸西北面拜送爵句尤足證尸字之譌

主婦洗于房中疏士受致自酢又致〇監本脫酢又二字 臣紱 按特牲饋食禮主婦致爵于主人自酢主人又致爵于主婦補此二字其義乃全

佐食設俎于豆東羊臑豕折羊脊脅祭肺一〇敖繼公云此肺嚌羊肺也祭字誤衍爾

主婦升筵坐注變於丈夫〇丈夫監本作大夫 臣紱 按此謂主婦敵對丈夫而言丈夫則兼尸賓非專指大夫也

五月廿五日閲齋中糊裱還書册以避塵

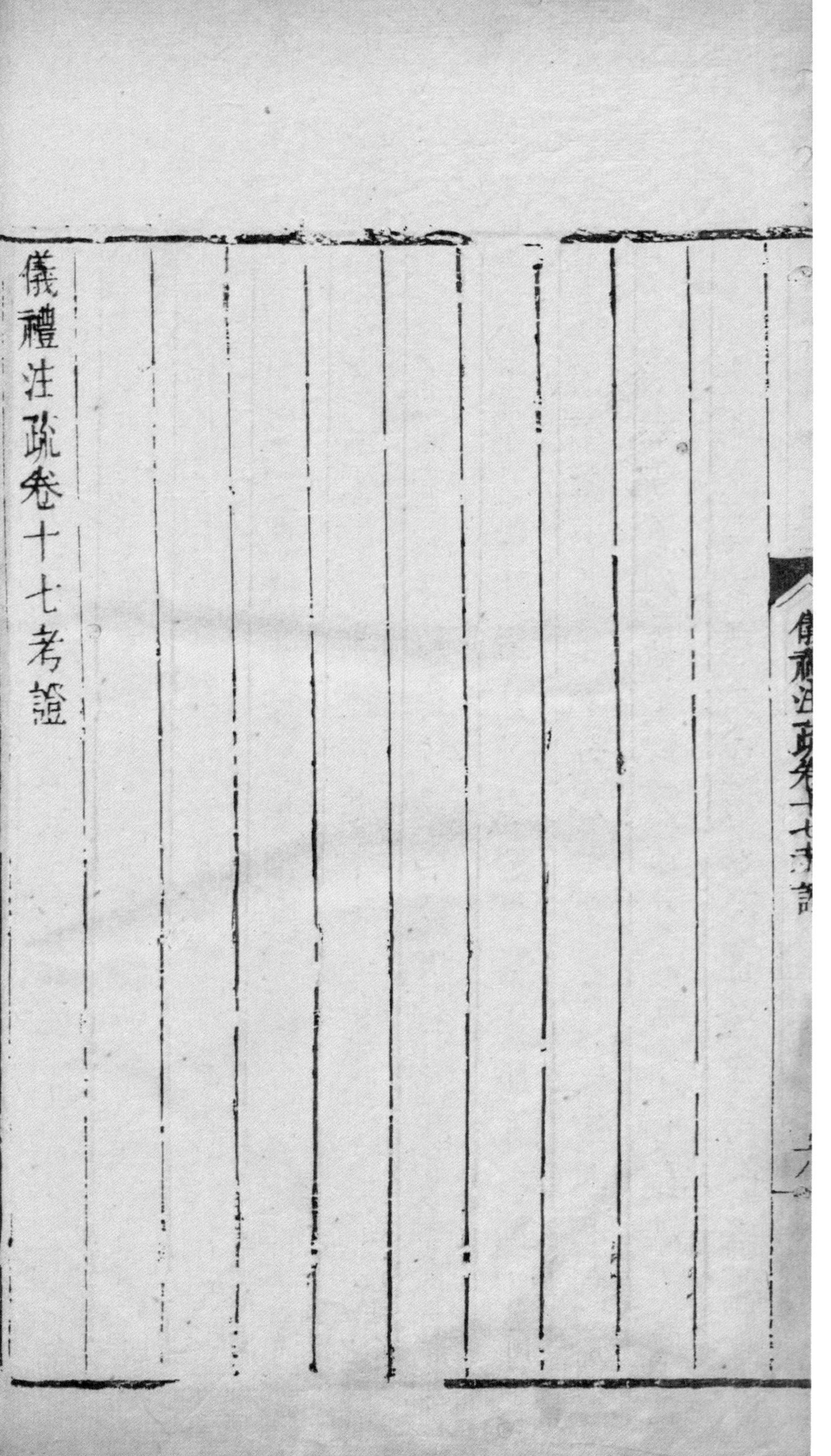
儀禮注疏卷十七考證
儀禮注疏卷十七考證

刑部侍郎臣周學健謹言按儀禮一經自宋熙寧後不列于學官學者又苦其難讀故治之者頗尠版本之譌謬視他經尤多現行者明國子監本與毛鳳苞汲古閣本魯魚亥豕大約雷同外則朱子儀禮經傳通解黃氏榦儀禮經傳續通解楊氏復儀禮圖敖氏繼公儀禮集說諸本採取刪節俱非鄭賈之全書敖氏所存約之又約而經文差爲可據經文以開成石經爲高曾之規矩然亦不能完善無譌石刻固足以勘諸本之是非而石刻之是非則又當以諸本還而勘之者也陸氏德明釋文

雖於不常見之字與字之有轉音者傳之音義每舉經注一字間有數字此連亦可因此偶有推尋焉賈疏文筆本多冗拙加以顛錯紛拏盈紙觸目黄氏楊氏雖間有訂正而未及十之一二也臣學健與臣李清植臣程恂臣吴紱等奉

命校刊既搜諸本别其異同决其是否於踳駁舛雜之處更反復其意理究析其指歸凡所引用者必考其傳注之原文上下章若前後卷文相闡發者必考其相因相變之所自顯有證佐確然無疑者迺定之其不可辨者則闕今並以列于卷尾某或監本

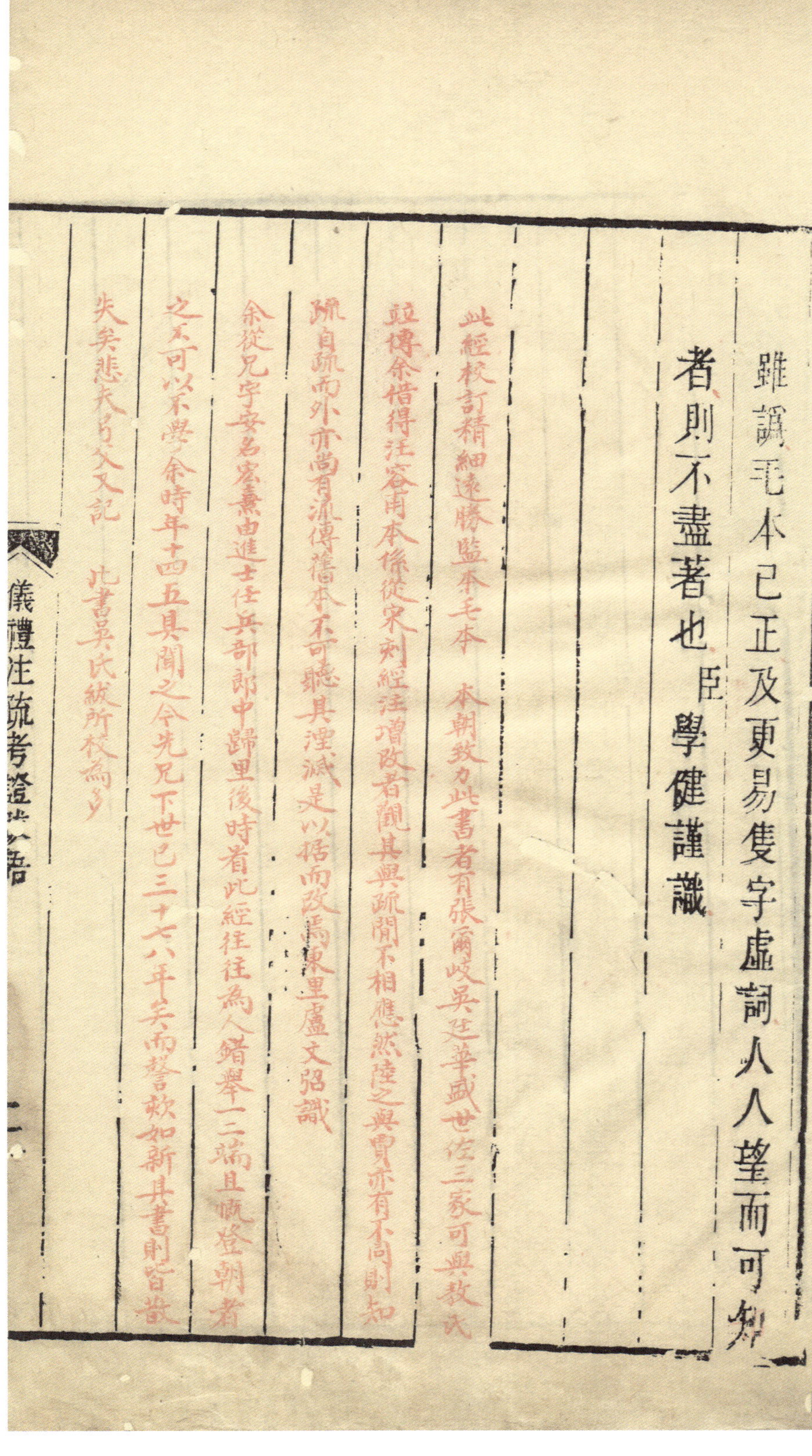

雖謂毛本已正及更易隻字虛詞人人望而可知者則不盡著也臣學健謹識

此經校訂精細遠勝監本毛本　本朝致力此書者有張爾岐吳廷華盛世佐三家可與敖氏並傳余借得汪容甫本係從宋刻經注增改者閱其與疏間不相應然陸之與賈亦有不同則知疏自疏而外亦尚有流傳舊本不可聽其湮滅是以据而改焉東里盧文弨識

余從兄字安名宏熹由進士任兵部郎中歸里後時看此經往往為人錯舉一二端且嘅登朝者之不可以不學余時年十四五具聞之今先兄下世已三十七八年矣而謦欬如新其書則皆散失矣悲夫　弓父又記　此書吳氏紱所校為多

儀禮注疏考證卷十七

二

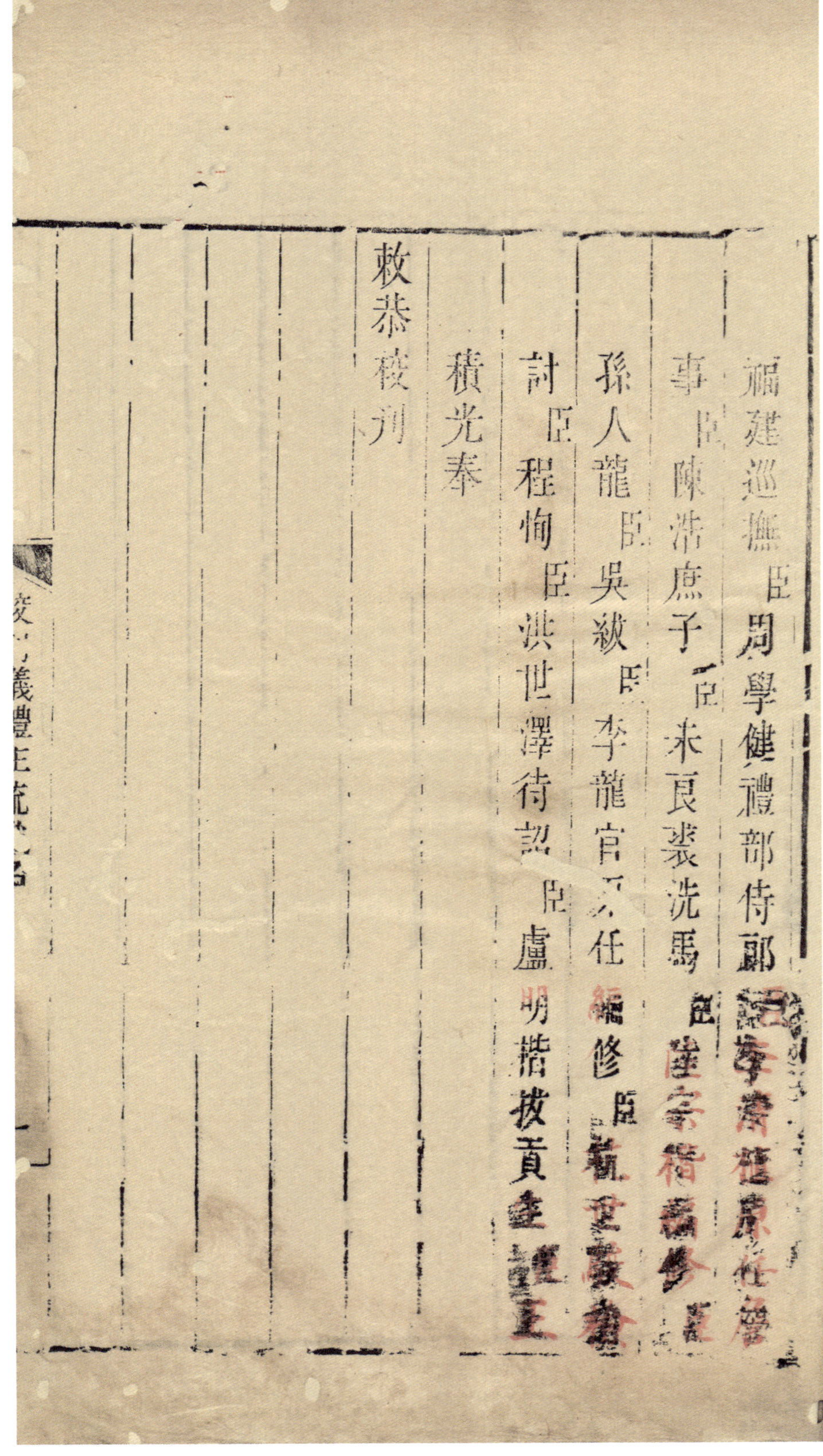

福建巡撫臣周學健禮部侍郎臣李清植原任詹

事臣陳浩庶子臣朱良裘洗馬臣陸宗楷纂修臣

孫人龍臣吳紱臣李龍官原任編修臣杭世駿檢

討臣程恂臣洪世澤待詔臣盧明楷拔貢生臣

積光奉

敕恭校刊

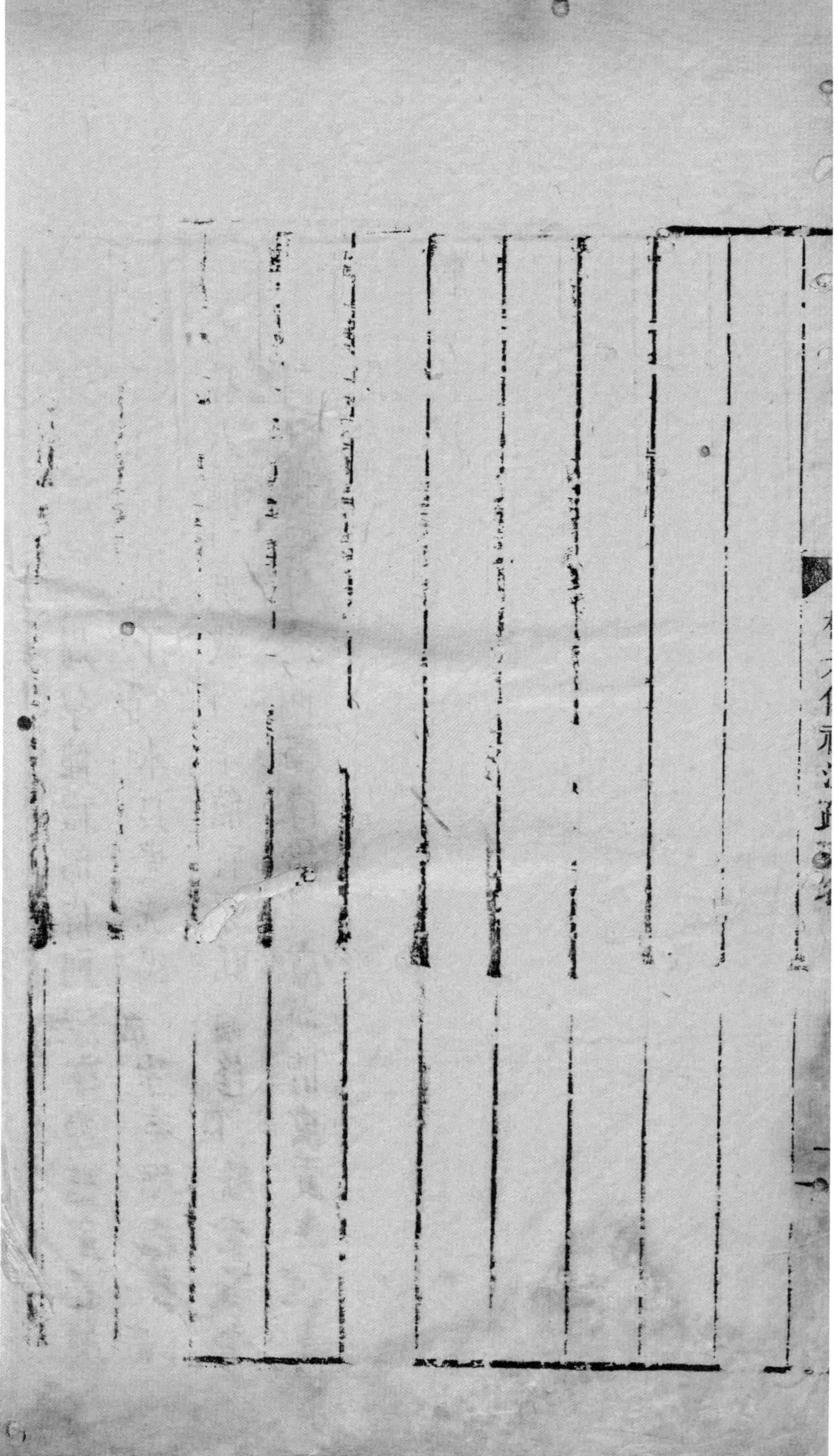

类别
編号 21346
册数 10
售价 240-